金融分析师社会资本

网络特征及经济后果研究

刘青青◎著

经济管理出版社
ECONOMY & MANAGEMENT PUBLISHING HOUSE

图书在版编目（CIP）数据

金融分析师社会资本：网络特征及经济后果研究/刘青青著．—北京：经济管理出版社，2022.7
ISBN 978-7-5096-8597-6

Ⅰ.①金…　Ⅱ.①刘…　Ⅲ.①金融—分析—经济师—社会资本—研究　Ⅳ.①F83

中国版本图书馆 CIP 数据核字(2022)第 118261 号

组稿编辑：张馨予
责任编辑：张馨予
责任印制：张莉琼
责任校对：陈　颖

出版发行：经济管理出版社
（北京市海淀区北蜂窝 8 号中雅大厦 A 座 11 层　100038）
网　　址：www. E-mp. com. cn
电　　话：（010）51915602
印　　刷：唐山玺诚印务有限公司
经　　销：新华书店
开　　本：720mm×1000mm/16
印　　张：20. 5
字　　数：354 千字
版　　次：2022 年 10 月第 1 版　　2022 年 10 月第 1 次印刷
书　　号：ISBN 978-7-5096-8597-6
定　　价：98. 00 元

联系地址：北京市海淀区北蜂窝 8 号中雅大厦 11 层
电话：（010）68022974　　邮编：100038

前　言

从《庄子·山木》中的“君子之交淡如水，小人之交甘若醴”和《诗经·卫风》中的“投我以木桃，报之以琼瑶”，到《乡土中国》中的差序格局和“guanxi”一词的国际通用化，人际交往与互动方式的话题始终在我国保持着独特的生命力。伴之而至的“关系”文化与“人脉”“圈子”思想已深深嵌入中国文化体系之中，并深刻地影响人们在经济生活中的行为决策。

随着社会资本理论的发展及其在中国的本土化完善，“关系”议题被纳入社会资本研究范畴，在社会学、政治学、管理学领域均得到广泛应用。社会资本被视作一种内嵌于网络结构中实际的或潜在的资源集合体，对经济社会参与者的行为动因及变化规律有着非常强的解释力度。

在我国资本市场30余年的发展历程中，卖方分析师作为资本市场中重要的信息中介，其商业模式从最初的对内服务转变为对外服务换取佣金。由此形成了其与资本市场中包括券商内部投行部门、机构投资者、中小投资者及上市公司在内的多方市场参与者的广泛互动关系。社会资本在分析师执业活动中起到了增进信任、促进合作、达成交易等重要作用。然而，社会资本的过度使用亦可能造成一定的弊端，因维护人情而带来的夸大性预测，评价体系中重人际关系而弱化研究能力情况屡有发生，对资本市场有效性和投资者利益均会造成损害。然而，目前研究中鲜有此类现象的实证证据。本书着眼于金融分析师社会资本的构成内容，运用社会网络分析方法实现金融分析师社会资本的多维度大样本度量方式，尝试回答社会资本在分析师执业活动的起始、过程与结果等重要环节中是否存在影响，社会资本在分析师获取私有信息的过程中是否起到重要作用，分析师投资评级的保守或激进倾向是否受到社会资本的驱使，分析师获评“新财富最佳分析师”称号的过程中社会资本是否发挥了显著影响。

基于社会资本理论在管理学领域的研究成果，设计调查问卷，调研了部分分析师。依据问卷分析结果，收集2001~2017年（由于部分变量的数据缺失，不同议题中样本范围有所差异）分析师校友、同事及上市公司调研关系的数据。依托社会资本的网络结构观，分年度、分类别构建分析师“t 年当年社会网络”与“截止到 t 年累积社会网络”，计算出反映网络中节点之间的直接关联、亲疏关系以及桥接属性的相关参数。实证检验社会资本对分析师私有信息获取、投资评级发布与明星分析师评选的相关影响机理，主要结论有如下五点：

（1）社会资本镶嵌于分析师执业活动所涉及的多重社会关系网络中，并在分析师职业链条的多重环节发挥作用。问卷调研金融分析师社会资本的构成，通过因子分析总结出金融分析师社会资本具备前赋性、团队、组织认同、跨组织与客户五种构面。此外，调查显示，社会资本对分析师获取有价值信息、做出更审慎的预测或推荐以及获得客户满意度等方面均存在不同程度的影响。

（2）金融分析师社会资本的网络结构特征在年份和类别上存在差异。分析师校友、同事、团队以及客户关系构成的网络规模均经历了从快速增长到趋于稳定的过程，这与行业发展的成熟度有较大关联。基于身份认同的社会网络能维持较高的聚集度，且保存有增长的态势。而基于相对资源权力认同的社会网络则可能由于节点双方资源权力的变化等不稳定因素而出现关系的消弭或新生。此外，分析师行业内各类“圈子”现象较为普遍，部分分析师在网络中占据关键地位，且具有时间上的延续性。

（3）社会资本在分析师获取信息的过程中发挥了重要作用。运用会计师事务所向行业监管部门上报的所审客户利润的审计调整情况这一独特的数据，以审计调整与分析师盈余预测误差度的关系作为分析师私有信息获取的判别依据，纳入社会资本交乘项后的结果显示，金融分析师社会资本越高，私有信息获取程度亦越高。分析师在同业校友、高管校友、同事、团队以及调研网络中所处位置的重要性程度均能影响分析师获取私有信息的程度，其中调研网络的作用最强。

（4）分析师为维系自身社会资本，可能在声誉维护和人情维护中进行抉择。社会资本的声誉导向机制反映了其作为一种社会或群体规范的属性，对网络内成员的行为有一定的治理作用。以分析师同业校友网络为研究对象，结果显示社会资本的声誉机制能在一定程度上促使分析师发布偏保守的投资评级。社会资本的人情导向机制则主要体现了社会资本获取和维护过程中所付出的资源或代价，为维系与客户或上市公司之间的关系，分析师的投资评级表现出偏乐观的趋势。此外，在同时面临声誉机制和人情机制的制约时，分析师倾向于选择人情维护而放弃声誉维护，说明我国分析师行业声誉机制的作用较为有限。

（5）金融分析师社会资本对其获评明星分析师有显著帮助。分析师在上述社会网络中的位置越重要，获评明星分析师的概率越高，而盈余预测准确度则对分析师是否获评无显著影响，表明目前的明星分析师评选规则对分析师的业务能力的遴选机制存在失效风险，评选过程中的主要影响因素为社会资本。

本书的贡献在于：首先，嵌入社会资本因素，剖析其在分析师行为及决策中的作用机理，弥补了同类研究中金融分析师社会资本探讨的匮乏。运用社会资本理论与方法对分析师行业现象进行规范研究与实证讨论，有助于显化分析师行为及决策背后的社会资本因素。在对外服务的商业模式下，分析师与资本市场上的众多参与者形成了既广且深的社会关联，运用社会资本获取资源成为分析师行业的常态。然而，在整个公司金融理论体系中，金融分析师社会资本的研究却相对滞后。本书将社会资本理论与方法融入分析师职业链条中，有助于将金融分析师社会资本的“黑箱”透明化。其次，构筑金融分析师社会资本截面量化及序贯分析方法。已有研究鲜有量化金融分析师社会资本，本书运用复杂网络分析软件多维度构建分析师当年以及累积同业校友网络、高管校友网络、同事/团队网络以及调研网络，借鉴图论及社会网络分析方法的研究成果，计算网络参数，从横截面和时间序列两方面、多维度地实现金融分析师社会资本的量化。最后，社会资本在分析师私有信息获取、投资评级发布以及评选明星分析师等行为或事件中均发挥了显著的作用，补充了分析师行为影响因素的相关议题。剖析分析师执业活动中社会资本所发挥的作用，有助于对现有分析师行为研究中的争议提供新的论点，丰富分析师行为的理论解释与实证探讨。

感谢国家自然科学基金（NSFC－72002005、NSFC－71672009、NSFC－71972011）、国家社会科学基金（21AZD089）对本书研究及写作过程的帮助与支持！

由于笔者水平有限，编写时间仓促，因此书中错误和不足之处在所难免，恳请广大读者批评指正。

刘青青

2022年1月1日

分析师社会网络涉及变量注释表

变量名	变量说明
$Saa\_c\_degree_{i,t}$	分析师 i 在 t 年当年的同业校友网络度数中心度
$Saa\_a\_degree_{i,t}$	分析师 i 自数据库中起始年份至 t 年的累积同业校友网络度数中心度
$Saa\_c\_close_{i,t}$	分析师 i 在 t 年当年的同业校友网络接近中心度
$Saa\_a\_close_{i,t}$	分析师 i 自数据库中起始年份至 t 年的累积同业校友网络接近中心度
$Saa\_c\_between_{i,t}$	分析师 i 在 t 年当年的同业校友网络中介中心度
$Saa\_a\_between_{i,t}$	分析师 i 自数据库中起始年份至 t 年的累积同业校友网络中介中心度
$Sam\_c\_degree_{i,t}$	分析师 i 在 t 年当年的高管校友网络度数中心度
$Sam\_c\_close_{i,t}$	分析师 i 在 t 年当年的高管校友网络接近中心度
$Sam\_c\_between_{i,t}$	分析师 i 在 t 年当年的高管校友网络中介中心度
$Fab\_c\_degree_{i,t}$	分析师 i 在 t 年当年的同事网络度数中心度
$Fab\_a\_degree_{i,t}$	分析师 i 自数据库中起始年份至 t 年的累积同事网络度数中心度
$Fab\_c\_close_{i,t}$	分析师 i 在 t 年当年的同事网络接近中心度
$Fab\_a\_close_{i,t}$	分析师 i 自数据库中起始年份至 t 年的累积同事网络接近中心度
$Fab\_c\_between_{i,t}$	分析师 i 在 t 年当年的同事网络中介中心度
$Fab\_a\_between_{i,t}$	分析师 i 自数据库中起始年份至 t 年的累积同事网络中介中心度
$Fat\_c\_degree_{i,t}$	分析师 i 在 t 年当年的团队网络度数中心度
$Fat\_a\_degree_{i,t}$	分析师 i 自数据库中起始年份至 t 年的累积团队网络度数中心度
$Fat\_c\_close_{i,t}$	分析师 i 在 t 年当年的团队网络接近中心度
$Fat\_a\_close_{i,t}$	分析师 i 自数据库中起始年份至 t 年的累积团队网络接近中心度
$Fat\_c\_between_{i,t}$	分析师 i 在 t 年当年的团队网络中介中心度
$Fat\_a\_between_{i,t}$	分析师 i 自数据库中起始年份至 t 年的累积团队网络中介中心度
$Was\_c\_degree_{i,t}$	分析师 i 在 t 年当年的调研网络度数中心度
$Was\_a\_degree_{i,t}$	分析师 i 自数据库中起始年份至 t 年的累积调研网络度数中心度
$Was\_c\_close_{i,t}$	分析师 i 在 t 年当年的调研网络接近中心度
$Was\_a\_close_{i,t}$	分析师 i 自数据库中起始年份至 t 年的累积调研网络接近中心度
$Was\_c\_between_{i,t}$	分析师 i 在 t 年当年的调研网络中介中心度
$Was\_a\_between_{i,t}$	分析师 i 自数据库中起始年份至 t 年的累积调研网络中介中心度

资料来源：笔者对本书第四章至第七章所涉及分析师社会网络变量定义的汇总整理。

目 录

第一章 绪 论

第一节 研究背景

一、现实背景

从传统文化中对血缘姓氏、乡邻关系的重视，到古代官场上同宗、同乡、同年（指同一年中榜之人）间形成的派系之分，费孝通先生在《乡土中国》中将中国社会的人际关系圈概括为涟漪状的“差序格局”（费孝通，1998）。“关系”文化已经深深嵌入中国文化体系中，“人脉”“圈子”思想潜移默化地影响着社会经济运行的方方面面。近年来，我国经济的快速发展吸引了大批海内外学者研究中国特色市场经济运行中的“关系”议题，“关系”被纳入“社会资本”的研究范畴，成为继经济资本、人力资本外又一类生产性资本，“guanxi”一词亦成了国际化用语。

亲缘、学缘（同学、校友）、地缘（同乡）、业缘（同事）关系如同一只“看不见的手”，在经济活动的运行中起着推波助澜的作用。“关系”或“社会资本”所发挥的作用具有利弊二重性，其优势在于能够降低交易双方的信息不对称性，润滑交易过程，进而降低交易成本，而其弊端则会助长诸如内幕交易、关联交易、股价操纵等诸多危害经济秩序与投资者利益的行径。例如，2013 年新大地 IPO 造假案件中，广东新大地公司为达到上市要求，通过大量关联交易虚增利润，并提交了虚假的 IPO 申请资料。经查证，关联方之一梅州绿康公司的经营者实为新大地公司财务总监的配偶。2015 年股灾中先后被查处的中信证券原总经理程博明与证监会原主席助理张育军的同门师兄弟关系引发热议；2018 年 7 月又一例被证监会处罚的安徽华都苑置业有限公司与上海摩恩电气（002451. SZ）内幕交易案件中，双方公司董事长为长江商学院同班同学。可见，内嵌“关系”的交易活动在资本市场中并非个案，蛰伏于经济资本之下的社会资本发挥着举足轻重的作用。

已有研究对上市公司高管（Fracassi，2016；Shue，2013）、基金经理（Cohen et al.，2008；申宇等，2016）、审计师（Menon and William，2004；Guan et al.，2016）等社会关系的衡量及作用机理已得到诸多学者的关注，然而对于资本市场上重要的信息中介——分析师，其社会资本的相关研究却较为单薄。

卖方分析师普遍供职于券商成立的研究所，其成立的初衷是为内部人员提供研究报告与决策支持。成立初期，由于定位不清晰、部门分工不明确，券商研究所的研究成果并未受到其他部门的重视。1998 年以来，证券行业开启了以研究（行业研究、公司研究）换取佣金的商业模式，即分析师对机构投资者（如基金经理）和中小投资者提供研究报告，投资者基于卖方分析师的荐股意见买卖股票，券商在其中赚取交易佣金，并以此作为卖方分析师的薪酬来源。自此券商研究所的研究员们（卖方分析师）进入对外服务的时代，和买方（主要为机构投资者，如基金、保险等）以及上市公司管理层均存在千丝万缕的联系，成为资本市场上最为活跃的力量之一。

2003 年以来，《新财富》杂志开始举办“新财富最佳分析师”评选活动。历年的评选活动由《新财富》杂志制订评选规则，并征集和组织投票人对各券商报送的候选分析师进行投票，按行业选出各行业的前 3 名或前 5 名分析师（团队）。该评选既是中国本土第一份，也是知名度最高、影响最广的市场化分析师排名。

“新财富最佳分析师”的头衔是许多卖方分析师最为看重的荣誉，伴随该头衔而来的是更多的工作机会和更高的薪酬待遇。据《劳动报》2014 年发布的《金融行业证券分析师收入趋势调查》显示，券商分析师的年薪差距非常悬殊，金额从 10 万元至 300 万元不等。通常情况下，上榜“新财富最佳分析师”后薪酬可达二三百万元，并可担任所在券商的首席分析师及团队负责人。

获评“新财富最佳分析师”后高额的薪酬使分析师为获评而展开激烈的角逐。然而，由于评选规则中并无对分析师业务能力的客观量化标准，全依赖投票人自身的判断和选择，因此，催生了近年来《新财富》评选前和评选过程中的“拉票”乱象。

根据历年媒体报道，分析师在《新财富》评选过程中，通过各种关系与投票人构建关系，请客吃饭、送礼、写微信软文，甚至做直播秀才艺。从线下的消费场所到线上的微博、微信、直播平台，到处都活跃着拉票分析师的身影，种种方式不一而足，并在历年的竞争中不断升级，愈演愈烈。2018 年 9 月 17 日，"方正饭局门"事件引发关注，该事件涉及方正证券的两位分析师及部分业内人士，因正值"新财富最佳分析师"评选阶段，方正证券分析师的行为被质疑存在拉票嫌疑，该事件所涉及的视频经网络得到迅速传播。9 月 18 日，《新财富》杂志取消了事件所涉分析师当年的参评资格以及相关投票人的投票资格。随着事件的不断发酵，后续有三十余家券商宣布退出此次"新财富最佳分析师"评选活动，并最终导致《新财富》杂志暂停了当年的评选活动，未来是否继续犹未可知。历经 15 年的业内第一大分析师排名暂时落下了帷幕，亦促使分析师行业反思激励体制中的弊病和问题。

此外，由于工作强度高、竞争压力大，导致分析师行业流动性极强。研究员（卖方分析师）在券商之间跳槽，或跳槽至买方机构的现象均十分常见。

综上可知，分析师行业具有对外服务，牵涉利益方众多，流动性强、团队作业等特点，并存在特殊的薪酬激励方式（"新财富最佳分析师"评选）；此外，与同是对外服务的销售人员、审计师或律师不同，分析师并不直接签订订单或者承接项目，而是通过多方构筑关系，提供服务，促进股票交易，从而间接获取佣金。特别是在行业激励机制和资本市场整体环境都尚未完全成熟的情况下，分析师行业的特殊性也决定了其可能比其他资本市场的从业者对关系、人脉和圈子的依赖性更强。因此，对于金融分析师社会资本及其经济后果的研究具备丰富的实务背景与较强的现实价值。

二、理论背景

自法国社会学家皮埃尔·布迪厄（Pierre Bourdieu）首次对社会资本的概念做出系统性阐述以来（Bourdieu，1977），社会资本的研究经历了近 40 年的发展之后，在诸多领域均取得了丰富的成果。对于资本市场中的社会资本问题，学者们关注最多的是企业组织及其高管、员工的社会资本，并发掘出了社会资本的诸多公司治理效应。对处于公司外部治理范畴的重要信息中介力量——分析师的社会资本的研究尚显不足。

分析师与资本市场各参与单元的联系极为紧密，却由于与目标关联群体（投资者、上市公司等）之间不涉及直接的经济资本往来，其经济资本可能更多地内嵌于社会资本中得以实现，其行为模式亦可能受到自身社会资本的塑造。因此，讨论分析师的社会资本问题可能对理解分析师个人及行业行为有着非常重要的帮助。

后文文献分析发现，现有分析师研究中，存在以下几个问题亟待进一步讨论：

其一，已有文献用利益冲突理论解释了分析师的有偏性推荐及预测行为，从声誉维护的角度阐述了分析师对企业盈余管理的监督机制，而对分析师这种矛盾的行为模式却未能纳入统一的分析框架做出解释。

其二，对于分析师私有信息获取问题，虽然已有文献指出同学、同乡等社会关联是私有信息传输的重要渠道，但是目前的研究还普遍停留在案例或问卷研究，鲜有涉及分析师私有信息及社会关系影响的量化分析成果。

其三，对于分析师的声誉讨论主要集中于获取声誉（如“新财富最佳分析师”）之后的分析师行为及市场反应。对获取声誉之前的过程及影响因素的关注度不足，未发掘人情关系在分析师声誉获取过程中的隐含角色。

本书基于社会资本理论中的结构观（发轫于 Burt 的结构洞理论）、资源观（集成于林南的相关研究成果，如 Lin（1998，2001），通过已发展较为成熟的社会网络分析理论与方法，探究社会资本在分析师职业链条上的影响机理。

第二节　研究问题

本书从社会资本及分析师行为文献出发，运用访谈、问卷、社会网络分析、回归分析等方法展开研究。借鉴社会资本及社会网络理论，剖析社会资本在分析师职业行为中所发挥的作用。对于分析师的职业行为，选取分析师发布研究报告前中后的三个事件片段：发布研报前——获取私有信息、发布研报中——投资评级及盈余预测、发布研报后——参评“新财富最佳分析师”，探究社会资本在整个分析师职业链条中的作用机理。

主要涉及以下几方面的问题（见图 1.1）：

（1）金融分析师社会资本有哪些方面的内容？

（2）大样本实证研究中应如何度量金融分析师社会资本？

（3）分析师获取私有信息的过程中社会资本是否起到重要作用？

（4）分析师投资评级及其偏乐观倾向行为是否受到社会资本的驱使？

（5）分析师获评“新财富最佳分析师”称号的过程中社会资本是否发挥显著影响？

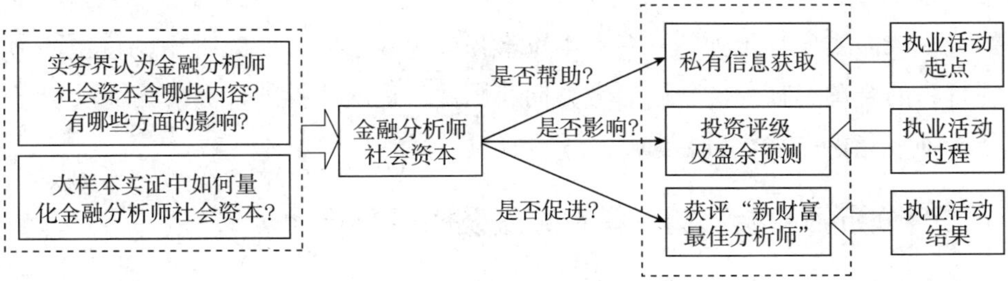

图 1.1 研究问题

第三节 概念界定

一、证券分析师

本书中的金融分析师，又称证券分析师、股票分析师，是指具备证券投资咨询业务职业资格，就职于证券经营机构，从事证券市场相关分析和研究工作，并向投资者发布研究成果、提供投资建议的证券从业人员。国内外资本市场中，按照其服务对象的不同，分析师通常分为两类，一类为就职于各大证券公司的卖方分析师（Sell-side Analyst），其服务对象为资本市场上的投资者或潜在投资者（主要为机构投资者，如基金公司），为其提供免费的股票分析报告及投资建议，并通过吸引股票投资者在其就职的证券公司开户交易或购买自己公司承销的股票来赚取佣金收入。卖方分析师通常以行业划分研究领域，分析师个人（或团队）可能持续追踪一个行业的一家或多家企业，其工作内容主要分为三部分：上市公司调研、撰写研究报告以及路演销售。另一类为买方分析师（Buy-side Analyst），其主要供职于各类基金公司等投资机构，为本机构的投资组合提供分析报告及配置建议，并以投资组合增值与否作为业绩和薪资评价的依据。

本书的研究对象为卖方分析师，主要原因有以下两点：其一，数据的局限性。由于买方分析师只服务于所供职的投资机构，其研究成果并不公开披露，难以获取数据，实证研究的难度较大；其二，卖方分析师的独特性。卖方分析师日常工作牵涉甚广，包括所供职券商及其研究团队成员、机构及个人投资者、上市公司高管及董秘等多方利益团体，人际互动非常频繁，且多数活动难以用经济资本衡量，故而卖方分析师的社会资本不失为一个较新颖的研究视角，希望能为分析师行为的合理解释提供新的思考方向。因此，后文所提的证券分析师（以下简称分析师）指的是卖方分析师。

二、分析师盈余预测、投资评级及明星分析师

分析师盈余预测是指分析师所发布的研究报告中对未来盈余（或尚未公布的盈余）的预测数值。通常研究中，分析师盈余预测专指分析师对每股盈余（EPS）的预测。对于分析师投资评级，或荐股评级，指分析师在研究报告中对所分析股票的一个综合性的交易建议，通常有买入、增持、中性、减持、卖出五种类别。以图 1.2 中华泰证券分析师于 2018 年 12 月 26 日发布的对比亚迪的研究报告为例，图 1.2 中左上方方框中标识的内容为分析师给出的“增持”评级；右下方为分析师对 2018 年、2019 年、2020 年经营指标的预测，其中包括对每股收益的预测。研究中一般取尚未公布的最近一年的盈余预测值作为研究对象。

证券研究报告　　华泰证券 HUATAI SECURITIES

公司研究/首次覆盖

2018年12月26日　　交运设备/汽车整车 II

投资评级：增持（首次评级）

当前价格(元)：52.22

合理价格区间(元)：59.61~64.44

厚积薄发，“王朝”引领行业

比亚迪(002594)

经营预测指标与估值

会计年度	2016	2017	2018E	2019E	2020E
营业收入（百万元）	103,470	105,915	132,659	169,199	207,369
+/-%	29.32	2.36	25.25	27.54	22.56
归属母公司净利润（百万元）	5,052	4,066	3,078	4,010	4,940
+/-%	78.94	(19.51)	(24.30)	30.27	23.18
EPS（元，最新摊薄）	1.85	1.49	1.13	1.47	1.81
PE（倍）	29.09	36.14	47.74	36.65	29.75

资料来源：公司公告，华泰证券研究所预测

图 1.2　分析师研报中股票评级及盈余预测示例

三、社会资本

社会资本（Social Capital）是指实际的或潜在的资源集合体，这些资源与熟悉或认可的制度化关系的持久网络的占有联系在一起（Bourdieu，1977），是一种相互关心、相互信赖关系的无形资产或公共物品（Coleman，1988）。它是生产性的，实现了某种单靠经济资本无法达到的目的，提高了社会效率，类似于道德的经济资源，诞生并体现于民众交往的关系网络中（Putnam，1993）。它可分为内部与外部社会资本（Yli-Renko et al.，2002），结构、关系及认知三大维度（Nahapiet and Ghoshal，1998），或者微观的个体、中观的组织与宏观的社区层面（姜卫韬，2012）。

第四节 研究目的与意义

一、研究目的

1. 探索社会资本理论在分析师研究领域的应用路径，显化分析师行为背后的社会资本影响因素，提升金融分析师社会资本研究的关注度

社会资本理论在管理学领域历经数十年的发展，在组织和个人社会关联及相应行为的研究中得到了充分的应用。例如，上市公司及其高管团队社会资本的研究已经取得了较为丰硕的成果。然而，整个公司金融理论体系中，作为重要信息中介的金融分析师社会资本研究却相对滞后。分析师在其执业过程中牵涉的利益群体众多，行业评价体系又缺乏一定的客观性，使分析师拥有复杂的社会网络，具备社会资本研究的基本特征。本书将社会资本理论融入分析师职业链条中，探究金融分析师社会资本的构成元素及其在分析师职业行为中各个阶段所发挥的作用，以期借助社会资本理论，对分析师行为背后的影响因素有更清晰的认知。

2. 引入社会网络分析方法，基于大样本多维度量化金融分析师社会资本

自社会网络理论提出以来，其自带的网络属性就使之与社会网络理论与方法产生了密不可分的关联。目前，社会资本的量化分析方法主要集中在量表问卷调研和网络参数分析两种。然而问卷调研法往往将个体从其所在的社会情境中抽离

出来，弱化了社会行动者之间的关联，对揭示社会现象的关系本质具有一定的局限性（Freeman，2004）。此外，抽样调查法还受限于样本数量及其主观性偏差，对大规模的实证的支撑度略显不足，但其操作相对简单，仍然具备一定的使用度；而对于网络参数分析法，则是近年来建立在社会计量分析、图论、整体网络分析以及计算机软件的发展而诞生的一种综合性的方法，其分析过程涉及历年的节点收集、关系梳理、矩阵构建、多维参数计算及图形可视化处理，步骤较为繁杂，耗时较多，但能相对完整地呈现群体中关系构成及发展。本书在小范围问卷调研的基础上，将社会网络分析方法引入金融分析师社会资本的量化研究中，以期能够全方位刻画金融分析师社会资本的质与量。

3. 剖析分析师执业活动中社会资本所发挥的作用，解释现有研究中的矛盾点

现有的分析师研究中关注较多的是分析师的盈余预测结果、行为变更及其声誉获取后的市场反应，但仍有一些薄弱点亟待完善。受限于数据，对于分析师行业普遍存在的私有信息获取问题探究不足；对于分析师偏乐观预测的影响因素，已有研究主要从理论上归结为分析师的利益冲突问题，较少有实证检验对利益冲突背后的社会关系博弈力量的梳理；对分析师获评明星分析师的影响因素的圈定也存在诸多矛盾（如部分研究认为分析师盈余预测准确度的提升有助于其获评明星分析师，而另有研究结果则不支持这一论点）。本书从社会资本角度出发，逐一探索社会资本在分析师执业起点（私有信息获取）、执业过程（投资评级）与执业结果（上榜新财富最佳分析师）中发挥的作用，为现有研究中的部分论点提供新的实证证据和成果支持。

二、研究意义

1. 理论意义

拓展社会资本理论与方法的应用范围。尽管社会资本理论与方法已经在政治学、经济学与管理学领域有了深入的发展，但是在管理学领域，目前对于资本市场中金融从业者社会资本的研究对象主要局限于买方的基金经理。对于卖方金融分析师社会资本及社会网络的研究为数尚少，卖方分析师对外服务的特性使其面临更加复杂的社会关系，因此有必要进行深入梳理。本书将社会资本理论与方法融入分析师群体的社会关系特征描述中，有助于拓展社会资本理论与方法的应用范围。

丰富分析师行为的理论解释与实证探讨。已有研究多从利益冲突角度解释分析师行为背后的动因，对分析师执业活动中所涉及的利益关系的理论分析较多，

实证研讨较少。本书逐年多维度地对金融分析师社会资本量化处理，并以此为基础，构建模型实证检验社会资本对分析师执业活动中各个环节中行为决策或市场评价的影响。实证结果证实了在分析师私有信息获取、投资评级以及评选明星分析师等行为或事件中，社会资本均发挥了显著的作用，研究结果有助于丰富分析师行为的理论解释与实证探讨。

2. 现实意义

有助于投资者理解分析师行为背后的逻辑。分析师推荐及预测行为存在一定的“黑箱”，使投资者特别是中小投资者难以辨识分析师行为背后的驱动因素以及其信息含量，其情绪亦受到市场情绪的影响而做出相对非理性的投资决策。本书梳理分析师在其校友、同事及客户的社会关系网络中所占据位置的重要性程度对其私有信息获取、投资评级以及获评明星分析师的相关影响，帮助投资者解读分析师可能的偏差行为背后的逻辑，提升投资者对分析师荐股行为的理性认识。

有助于监管部门规范分析师的业绩评价机制。由于我国分析师行业的发展时间较短，且资本市场整体的成熟度亦有待进一步提升，近年来，分析师运用其在市场中的影响力发布不实言论，操纵股价以及频出的参评明星分析师过程中的拉票行为使投资者对其信任度不断降低。本书验证了社会资本在分析师执业活动中无所不在的作用，运用大规模实证检验揭示了分析师行业评价体系的不合理性，有助于包括证监会、中国证券业协会在内的监管方进一步规范分析师的业绩评价机制，营造更加公平的分析师行业竞争环境。

第五节 研究内容及框架

本书按照“金融分析师社会资本的理论分析—实务层面上对从业分析师的访谈与调研—金融分析师社会资本的作用机理剖析—金融分析师社会资本的度量—金融分析师社会资本作用机理的实证检验”这一研究主线，分五部分展开研究。

第一部分，文献回顾与理论基础（第二章）。首先，梳理了社会资本理论的发展脉络。其次，从个人、团队与群体、公司及宏观等层面总结了社会资本的研究现状，着重关注了资本市场参与主体之间（如上市公司高管、银行、基金经理、审计师等）校友、同事、同乡等关联关系所蕴含的社会资本所发挥的作用；

阐述分析师社会关系相关的研究现状并评述。最后，归纳了与本研究相关的几类理论（资源基础与资源依赖理论、强弱关系理论、结构洞理论等）。

第二部分，基于问卷的金融分析师社会资本构成与影响初探（第三章）。鉴于分析师的社会资本研究成果较少，为防止仅根据现有理论推导出的金融分析师社会资本无法与实务中的情况对接，在第二部分进行问卷调研。通过特定分析师访谈、微信问卷调研等方式收集数据，了解分析师工作过程中存在的社会资本及其发挥作用的程度。并根据问卷的结果，初步梳理金融分析师社会资本的内容及作用机制，提出金融分析师社会资本的信息机制与资源机制。

第三部分，基于网络特征的金融分析师社会资本测度（第四章）。由于问卷研究存在一定的主观性，且受样本的限制，在广度上难以支撑大规模的实证研究，在深度上难以追溯历史信息，只能做当前样本的截面数据分析。为此，通过第二部分访谈与问卷调研中积累的对金融分析师社会资本的理解，该部分选取结构维度的社会资本作为衡量金融分析师社会资本的依据，从多个维度构建分析师执业活动中的社会网络（具体包括分析师同业校友网络、分析师高管校友网络、分析师团队网络、分析师同事网络、分析师跟踪网络、分析师调研网络）。从国内分析师开始在资本市场上崭露头角的21世纪伊始（2001年），跨越近20年的时间轴，追溯分析师社会网络的变化。试图通过上述多维度跨时段演进分析，最大限度上勾勒出分析师的执业活动关系轨迹图，并运用社会网络分析技术及大型复杂网络分析软件，计算每位分析师每年在其执业活动网络中的重要性程度，以此作为衡量金融分析师社会资本的依据，并借助软件实现了分析师社会网络的可视化处理。

第四部分，金融分析师社会资本影响机理的实证检验（第五、六、七章）。具体地，截取分析师执业活动中的三个时间上存在递进关系的片段，即撰写研究报告前的信息收集阶段中分析师对于私有信息的获取、撰写研究报告过程中的偏乐观性投资评级与盈余预测、撰写研究报告后的评选明星分析师活动作为研究对象，分别检验金融分析师社会资本对上述三阶段分析师活动的影响。其中，第五章检验了金融分析师社会资本对其私有信息获取的影响，以论证社会资本的信息机制，即社会资本有利于帮助分析师获取独特信息，降低分析师与企业间的信息不对称程度。第六章探究了金融分析师社会资本对其偏乐观性投资评级的影响，通过对比两类社会资本对分析师偏乐观评级作用方向的差异，剖析社会资本影响的双向性，构建出社会资本的声誉与人情机制。第七章讨论了金融分析师社会资本对其获评明星分析师的影响，并依此总结出金融分析师社会资本的资源机制。

第五部分，结论、启示与未来研究展望。本部分对应书中第八章，对本书的研究过程及结论进行了总结，阐述了研究成果的启示意义，并对未来研究方向进行了展望。图 1.3 为本书的研究框架。

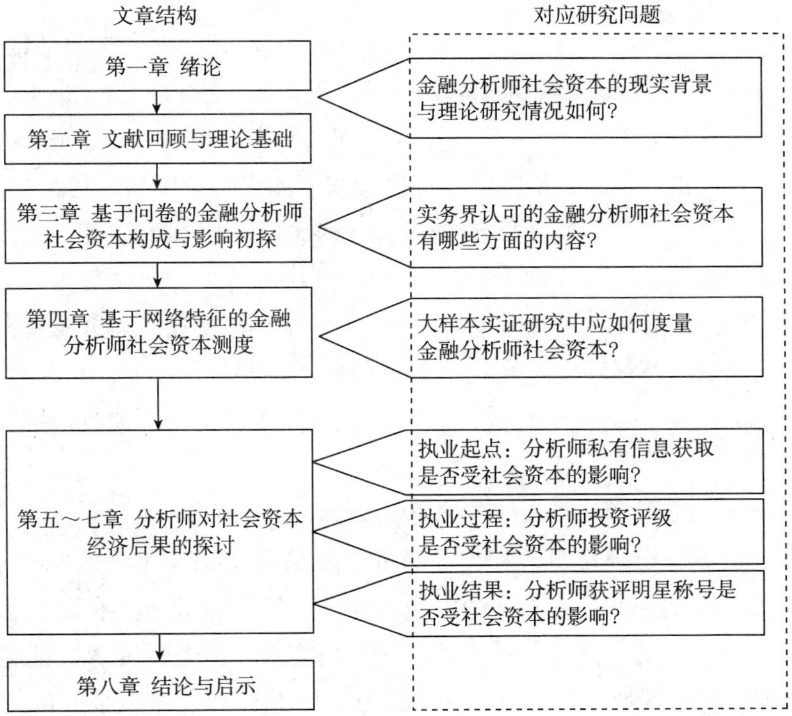

图 1.3 研究框架

第六节 研究方法与技术路线

一、研究方法

1. 文献分析法：金融分析师社会资本界定的理论分析

由于针对金融分析师社会资本的研究成果较少，鲜有成熟的研究成果可直接用于定义金融分析师社会资本。为此，分三个层次展开文献分析，以期构建金融分析师社会资本的理论基础。第一层次：社会资本的基础理论文献。虽然金融分析师社会资本是研究某一特定人群的社会资本，但是社会资本存在其共性，需对理论基础追本溯源，具体包括社会资本的系统性定义（Coleman，1988，1990）、社会资本的结构观及强弱关系理论、结构洞理论（Granovetter，1973、1985；Burt，1992），社会资本的资源论（Lin，1998、2001），社会资本的结构、关系、认识三维分法（Nahapiet and Ghoshal，1998）等。第二层次：社会资本与社会网络经济后果研究的相关文献。由于社会资本在社会学、政治学、经济学、管理学等领域均有广泛的应用，分析师的研究通常被纳入管理学中的公司治理范畴内，因此这一层次主要关注了社会资本在管理学领域的研究，重点研读了企业组织及高管、员工社会资本对其行为及绩效的影响。第三层次：分析师行为及其影响因素的相关文献。现有文献中对分析师行为及其影响因素的相关研究主要探究了企业经营状况及资本市场环境对分析师盈余预测以及荐股评级的影响，而对分析师个人层面的剖析较少，本书引入社会资本理论，以期为分析师的行为解释提供新的思考方向。

2. 访谈与问卷调研法：金融分析师社会资本界定的实务检验

已有的资本市场研究中，各类参与成员社会资本的文献中多从企业组织、高管、员工等维度探究社会资本的内涵与外延。然而分析师具有区别于上述群体的独特属性（如对外连接企业高管、撰写研究报告服务投资者、证券交易佣金决定薪酬、明星分析师评选影响收入等）。因此，从上述三个层面的文献分析中得到的金融分析师社会资本的初步界定还需要经过实务界的检验，才能避免理论分析与实际情况相去甚远、无法落地的情况发生。为此，先后实施了对分析师的访谈与问卷调研，得到了金融分析师社会资本及其经济后果的初步数据概况。

3. 社会网络分析法：分析师结构维社会资本的大样本度量

由于社会资本的结构观具备较成熟的理论基础，且结构维的社会资本显化程度最高，易于进行大样本实证检验，为此选取结构维的社会资本进行影响机理分析。分析结构维社会资本最常用的方法为社会网络分析法（Social Network Analysis）。社会网络分析是将研究对象作为点，对象之间的关系作为边构建关系网络，并对整体网络及个体节点的特征进行计算，进而进行可视化处理的方法。本书以分析师作为网络中的节点，分析师的校友、团队、同事、跟踪公司等关系为边，构建分析师职业网络，计算个体分析师在网络中的重要性程度参数，量化分析师各层面社会资本，并绘制网络拓扑结构图，以便读者对分析师社会网络产生感性认识。

4. 回归分析法：金融分析师社会资本的影响机理检验

在金融分析师社会资本经济后果（第五章至第七章）的实证检验中，运用普通最小二乘回归（OLSR）、逻辑回归（Logit Regression）、顺序回归（Ordinal Regression）以及似无相关回归（Seemingly Unrelated Regression）等方法，检验社会资本对分析师获取私有信息、偏乐观预测以及获评明星分析师的影响机理。

二、技术路线

图 1.4 为本书的技术路线。其中，图左侧为本书的研究思路和具体内容，右边则为每部分内容采用的研究方法。研究内容的第一部分——社会资本的文献综述（对应第二章）中，主要采用定性研究的方法，对社会资本理论发展脉络、研究现状及其在分析师领域的研究议题进行归纳总结。在第二部分——金融分析师社会资本及其经济后果的问卷调研（对应第三章）中，采用社会学与管理学领域常用的访谈与量表问卷分析法，对金融分析师社会资本的构成内容（包括校友、同事、团队、客户等）及其经济后果进行了初探。对于第三部分——金融分析师社会资本的大样本度量（对应第四章），则将社会网络分析法纳入本书的研究中，构建分析师校友、同事、团队及具有调研关系的上市公司网络，并运用网络分析软件计算各类网络的度数中心度、接近中心度、中介中心度、聚类系数、结构洞系数等网络特征参数。对于第四部分——金融分析师社会资本的经济后果研究（对应第五、六、七章），则是以第四章中测算出的分析师网络特征参数作为金融分析师社会资本的代理变量，运用包括普通最小二乘回归、逻辑回归、顺序回归等回归方法，检验社会资本在分析师执业起点、执业过程与执业结果阶段的重要行为或事件中发挥的作用。

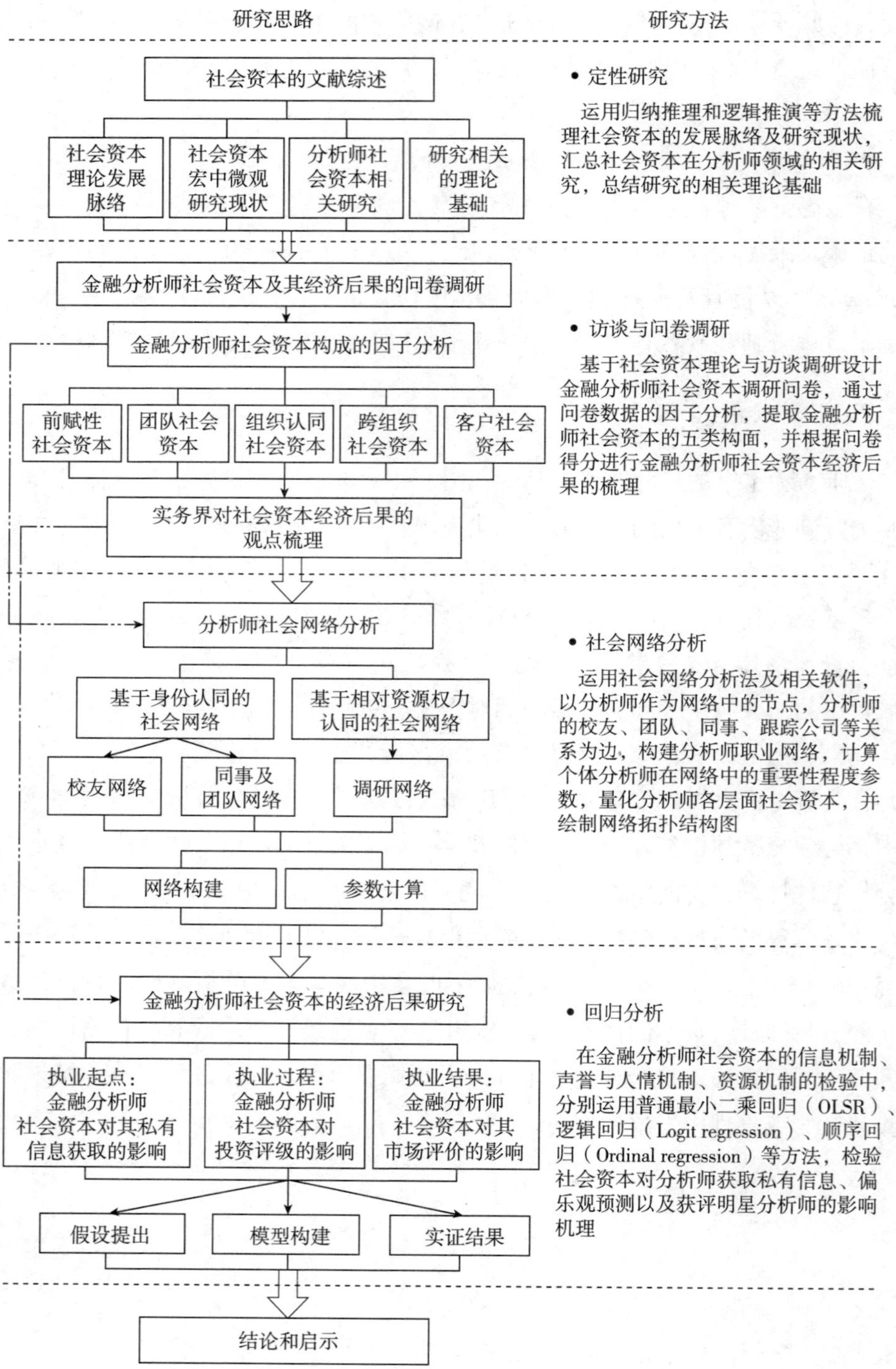
研究思路
研究方法
社会资本的文献综述
社会资本理论发展脉络
社会资本宏中微观研究现状
分析师社会资本相关研究
研究相关的理论基础
• 定性研究
运用归纳推理和逻辑推演等方法梳理社会资本的发展脉络及研究现状，汇总社会资本在分析师领域的相关研究，总结研究的相关理论基础
金融分析师社会资本及其经济后果的问卷调研
金融分析师社会资本构成的因子分析
前赋性社会资本
团队社会资本
组织认同社会资本
跨组织社会资本
客户社会资本
实务界对社会资本经济后果的观点梳理
• 访谈与问卷调研
基于社会资本理论与访谈调研设计金融分析师社会资本调研问卷，通过问卷数据的因子分析，提取金融分析师社会资本的五类构面，并根据问卷得分进行金融分析师社会资本经济后果的梳理
分析师社会网络分析
基于身份认同的社会网络
基于相对资源权力认同的社会网络
校友网络
同事及团队网络
调研网络
网络构建
参数计算
• 社会网络分析
运用社会网络分析法及相关软件，以分析师作为网络中的节点，分析师的校友、团队、同事、跟踪公司等关系为边，构建分析师职业网络，计算个体分析师在网络中的重要性程度参数，量化分析师各层面社会资本，并绘制网络拓扑结构图
金融分析师社会资本的经济后果研究
执业起点：金融分析师社会资本对其私有信息获取的影响
执业过程：金融分析师社会资本对投资评级的影响
执业结果：金融分析师社会资本对其市场评价的影响
假设提出
模型构建
实证结果
• 回归分析
在金融分析师社会资本的信息机制、声誉与人情机制、资源机制的检验中，分别运用普通最小二乘回归（OLSR）、逻辑回归（Logit regression）、顺序回归（Ordinal regression）等方法，检验社会资本对分析师获取私有信息、偏乐观预测以及获评明星分析师的影响机理
结论和启示

图 1.4　技术路线

第七节　预期创新

1. 尝试使用“理论分析—访谈与问卷调研—大样本数据分析”的范式研究金融分析师社会资本及其网络特征和经济后果

社会资本理论在管理学领域已经得到了广泛的运用，但具体到分析师领域，其研究成果尚不多见。为验证该理论在分析师研究中的适用性，本书开展了实务界分析师的访谈调研，确认社会资本及社会网络在分析师行业中的存在性及普遍性之后，借鉴企业组织社会资本中关于个体及团队社会资本的成熟量表，并结合调研中获得的分析师行业特色问题，开发了金融分析师社会资本的度量问卷。运用因子分析对金融分析师社会资本的不同维度的内容进行解构，亦在问卷中对分析师行为及业绩评价受社会资本影响的情况做了初步调研。在此基础上，结合问卷分析中获取的金融分析师社会资本的构面元素及数据库中分析师执业活动中所涉及社会关系的相关数据。由点及面，逐层将社会资本理论与分析师研究相融合，打通实务、理论与实证分析之间的鸿沟。

2. 结合社会资本理论、社会网络及图论的方法，运用计算机语言及软件跨年份多维度解构金融分析师社会资本的不同构面

本书通过数据库收集及手工整理的方式，首次细化到独立分析师个体的整个职业发展历程，获取了分析师行业 2001~2017 年每一位分析师的同业校友、高管校友、同事或前同事关系、团队或前团队关系以及上市公司调研关系数据。运用 Python 等计算机语言构建涉及亿级节点数据的数百个二维关系矩阵，并在此基础上运用复杂网络分析软件多维度构建分析师当年以及累积同业校友网络、高管校友网络、同事/团队网络以及调研网络。借鉴图论及社会网络分析方法的研究成果，计算网络参数，从横截面和时间序列两方面、多维度地实现金融分析师社会资本的量化计量。

3. 完善和补充了分析师私有信息的计量方法及社会资本经济后果的实证证据

在分析师私有信息获取方面，由于其行为的隐秘性和可能的不合规性，难以通过实证的方式说明分析师获得上市公司私有信息的程度，学者通常以调查或者实验研究的方法对管理层与分析师的信息沟通进行研究。而本书运用审计调整作

为衡量标准探究分析师盈余预测信息来源的依据，通过分析师预测误差与盈余的审计调整程度之间的相关系数，显化了分析师的盈余预测中包含的企业内部盈余信息的程度，为分析师与管理层的私有信息传递行为提供了实证支持。可为上市公司信息披露、分析师行为规范相关的法律法规的完善及修订提供参考。

在社会资本经济后果方面，以分析师研究报告的发布作为划分依据，将分析师执业活动分为三个阶段（研报发布前的信息收集阶段；研报发布中的投资评级乐观性倾向；研报发布后的明星分析师评选活动），实证检验社会资本在分析师执业活动的起点（获取信息）、过程（发布投资评级）以及结果（评选明星分析师）各环节中所发挥的作用，为社会资本在分析师领域的影响研究提供了较为全面的实证证据。

第二章　文献回顾与理论基础

因对社会生产活动中的基本单元——人及其互动关系的关注，社会资本理论被广泛地融入社会学、经济学、管理学及政治学的理论体系中，其一百余年的发展历史体现了近现代社会中的“人本思想”。以下从回顾社会资本理论的发展脉络开始，逐步梳理社会资本领域的研究现状以及其在资本市场中的典型子网络，厘清金融分析师社会资本及其影响机理研究的理论基础。

第一节　社会资本理论发展脉络

一、发轫期：对群体中社会关系的关注

“社会资本”（Social Capital）一词出现于1916年Hanifan对学校教育及学生群体（School Community）的研究中，社会资本被视为群体成员之间信任、合作与集体行动的基础。它可被理解为一种资源，用于促进个人在社区中的发展及人际关系网络的强化（Hanifan，1916）。时隔半个多世纪后，法国社会学家Bourdieu对社会资本做出明确的概念性阐述，其将社会资本定义为镶嵌于长期形成的社会群体网络中的现实或潜在的资源结合体（Bourdieu，1977）。可以看出，自“社会资本”一词见之于众以来，“网络”和“资源”二词即与之相伴相生，前者可被当作社会资本的结构描述，后者可被视为社会资本的性质提炼。

自1916年社会资本被首次使用，到1980年正式被定义，这期间亦不断有学者关注了社会成员之间的关系及其对个体行为的影响，这些研究成果均成为此后社会资本理论萌生和发生的基础。其中，较为著名的为1933年哈佛大学教授梅奥运用霍桑实验提出的“社会人”理论，其通过观察霍桑工厂中工人们在生产

过程中的群体性行为，观察得出组织内部存在“非正式群体”，且组织内部成员之间的关系及其对组织的归属感比经济报酬更能起到激励作用。之后马斯洛的需求层次理论（Maslow，1943）、赫兹伯格的双因素理论（Herzberg，1959）以及麦格雷戈的 Y 理论（MacGregor，1960）均在不同程度上支持了“社会人”假设。20 世纪 60 年代，舒尔茨等学者将“人力资本”的概念引入经济学框架，使经济学生产函数中的“资本”首次脱离了实物形态，为后续社会资本理论的提出奠定了基础。

20 世纪 70 年代之后，美国社会学家 Granovetter 研究了个体社会关系对其职业获取及发展的影响，提出强弱关系理论。根据互动频率、亲密程度等指标，Granovetter 将群体成员之间的连带关系分为强关系（Strongties）与弱关系（Weakties）。强关系网络内部成员之间相似性较高，且关系较紧密，交流频率高，信息重叠程度较大，而弱关系网络中，成员之间信息异质性较高，弱关系易成为信息融合与交汇的“桥梁”。他通过问卷调查，发现弱关系会为求职者带来更多有价值的信息并获得更匹配的工作机会，弱连带有助于信息获取，而强连带则主要用于加强信任和合作（Granovetter，1973）。进一步地，Granovetter 又于 1985 年提出网络镶嵌理论，明确地以网络结构来描述社会中的人际关系，将群体中的成员看作是人际关系网络中的节点，节点之间的连线代表成员之间的社会关联，网络参与者的行为与决策受网络的整体形态结构及个体在网络中位置的影响。Granovetter 的研究显化了社会关系的网络属性，将社会资本理论与社会网络研究弥合为不可分割的有机体（Granovetter，1985）。

二、发展期：网络观与资源论的明晰化

美国社会学家 Coleman 在法国学者 Bourdieu 研究成果的基础上第一次对社会资本进行全面而具体的界定和分析，其对社会资本的定义获得了多数学者的认可并成为引用率最高的版本（田凯，2001）。自此，社会资本的思想与理论开始在社会学、经济学、政治学、管理学等诸多研究领域得到广泛的关注与运用。Coleman（1988）将社会资本定义为镶嵌于社会网络结构中且能为特定行为或行动者带来利益的多种形式的集合体，社会资本与物质资本、人力资本同属资本的不同形态，社会资本作为个人拥有的重要资源，同样具备生产性。进一步地，Coleman 阐述了社会资本的五种表现形式：其一为期望与义务，表现为投桃报李式的人际交往模式，如甲对乙提供了帮助，则甲会预期乙在未来报答自己，乙则承担

了回报的义务；其二为社会关系中的信息网络，表现为存在社会关系中的双方存在信息差时，信息劣势方向信息优势方收集信息从而为自己的行动提供便利的情形，如人们购买贵重物品时会首先考虑找朋友中懂行的人进行咨询；后三种形式分别为规范、权威与专门创建的社会组织。这五类形式均从不同角度对人际交往中的行为及决策产生影响。Coleman 的定义点明了社会资本的三要素，信任、网络与规范，成为后续社会资本理论研究的基石。

与 Coleman 同时期的美国著名华裔社会学家林南（Lin Nan）同样对社会资本理论的完善与发展做出了重大贡献（Lin，1998、2001），其最核心的成果是以个体行动者作为研究对象，从社会结构角度探讨了社会资本的资源属性。社会资本的核心是一种社会资源，其存在于特定结构（包括地位、权威、规则与代理人四大要素）的社会网络中，由为了获取资源而积极努力的个体行动者所激活并取得。林南的论述包含了资源、网络结构与个体行动者这三大基石，为后续个体社会资本的研究构建了完整的逻辑框架。

除了社会资本资源论的明晰化之外，其网络结构特征亦受到了进一步的关注，并获得了诸多研究成果，Burt（1992）提出的结构洞理论即为其中的代表。结构洞理论认为社会资本不仅取决于关系的强弱，更重要的是取决于行为人在网络中的位置。结构洞反映了网络中参与者处于桥梁或中介位置的程度，占据结构洞位置的行为人对异质性的信息和资源拥有更大的控制权与支配权，从而具备更多的社会资本。

三、完善期：内涵的多维化拓展

20 世纪 90 年代之后，社会资本理论在多学科、多层面、多维度均得到拓展与运用，其中影响力较大的几位学者的研究总结如下：

Putnam、Fukuyama 等对社会资本的信任属性进行了探讨。区别于林南的个体视角，美国政治学家 Putnam（1993）从宏观的层面出发，将社会资本理论运用于民主政治的研究中，强调信任是社会资本的重要属性，认为在相同历史渊源和文化背景中的人们会出于信任关系而形成紧密的公民参与网络，公民参与和公民精神即为社会资本的体现形式。他在《使民主运转起来：现代意大利的公民传统》一书中所阐述的企业竞争案例也充分说明了社会资本的信任属性：意大利中部的企业重视分工合作，所形成的产业网络集群中，小企业兼具规模经济与专业化特征，产业竞争力强，而南部的企业由于普遍的不信任，在竞争中呈现劣势地位。Putnam 将社会资本理论融入集体行为和公共政策的探讨中，为分析民主政治等宏观议题贡献了新的思路。此外，日裔美国学者福山（Fukuyama，1995）从文化的角度阐述了社会资本中信任的来源，认为群体内共通的文化背景带来高度的信任，进而形成社会资本。

对于社会资本的维度，基于 Coleman 定义中提炼出的网络、信任与规范三要素，Uphoff（1996）将社会资本划分为结构型社会资本与认知型社会资本两个维度，前者对应社会资本的网络要素，后者则涵盖信任与规范要素。在 Uphoff（1996）的基础上，Nahapiet 和 Ghoshal（1998）对社会资本的维度进行了更细致的划分，在结构维度与认知维度的中间加入关系维度，总结为“结构—关系—认知三维度论”。社会资本的结构维度可以理解为社会资本中最外显的部分，指观测对象与他人之间是否存在某种联系以及对这种联系的建立渠道的描述，如一个人与多少人有同学、同乡、团队伙伴等关系。社会资本的关系维度描述了观测对象与他人通过一系列的互动所形成的社会关联（如信任与值得信任、规范与义务）；对于社会资本的认知维度，主要意指具有共同语言、秉持相同信念或目标的社会关联所带来的资源。“结构—关系—认知三维度论”为社会资本的描述提供了一种认可度较高的分析范式。

此外，对于社会资本的研究层面，姜卫韬（2012）将其分为宏观、中观、微观三个层面，分别以局部或整体社会、组织、个体为研究对象。而 Alder 和 Kwon（2002）将宏观与中观社会资本统一归纳为群体社会资本，从而社会资本的研究层面亦可划分为个体与群体两大视角。

四、社会资本理论在中国的发展

中国的“圈子文化”与“人情社会”为社会资本理论的发展提供了丰富的土壤。自 20 世纪 70 年代末中国社会学恢复与重建以来，经历多位学者的共同努力，社会资本理论在中国学界得到了蓬勃的发展。

20 世纪 80 年代，林南先后在南开大学、北京大学、上海大学讲授社会资本与社会网络理论，成为首位将社会资本理论引入中国的学者。此后，林南的博士生、中国社会资本理论研究的集大成者边燕杰在国内主持了多项涉及社会网络的大规模问卷调查项目，并形成了诸多研究成果。例如，边燕杰在其成名作《找回强关系》（Bian，1997）中，通过对求职网络的研究，对强弱关系理论在中国情境下的应用提出了新的思考，指出中国“人情社会”中强连带往往更有助于求职者获取求职信息及工作机会。边燕杰（1999）通过对西方社会学家关于社会网络与求职过程的系统评述，对社会资本的网络结构观、强弱关系理论、社会资源与结构洞理论进行了深入的理论概括与假设推导，为后续对“职业流动中社会网络的功效”的经验研究提供了逻辑起点（张文宏，2011）。边燕杰和邱海雄（2000）对企业社会资本的研究开创了国内企业社会资本研究的先河，其对企业社会资本的纵向（主要指与企业经营活动有关的监管机构、政府部门以及企业的下属机构等）、横向（如供应商、银行、股东和竞争对手）以及非经营活动中社会关联（如慈善捐助活动等社会责任行为）的划分成为后续诸多研究的起点。此外，罗家德、赵延东、张文宏等也对社会资本的理论发展、经验发现与实证测量等方面作出了卓越的贡献。

图 2. 1 为社会资本理论发展脉络的总结。

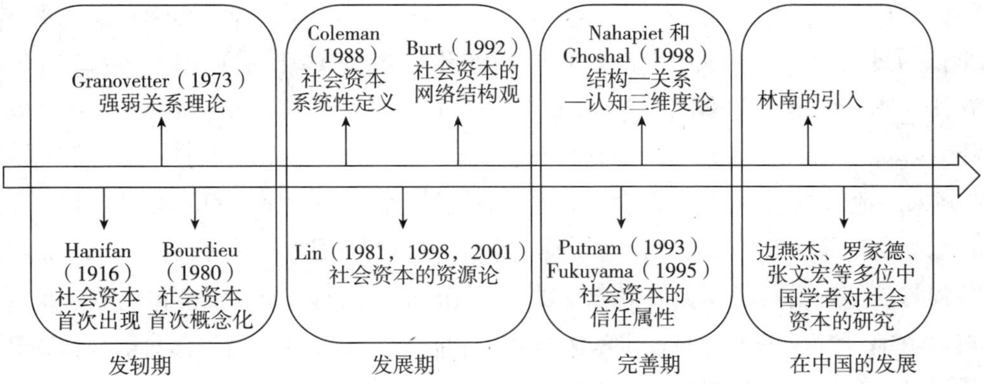

图 2. 1　社会资本理论发展脉络

第二节　社会资本研究现状

对于社会资本的研究现状，下文总结了社会资本的影响因素、经济后果以及测量途径的研究概况，并着重关注了资本市场中主要参与者的子网络的研究成果。

一、社会资本的影响因素研究

相对于社会资本的经济后果来说，社会资本的影响因素研究相对较少。经济学、管理学和社会学等领域的最新文献主要从微观和宏观两个层面观察了社会资本的影响因素。在微观方面，学者着重探讨了个体特征（如外貌、婚姻状况、领导力）对个人及组织社会资本形成及发展的影响；在宏观方面，已有研究对地域、文化对社会资本的影响做出了阐述。此外，亦有学者关注了网络社交模式所衍生的新兴因素对社会资本的影响，具体而言，有以下几个方面：

（1）个体特征对社会资本的影响。部分学者从外貌、婚姻状况、领导力等视角探讨了社会资本的影响因素。例如，O'Connor 和 Gladstone（2018）的研究发现，美貌关系到个人社交网络及社会资本的发展，外貌有吸引力的人更可能在社交网络中获取有利地位；个人婚姻状况、收入及居住时长等因素亦能对社会资本的产生与发展形成显著影响（Pena-López and Sánchez-Santos，2017）。具有关系型领导力（民主、亲和型的领导力）的管理者对组织社会资本的构建起积极作用（Akram et al.，2016）。

（2）宏观因素对社会资本的影响。一方面，是宏观因素对群体或组织社会资本的影响，如 Jennings 和 Sanchez-Pages（2017）从社会学的角度研究了"同仇敌忾、一致对外"的现象，指出外部威胁可以帮助解决群体内部的社会困境，并促进群体内部社会资本的增长。另一方面，是宏观因素对个体社会资本的影响。Pena-López 和 Sánchez-Santos（2017）的研究发现城市规模、社会公信力等因素会作用于个体社会资本的形成与发展过程。

（3）互联网时代的新兴因素对社会资本的影响。随着互联网的兴起与普及，各类即时通信软件（如微信、QQ）、BBS（网络论坛）、网上商城的迅速发展极大地改变了此前围绕家庭与邻里关系的社交方式，陌生人之间的线上互动方式及其对社会资本的影响成为学者关注的新领域。例如，有学者关注了视频游戏带来的参与感对人际互动的影响，其研究表明多人在线视频游戏中的社交互动有助于构建社会资本（Perry et al.，2018）。Chen 等（2017）基于中国最大的 C2C 网络购物平台——淘宝网的数据，实证得出卖家网站质量（包括信息质量、系统质量和服务质量）的提升有助于构建买卖双方社会资本，提高客户的忠诚度。社交网络（如 Facebook）的独特技术能力（Smith et al.，2017）与用户感知到的自己所发布内容的受欢迎程度（Su and Chan，2017）亦会对社会资本产生影响。

二、社会资本的经济后果研究

自从 Coleman（1988）奠定了社会资本的理论基础后，“社会资本”一词在经济学、管理学、政治学和社会学等文献中得以普及。与社会资本的影响因素类似，学者们亦从中微观（个人、团队及群体、企业组织）与宏观（社区、城市及地区）层面探讨了社会资本的经济后果。以下分别对中微观层面的个体、团队及群体以及企业组织层面的社会资本经济后果研究进行总结，并将宏观层面的研究内容概括在一个小节中。

1. 个人层面社会资本的经济后果

部分研究从个体角度出发，研究其社会资本对所处环境的影响，这类研究可分为两种类型，一种类型是以单边对象的社会资本为研究主体，另一种类型是以双边对象的关联关系作为切入点。单边对象的研究主题主要集中在包括创始人、CEO 和独立董事在内的企业高管社会资本及其经济后果，如 Bosma 等（2004）研究发现，企业创始人的社会资本对创业绩效产生了正向影响。Ferris 等（2017a）通过对 CEO 在其教育、雇佣关系等网络中的中心度的计量来反映其社会资本，并证明拥有高社会资本的 CEO 表现出更高水平的风险寻求行为，且这些冒险行为会为企业带来增值。Chen 等（2016）利用代理理论和资源依赖理论，认为具有人力资本和社会资本的独立董事为企业国际化提供了战略建议和充分的资源，从而提高了企业国际化的意愿。他们的关系研究结果亦显示独立董事的行业经验、国际经验、连锁董事关系与企业的国际化程度呈正相关他们的关系。此外，个人拥有的组织内跨业务部门关系亦能提升个体绩效（Golmoradi and Ardabili，2016）。对于以双边对象的关联关系作为切入点的研究，学者关注点多集中于签字注册会计师（即审计师）与客户公司管理层之间的关联关系，并发现审计师与客户公司经理以及审计委员会成员之间的校友关系所带来的人情羁绊均有损于审计质量（Guan et al.，2016；He et al.，2017）。

2. 团队与群体社会资本的经济后果

在团队社会资本的研究中，高管团队及销售团队社会资本的经济后果研究成为学者们关注的重点。企业中对外服务特征明显的销售人员通常会以团队的形式展开业务，对销售团队社会资本的投资与团队目标监督、服务质量以及学习努力之间呈正相关关系，这表明团队社会资本有益于提升企业的销售绩效（Bachrach et al.，2017）。

对于群体社会资本的经济后果研究主要集中于社会学领域。例如，Chang 和 Zhu（2012）探讨了群体间认知社会资本及其维度在用户对中国社交网站持续使用意向中所发挥的作用，研究发现桥接型（bridging）认知社会资本对用户满意度和持续使用有显著的影响，但结合型（bonding）认知社会资本却没有显著影响；Fu 等（2017）研究发现，Facebook 用户的社会资本焦点影响他们社交媒体内容的共享。Hällsten 等（2017）将社会资本分为两个维度——职业关系网络和友谊网络，研究发现社会资本的两个维度对失业风险均具有显著影响。

3. 企业组织层面社会资本的经济后果

企业组织层面的社会资本研究是近年来社会资本理论在管理学领域运用的重点。由于企业组织由个人以及团队组成，因此在讨论企业社会资本问题时，上述个人及团队社会资本通常也会被涉及。由于企业社会资本涉及的文章数量繁多，本节主要进行概括性梳理。

作为目前国内企业社会资本引用率最高的文献（截至 2019 年 4 月 1 日，中国知网中显示的引用率为 2619 次），边燕杰和丘海雄（2000）对企业社会资本开创性的成果在很大程度上促进了国内对于社会资本的研究。如图 2.2 所示，在中国知网中搜索主题为“企业”和“社会资本”（Public-Private Partnership，PPP，即政府与社会资本合作）为主题的文献中亦涉及“社会资本”这一名词，但 PPP 项目中的社会资本是指源于非公共部门的资本，PPP 模式的主要特征为政府与社会资本合作，参与公共设施建设，与本书中“社会资本”的内涵不同，故主题词搜索特意设置了不包含主题为“PPP”的文献），国内关于社会资本的研究数量从 2000 年起一直处于增加的趋势，2017 年达到高峰。

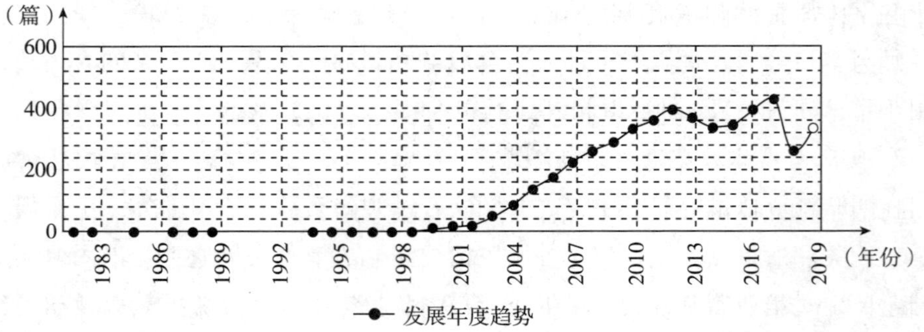

图 2.2　企业社会资本论文发表年份分布

图 2.3 显示了以企业社会资本为主题的文献中其他同步出现频率较高的关键词，可以看出，学者对企业社会资本与企业绩效、创新绩效、企业社会责任间的关系的关注度较高，其他高频出现的关键词包括社会网络、人力资本、智力资本、产业集群、信任等。

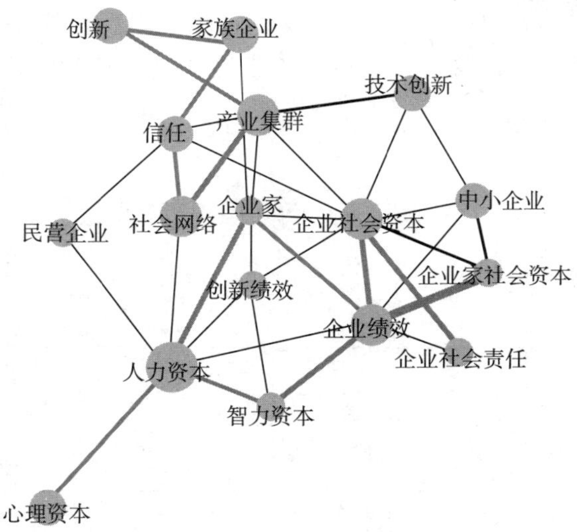

图 2.3 社会资本关键词共现网络

图 2.4 更加细致地列示了以企业社会资本为主题的文献的关键词分布，从图中可以得知，企业社会资本经济后果的探讨范围遍及企业经营活动中的多项主题，主要包括企业绩效（杨鹏鹏等，2005；蒋春燕和赵曙明，2006；孙俊华和陈传明，2009；万建香和钟以婷，2018）、技术创新（陈劲和李飞宇，2001；简佩茹，2019）、企业成长（李京，2013；朱福林等，2018）、融资行为（戴亦一等，2009；沈艺峰等，2009）、竞争优势（周小虎和陈传明，2004；石军伟等，2009；蒋天颖等，2010）、吸收能力（韦影，2007）等。同时，对企业社会资本的研究也区分了不同类型的企业，如家族企业（王志明和顾海英，2004）、中小企业（朱福林等，2014）、国有企业（张其仔，2000），其中对家族企业社会资本传承以及和国有企业关联社会资本的关注较多。针对企业组织层面的社会资本研究已经积累了丰富的成果。

对于国外的企业社会资本研究，可追溯到 Knoke 在其著作 *Organizational Net-*

works and Corporate Social Capital 中对社会资本在企业组织经营活动中发挥的作用机理的深入探讨，文中指出社会资本有助于企业获取有价值信息及竞争优势（Knoke，1999）。同时，社会资本的流失也会带来业绩的下滑（Shaw et al.，2005）。

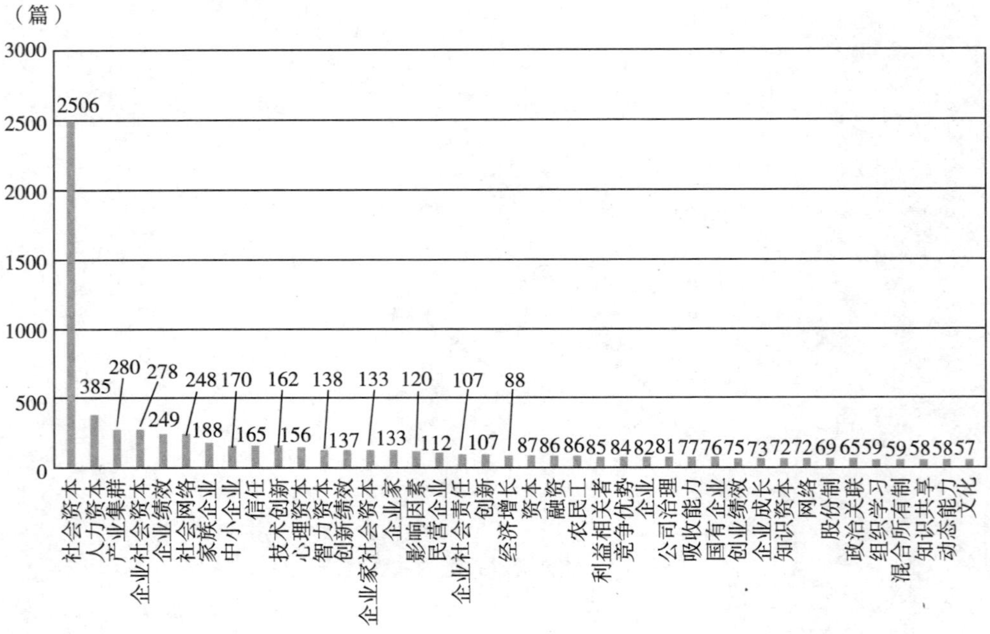

图 2.4　企业社会资本为主题文献的关键词分布

社会资本内嵌的信任属性使企业在遭遇危机时容易获得来自外部的帮助。2008~2009 年金融危机期间，相对于社会资本较低的公司，高社会资本公司的股票回报率、盈利水平、公司成长性较高，也能够通过举债募集更多的资本（Lins et al.，2017）。社会资本中的关联关系与信任同样有助于缓解大股东和中小股东之间的信息不对称和代理问题，从而降低股权资本成本。特别是在金融制度及法律约束较弱的环境中，社会资本的治理效果更加明显（Ferris et al.，2017b）。

此外，最新的研究表明社会资本对企业的国际化流程、专业化服务的提供以及选址策略均具有显著影响。例如，Tian 等（2018）研究发现，中国中小企业国际化崛起过程中，公司人员导向维度社会资本及其不同维度在企业国际化崛起的不同过程中发挥着不同作用。Madhavaram 和 Hunt（2017）研究发现，作为公司智力资本先驱的内部社会资本使公司定制 B2B 专业服务更为有效；Rodrigo-Alarcon 等（2018）及 Garcia-Villaverde 等（2018）研究表明，社会资本对企业选址决策会产生重要影响。

4. 宏观层面社会资本的经济后果

宏观层面社会资本的经济后果的近期研究主要探讨了如社区、城市、地区等宏观社会资本对经济繁荣、银行稳定性、公司现金持有及避税行为、公司审计费用及审计师审计行为、公司经营管理等方面的影响。

首先，社会资本能发挥一定的治理和监督机制。Hasan 等（2017）研究发现，公司总部所在地社会资本与公司避税程度显著负相关，他们认为，公司总部所在地周边社会资本提供了制约公司避税的环境。此外，研究表明，总部设在美国社会资本较高地区的公司，需要支付的审计费用较低，而在低社会资本地区，审计师费用较高，且审计师参与诉讼的概率也较高。社会资本可用来衡量一个地区相互信任的程度，审计师也会据此来判断客户的可信度，进而决定是否需要收取额外的风险溢价（Jha and Chen，2014）。

其次，社会资本也会影响人们的分享动机。由于现金持有可增加经理人对资产的控制能力、提升其实现个人目标的灵活程度，因此公司经理人有多增加现金持有而减少股东分红的倾向。Habib 和 Hasan（2017）的研究则发现，公司所在地区的社会资本水平的提升有助于降低公司的现金持有量，提升股东的分红水平。Hau 等（2013）的研究发现，社会层面的社会资本对员工知识分享意图具有重要影响。

最后，社会资本对地区的稳定与繁荣密切相关。Norbutas 和 Corten（2018）的研究发现，社区社会资本对城市的经济发展与繁荣有显著性影响。同时，社会资本较高也有利于银行业的稳定（Jin et al.，2017）。此外，当区域社会资本不足时，企业可能会发展相应的替代机制，如强化家族的控制（Amore，2017）。

三、公司金融领域的社会资本子网络研究

本书的研究对象——分析师为公司金融体系中的重要参与者。为此，对公司金融研究领域中的社会资本研究议题进行专门梳理。资本市场中参与者之间的社会关联错综复杂，社会资本内嵌于种类繁多的网络结构中。学者通过探索形成了以特定网络为关注对象的社会资本及其经济后果的研究，主要包括校友网络、同事网络与地域网络等。

1. 校友网络

已有研究对公司金融体系中各类参与者之间的校友关系主要聚焦在四类网络：

其一，公司高管之间的校友网络。有过共同教育经历的高管在其学习的过程中，易潜移默化地形成相似的管理风格与商业理念，并在公司治理的过程中做出相似的行为决策，这些决策的相似性在公司的薪酬制度和收购策略上表现得最为明显（Shue，2013）。高管校友网络在企业创新活动发挥重要作用，有助于缓解企业的融资压力，促进创新信息共享（申宇等，2017）。高管之间的校友关系亦有可能带来负面效应，如CEO与CFO之间的校友关系可能会促进企业的避税行为（闫焕民和廖佳，2018）。

其二，基金经理与公司高管之间的校友网络。基金经理与上市公司高管之间可能通过社会网络实现公司内幕信息的转移，以帮助其投资者组合实现超额收益。基金经理在其投资组合中会将更多的赌注押在具有校友关联的上市公司上，且因此获得超额收益，校友网络担任了信息传递机制的作用（Cohen et al.，2008）。公司高管通过校友关系为基金经理带来利益的同时，基金经理亦会投桃报李地反馈给上市公司的校友高管。基金公司作为公司大股东参与公司决议时，可能倾向于做出帮助具有校友关系的公司CEO的举动，如投票反对股东发起的限制高管薪酬的提议（Butler and Gurun，2012）。

其三，基金经理之间的校友网络。与基金经理与高管校友之间的信息传递机制类似，基金经理之间也可通过校友网络实现信息（主要表现为好消息）的流通，进而带来超额收益，且基金经理具有“小圈子”效应，信息主要在关系亲密的校友之间传播（申宇等，2016）。徐月明（2014）的研究亦表明校友关系与基金业绩之间具有较强的联动性。

其四，审计师与公司高管之间的校友网络。在公司金融体系中，审计师发挥外部监督机制的作用，以缓解委托代理问题。然而，当审计师与客户公司高管存在社会关联时，审计的监督机制可能存在失效的风险。已有研究表明，审计师与客户高管具有共同的教育经历时，双方存在互惠互利关系：审计师对客户的盈余操纵行为持默许态度，且为其发布有利的审计意见，且这种情况在陷入财务困境的公司更容易出现。同时，审计师从中收取更高的审计费用，此时，校友关系损害了审计质量（Guan et al.，2016）。类似地，审计师与客户公司审计委员会成员之间的校友关系亦会导致审计独立性的降低（He et al.，2017）。然而，亦有研究对审计师与公司高管校友关系损害审计质量的论点持反对意见，认为二者的校友关系能有效降低信息不对称程度，亦可帮助审计师减轻来自客户管理层的压力，从而有助于审计质量的提升（Kwon and Yi，2018）。

2. 同事网络

除校友关系外，公司金融体系中参与者之间的同事或前同事关系所构成的社会网络，同样能起到提升信任、降低信息不对称的作用或发挥“同伴效应”。公司高管之间的前同事关联可能会促使其做出相似的投资决策，而当这一社会关联发生意外断裂时（如关联中的一方去世），这一类似行为会减少，说明同事关系网络确实会带来同伴效应（Fracassi，2016）。银行与公司高管之间的前同事关系能降低企业的融资成本，使企业获得较低的贷款利率，由此带来的信号传递也会得到资本市场的正面回应（如调高信用评级或股价升高），在整个借贷活动的链条中，社会网络承担了担保机制的作用（Engelberg et al.，2012）。此外，同事社会网络之间的私有信息传递有助于提升股票交易量（Cai et al.，2016）。

在审计研究领域，存在著名的“旋转门”现象来反映同事之间社会网络的影响。当被审计公司的高管或审计委员会成员曾就职于审计方的会计师事务所中，即审计双方存在前同事关系时，更容易达成合谋行为，审计师纵容客户的盈余操纵行为的概率会提升，最终损害了审计质量（Menon and Wiuiams，2004；Lennox，2005；Baber et al.，2014；蔡春等，2015）。不过“旋转门”现象也并非一无是处，萨班斯法案（SOX）对公司的内控制度提出了严格的要求，来自会计师事务所的审计委员会成员可为公司内部控制的实施带来专业经验，抑制内控缺陷（Naiker and Sharma，2009；Naiker et al.，2013）。

3. 地域网络

地域关系可涵盖两种类型的社会网络。一是先天性的家乡属地所带来的同乡关系；二是后天性的地理邻近所带来的邻接关系。

对于同乡关系，成长环境和地域文化的相似性使同乡之间常常具备相似的处事方式与行为准则，提升了双方的信任度。CEO 与董事会成员之间的同乡关系因此会减弱二者因代理关系产生的矛盾，降低沟通与协调成本，在风险性决策上获得更大的支持（陆瑶和胡江燕，2014）。另外，由于同乡关系的信任作用会减弱董事会成员对 CEO 的监督力度，因此也会相应地增加 CEO 的违规倾向（陆瑶和胡江燕，2016）。此外，同乡关系对高管团队稳定性与企业创新绩效的关系起到了正向调节作用（张兆国等，2018）。

对于地理邻近关系，地理空间上的邻近有助于双方的沟通交流与信息传递。处于同一地区的公司共享类似的经济、文化、宗教与法治环境，因此会引致趋同性的行为。基金经理会因同城的其他基金经理买入/卖出某只股票而做出相同的交易决策，投资者之间信息的口头传递形式可用流行病的传播模型来解释（Hong et al.，2005）。Parsons 等（2018）研究了地理位置的邻近带来的同伴效应对金融不端行为（Financial Misconduct）的影响，证实了金融不端行为的倾向可能通过同伴效应，更具体地，通过人际交往，在一个区域内传播。公司的 IPO 和退市行为亦会对邻近公司的股价产生影响，通过地域网络聚集起来的公司之间会产生联动效应（Baschieri et al.，2015）。

四、文献述评

自经济学中将人力资本纳入生产函数、管理学中将科学管理与“社会人”思想融入理论体系中以来，社会资本理论在整个人文社会研究领域焕发出蓬勃的生机。现有文献对社会资本的探讨已涉及多领域与多层面，具有较强的学科融合性与分析对象的多样性。综合而言，社会资本在社会经济生活中会形成多种形式的影响路径，就其影响性质来看，可概括为积极和消极两种。

社会资本的积极作用主要体现在以下两点：①充当信息传递的通路。社会资本所具备的网络结构属性为信息的传递提供了天然的通路。一方面，社会资本有助于降低经济活动中普遍存在的信息不对称问题，有利于交易双方增进了解，促进合作。另一方面，由于组织或个人之间存在社会资本的差异，因此，其从社会网络中获取信息资源的能力也存在强弱之分，在社会网络中占据优势地位的个人或组织往往因其具备信息控制权而获得更大的竞争优势。②增进信任，降低交易成本。社会资本中的规范与信任内核有助于双方形成一致性的意见，并能发挥一定的担保作用，社会资本发挥了风险补偿机制的作用，从而有助于降低当下的交易成本，并促进未来的持续合作。

而社会资本的消极作用主要在于其会导致监督的削弱或自愿的迎合行为，增加激进行为或违规风险。一方面，社会资本中的信任元素使关系双方的戒备心降低，从而降低监督方的有效性，被监督方的违规动机得到了相应的助长；另一方面，社会资本的情感属性使人情维护成为人际互动中必须要考虑的因素，为维护人情而做出的妥协或迎合降低了资本市场的效率与公平。

第三节 金融分析师社会资本的相关研究

分析师可通过社交网络获得比较性信息优势以及客户信任。已有研究发现，分析师前期经历所赋予的社会网络以及业务活动中产生的合作网络会对其行为及业绩产生影响。

一、前赋性社会资本对分析师行为的影响研究

对于前赋性社会资本，已有研究关注了分析师校友关系以及同城关系的影响。分析师与其所跟踪的公司高管之间的校友关系有助于其做出更有价值的股票推荐，由此带来的超额收益率最高可达6.6%（Cohen et al.，2010）。地理位置上的邻近性会促成网络的衍生，社会网络有助于降低信息不对称程度，增进交易双方的信任程度，进而促进交易，如公司位置邻近的券商分析师和买方（如基金公司）之间的联系可能更紧密。已有研究表明券商附近的基金公司的股票配置比例与该券商分析师的评级显著正相关，且这一相关关系同样存在于分析师之前工作或居住过的城市（Staisiunas，2013）。

二、业务合作网络性社会资本对分析师行为的影响研究

分析师合作网络中所形成的社会资本的影响主要存在于分析师与买方客户、高管及所在券商投行部门之间。首先，分析师与买方客户。出于其对外服务的特性，分析师研究工作的主要服务群体为以基金公司为代表的机构投资者（买方），且买方通过分析师所在券商完成交易的佣金为分析师的主要收入来源。因此，为维护其与机构投资者的关系，分析师会倾向于发布乐观预测或评级（吴超鹏等，2013）。Firth等（2013）的研究表明，分析师下调客户所持股票的评级的可能性较低，即使该股票被媒体曝光了负面新闻。许汝俊（2018）发现，券商所属分析师对其基金分仓客户所持重仓股具有明显的高评级倾向。特别地，基金公司的佣金分仓与关联分析师对基金重仓股的乐观盈余预测呈显著正相关关系（李钻和施先旺，2016）。姜波和周铭山（2015）、施先旺和李钻（2017）、郑琦（2017）亦得到了类似的结论。朱卫东等（2016）从压力、机会和合理化

解释三方面出发，对机构投资者与分析师乐观性评级的正相关关系做出了理论解释。

其次，分析师与上市公司高管。信息挖掘是分析师执业活动的主要组成部分，亦是其研究报告的基础与竞争优势的来源。分析师可能通过与管理层的关系以获取私人信息（Ke and Yu，2006；赵良玉等，2013；Green et al.，2014）。对于分析师与高管之间的社会关联，已有的研究中学者发现了一些分析师与上市公司管理层存在私人关系的间接证据（如跳槽—跟随行为）或特定情境（如同乡同学关系）。Brochet 等（2014）发现，当公司管理者（CEO 或 CFO）跳槽到另一家公司时，原来跟踪公司的分析师会转而跟踪这些管理者所任职的新公司。这表明分析师会和管理层建立私人联系。Cohen 等（2010）指出，与上市公司高管建立良好的私人关系是分析师获取公司内幕信息的重要方式，这种良好的私人关系很多时候镶嵌于同学、同乡、同事等正式的社会网络。在分析师预测产出方面，学者们以维护与管理层的关系为理由对分析师特定行为（如拖延坏消息，发布偏乐观预测等）进行解释。例如，证券分析师会回避或拖延坏消息的报告以维持同管理层关系（McNichols and O’Brien，1997），并发布有偏的盈余预测以使其更容易得到管理层的内部信息（Ke and Yu，2006；吴超鹏等，2013）。Lim（2001）的模型将分析师的预测与分析师讨好管理层的动机联系在了一起，在假设分析师会在预测准确性和为讨好管理层而带来的预测偏差之间进行权衡的情况下，模型结果发现，理性分析师的最佳选择是发布存在乐观偏差的预测。Francis 和 Philbrick（1993）、Matsumoto（2002）、Richardson 等（2004）及赵良玉等（2013）的实证研究支持 Lim（2001）模型的结果。综合来看，一方面，现有研究通过调研、访谈等非大样本研究的方式或通过跳槽—跟随行为、私人社会关系等特定情境初步为分析师与管理层的私人关系存在的可能性提供了证据。但是，这一类文献无法证明二者私人关系存在的普遍性，同时也未曾探究私人关系对分析师预测产出的影响。另一方面，研究指出分析师会以拖延坏消息或发布偏乐观的消息等方式维护与公司管理层的关系，这一类文献以分析师维护与管理层的关系为理由解释分析师的一些行为趋势（拖延坏消息、发布乐观消息），然而这一理由来自逻辑推理而非实证证据。

最后，分析师与所在券商的其他部门。除对外服务之外，由于分析师供职于券商专门成立的研究部门，其研究成果亦会供公司内部的其他部门（如经纪业务部门、投行部门）使用，因此也会建立起公司内跨部门的合作网络。分析师会维护与公司内部投资银行部门的关系而发布偏乐观预测和评级（吴超鹏等，2013）。承销预案公告前后 12 个月，承销商分析师均会对标的公司表现出显著的乐观性偏差（刘洋和李星汉，2015）。分析师会对具有券商股权投资背景的 IPO 企业表现出额外的“乐观倾向”（胡娜等，2014），亦会对所属券商重仓持有的股票更加乐观（曹胜和朱红军，2011）。

此外，分析师行业内部的“预测—跟随”行为亦可通过社会网络进行表征。Zhao 等（2014）构建了分析师跟随性预测的无向加权网络，以网络中节点的平均度和平均加权聚类系数来反映分析师“羊群行为”的程度，结果表明每个行业的分析师均具有一定程度的“羊群行为”。

三、文献述评

作为资本市场中最为活跃的群体之一，卖方分析师的社会资本研究已经引起了学者的关注，并取得了一定的研究成果，但仍存在以下几点亟待进一步完善：

其一，对分析师私有信息获取及社会资本在其中的作用探讨不足。由于其过程的隐秘性与可能的不合规性，分析师对私有信息的获取存在“黑箱”。现有文献仅从理论推导或抽样调查中得出分析师与上市公司高管之间存在私下信息传递，而未能实现大样本实证研究计算其私有信息获取的程度，亦未能探讨洞悉社会资本在其中是否发挥了显著影响。作为重要的信息传递通路，社会网络理应在分析师的信息收集过程中发挥重要作用，因此寻找打开分析师私有信息获取“黑箱”的钥匙并显化社会资本在其中的作用是本书的重要工作之一。

其二，对金融分析师社会资本的探讨维度较单一。已有文献对金融分析师社会资本的研究主要从单一维度出发，如仅讨论其校友关系或合作关系，对分析师的多方利益冲突或者多维的互动模式大多停留在理论推导上，较少实现对其大样本的量化。社会资本的网络观理论以及社会网络分析的计量方法与实现软件的成熟化为多维度量化金融分析师社会资本提供了可能。通过网络分析的方法对每个独立分析师的在多种社会关系中的重要性程度进行计算，以此作为剖析分析师行为及选择的依据，也是本书的关注目标之一。

其三，对分析师社会地位取得过程中社会资本所发挥作用的关注较少。已有研究对金融分析师社会资本经济后果的关注点主要集中在其如何影响分析师的行为或市场反应，而对于分析师的声誉获取或地位获得过程中社会资本发挥作用的研究不足。分析师行业具备典型的市场化评价的特征，在国内分析师行业中，上榜“新财富最佳分析师”是分析师获得市场的认可的重要表现。“新财富最佳分析师”由机构投资者投票产生。除了获取信息资源外，寻求选票资源的能力亦是对金融分析师社会资本的重大考验，本书同样尝试对社会资本与获评明星分析师的关系进行探讨，以补充现有文献的薄弱点。

第四节　与金融分析师社会资本相关的理论基础

在文献综述部分的最后，对金融分析师社会资本研究相关的几大理论基础进行梳理。本书对于金融分析师社会资本的研究，主要基于社会资本的资源观和结构论两大基石。社会资本的资源观揭示了其本质是一种可为行动人所获取和使用的资源，进而为行动人带来竞争优势。社会资本的资源观源于企业组织理论中的“资源基础理论”与“资源依赖理论”，以下将进行具体阐述。而社会资本的结构论则是对社会资本形态的显化，结构论中最重要的理论之一即为结构洞理论，为本书社会网络构建及参数计算的重要依据。此外，社会资本中的强弱关系理论为解释行动人之间的信息传递提供了清晰的研究路径，也是本书对于社会资本信息传递机制研究的理论基础。

一、社会资本的资源观——资源基础与资源依赖理论

林南在其对社会资本的研究中首次明确了其资源属性，而资源对于个体或组织竞争优势的影响可溯及战略理论中的“资源依赖理论”与“资源基础理论”。Emerson（1962）系统探讨了组织对外部资源的依赖关系，强调组织的生存需要从外部环境中不断汲取物质资本、人力资本乃至社会资本等多项资源，通过与外部参与者的相互作用完成生产经营活动，Pfeffer 和 Salancik（1978）将其进一步完善并成为“资源依赖理论”的逻辑基础。Wernerfelt（1984）的“企业的资源基础观”进一步指出，组织对稀缺资源的获取速度与程度将极大地影响企业能否具备竞争优势。由于分析师需要从外部收集信息并服务于外部投资者，因此其具有与企业组织类似的资源需求，并依赖稀缺的信息资源获取竞争优势。

“资源依赖”与“资源基础”理论下衍生出“资源权力”的概念可用于解释关联双方的地位及互动模式。“资源权力”可理解为对资源的控制与支配能力。

当双方资源权力相当（匹配性强）时，双方各取所需且均能从关系中获益，此时社会关系更容易缔结且达成稳定。而资源权力强弱差距越大，关系之间的不稳定状态越强（Casciaro and Piskorski，2005）。分析师与上市公司高管、与机构投资者的互动关系均在一定程度上受双方相对资源权力强弱程度的支配。

二、社会资本的网络属性——结构洞理论

Burt（1992）提出了社会网络的结构洞理论。“结构洞”意为社会网络中存在空隙或间断，指的是网络中的两个节点缺少直接的联系，而必须通过第三方才能产生联系，第三方节点则在该子网络中占据结构洞位置。值得注意的是，虽然结构洞来源于对两个节点间直接关系存在与否的观察，但是实际该概念其实是指向与二者分别有直接关联的第三方节点的。结构洞的计算方法主要来源于 Burt（1992）对于“限制度（或约束度）”的定义及计算，限制度指的是节点在网络中受控于其他节点的程度。以图 2.5 为例，图中点 e 仅与点 a 相连，故 e 与 b、e 与 c、e 与 d 之间存在结构洞，而 a 点为结构洞的中间人或占据者。结构洞能提升其占据者获取“信息优势”或“控制优势”的概率，从而比网络中的其他节点具备更大的竞争优势。

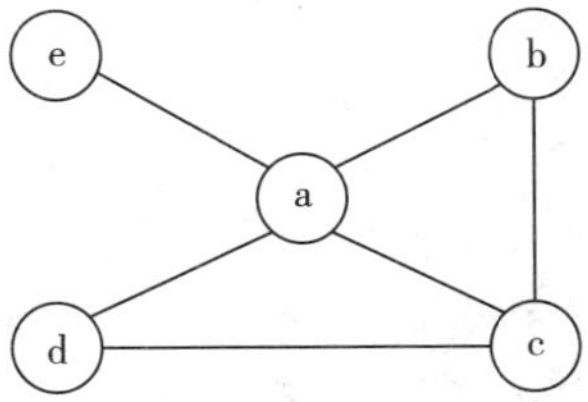

图 2.5　结构洞示意

三、弱关系/强关系理论

弱关系理论。在对社会资本理论发展脉络的梳理中提到，美国社会学家 Granovetter 于 1973 年提出强弱关系的概念。弱关系，或称弱连带，是指社交网络中联系较弱的关系状态。联系的强弱状态可用互动与互惠频率、情感强度、亲密程度等指标来衡量。虽然弱关系在上述指标中的得分均较低，但是并不意味着弱关系在人际互动中处于次要地位。相反，它在社会网络的形成与发展中扮演着

重要角色，可担任不同群体之间的信息桥。由于强关系的维持需要花费大量时间与精力，因此个体的强关系数量十分有限，人际交往中更多存在的是弱关系形成的网络结构。相比于强关系，弱关系双方的个体所处环境差异性较大、同质性较低，因此更容易获得多样化的信息与资源。对于分析师而言，资本市场中的校友、同事（非同一团队）以及上市公司高管之间均可能存在弱连带，通过与其建立社会网络，可获取有价值的信息和资源。

强关系理论。作为与弱关系一体两面的概念，强关系提出之初，更多的是为了佐证弱关系充当信息桥梁方面的优势地位。而边燕杰在其社会资本理论中国本土化研究的过程中发现，在中国特色的人情文化中，情感属性强、亲密程度高的强连带关系在机会获取、资源分配等方面发挥重要作用。以信任与义务为基础的强连带有助于网络的稳定性。分析师与其团队成员的关系在一定程度上可被视作强连带。强连带之间形成的网络能有效地将网络中双方的剩余资源汇总起来，实现资源的有效配置，在资源获取与提升影响力方面的作用亦不容小觑（Bian，1997）。

第五节　小　结

本章梳理了社会资本理论自发轫期、发展期至完善期的发展脉络，并从影响因素与经济后果两方面概括了社会资本研究的发展现状。在此基础上，针对性地探究了公司金融领域中几个典型的子网络（校友、同事、地域网络）研究现状，并对涉及分析师的社会资本研究进行了总结和述评。最后，对本书中涉及的社会资本领域中几个经典理论进行了阐述。通过文献综述可知，社会资本理论发展已较为成熟，应用范围广泛，对资本市场中多方参与者的行为均发挥了显著的影响力，但社会资本理论在细分领域中仍存在一定的研究空间。例如，目前文献存在对分析师私有信息获取及社会资本在其中的作用探讨不足、对金融分析师社会资本的探讨维度较单一以及对分析师社会地位取得过程中社会资本所发挥作用的关注较少等薄弱点。后文将依托社会资本的网络观、资源论以及其对信息收集、资源获取等方面的作用路径，探讨金融分析师社会资本的测度及其影响机理。

第三章　基于问卷的金融分析师社会资本构成与影响初探

上述文献综述中，研究者对社会资本的内涵、外延、分类及功能等进行了多角度、多层次的分析。由文献可知，社会资本的研究范围既广且深，就目前掌握的文献而言，对金融分析师社会资本进行全方位测度的文献尚不多见，亦鲜有学者研究金融分析师社会资本对其工作业绩的影响路径。分析师的执业活动涉及所就职券商及研究团队、上市公司、机构投资者及个人投资者等诸多利益团体，各项关联错综复杂，社会资本隐匿其中，亟待梳理发掘。在此以访谈及问卷的形式进行先导性研究，以期研究成果不脱离业界实际情况，并为后文中收集金融分析师社会资本的网络特征数据以及设计基于档案数据（archival data）的社会资本经济后果实证研究方案提供方向。

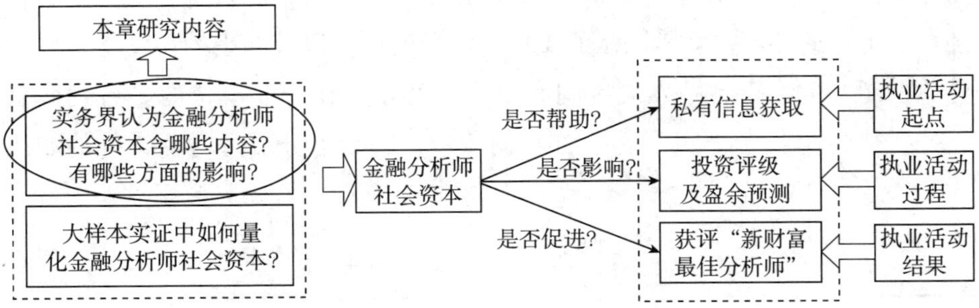

图 3.1　第三章在研究问题中所处位置

本书的研究主题为证券分析师的社会资本。因此，本章的调研对象为就职于各大券商（证券公司）的证券分析师。截至 2018 年 10 月 31 日，全国共有券商 131 家，拥有“证券投资咨询业务（分析师）”资质的共 2996 人，其中分析师人数最多的三家券商分别为海通证券（126 人）、国泰君安证券（120 人）、上海申银万国证券（109 人）。

第一节　问卷设计过程

问卷设计过程包括前期文献搜集整理、访谈调研以及实际的问卷设计阶段，整个过程的时间跨度为2018年11月1日至20日。

一、前期访谈研究

由于缺乏测量金融分析师社会资本的成熟量表，为避免本研究设计的问卷脱离实际，在设计问卷之前，先进行访谈研究，以锁定金融分析师社会资本的大致范围。为此，初步拟定了访谈提纲（具体的访谈提纲见附录1）。对于访谈对象的选取，采用德尔菲法，联系了两位业内资深分析师①施访谈调研。两位分析师的访谈持续了约1个小时，访谈内容涉及金融分析师社会资本的内涵、种类以及各类社会资本的作用等问题。

其中，对于社会资本的内涵及类别，访谈者的回答总结摘录如下："以我个人理解，社会资本无外乎内外两类，就人而言，内就是自己的专业能力和综合素养，乃至情商涵养，外就是亲缘关系、同事校友等相关人脉资源；就物而言，内就是自己工作的环境，就是团队的支撑、领导的信任以及同事的协助等；外就是企业单位能够带给自己的发展空间和机会，就是所在企业单位的平台到底有多高，处在社会什么位置"。此外，亦从访谈中了解到了分析师行业详尽的职级划分（见表3.1）。

表3.1　分析师职级划分②

职级	简称	全称	中文
1	AN	Analyst	分析师

① 两位分析师，一位为男性（具有博士学历，现就职于中信证券），另一位为女性（具有硕士学历，现就职于方正证券），两位分析师均在证券行业有5年以上从业经验。鉴于两位分析师的匿名要求，本书未对其姓名、年龄等个人信息进行披露。

② 该职级表仅为普遍性的划分，各券商可能依据自身情况进行增删调整，职级从1~6，数字越大职级越高。其中，一级的Analyst（分析师）仅在名称上和本书的研究对象分析师一致，但实际内涵是分析师行业的最低一个职级的称号，表中中文翻译名称仅做参考。

续表

职级	简称	全称	中文
2	A	Associate	经理
3	VP	Vice President	副总裁
4	D	Director	总监
5	ED	Executive Director	执行总经理
6	MD	Managing Director	董事总经理

二、问卷设计

1. 问卷设计思路

社会资本复杂多变且难以观测，为此，学者提出了多种研究框架，试图从多角度对社会资本进行测度。从研究对象的规模来看，可分为微观的个体社会资本（Chen et al.，2016；Ferris et al.，2017a；Bosma et al.，2004；Golmoradi and Ardabili，2016）、中观的团队及组织社会资本（Ferris et al.，2017b；Bachrach et al.，2017；Chang and Zhu，2012；Fu et al.，2017）以及宏观层面的城市、地区的社会资本（Shaw et al.，2005；Madhavaram and Hunt，2017；Rodrigo-Alarcon et al.，2018；Garcia-Villaverde et al.，2018；Lins et al.，2017；Tian et al.，2018；边燕杰和丘海雄，2000；耿新和张体勤，2010）。在管理学领域关注较多的主题主要集中在与企业相关的员工个体或团队社会资本、高管团队社会资本以及企业组织社会资本等中微观层面。本书主要研究个体层面的社会资本。本书研究对象——分析师的社会资本，与上述几类管理学领域的社会资本主题，既存在一定的相似点，也存在一定的区别。

金融分析师社会资本与现有员工社会资本研究的联系在于，双方均关注组织中人的关联关系与互动质量，特别是团队合作中产生的社会资本所带来的规模经济。而二者的区别在于，现有员工社会资本研究主要集中于员工在组织中的人际关系、情感归属度、组织规范的认同度等组织内部的范畴。而分析师由于其外部服务的特殊性，其工作的重心之一在与上市公司高管及资本市场中投资者的关系，这一点员工社会资本的相关研究未曾涉及。此外，金融分析师社会资本与目前研究热点之一——高管、经理人或企业家社会资本的研究的联系为二者均可探讨校友、同乡、同事等私人关系层面的社会资本。而金融分析师社会资本则少有涉及企业战略、愿景、供应链关系、社会职务兼任等具有高管特质的社会资本。

因此，无论是通常意义上的员工社会资本，还是特定的高管/经理人/企业家社会资本，都无法完全准确描述金融分析师社会资本的构成。因此，在金融分析师社会资本的题项设置上，结合访谈结果与已有文献的基础，抽取现有研究中可用的部分，再辅以分析师特色社会资本，以期较全面地刻画金融分析师社会资本的全貌。

2. 金融分析师社会资本的种类与维度剖析

对于个体社会资本的种类，已有研究中主要涉及：①包括亲缘关系、校友关系（Cohen et al.，2008；He et al.，2017）、同乡关系（陆瑶和胡江燕，2014）在内的多种个人前期生活经历中获得的私人关系类的社会资本；②个体在工作中与团队成员合作的融洽程度等团队社会资本（Collins and Clark，2003；Tsai and Ghoshal，1998；Chen et al.，2008）；③个体对组织管理理念、组织中管理层的领导决策的理解与认同程度（Nahapiet and Ghoshal，1998）；④个体跨组织的社会关联（如前同事）（Menon and William，2004；Engelberg et al.，2012）。

对于一项具体的社会资本应该从哪些维度进行衡量的问题，学者同样提出了较多观点，其中，受到较多认可的为“结构—关系—认知三维度论”。Nahapiet和Ghoshal（1998）提出了社会资本的三因子系统，从结构（Structural dimension）、关系（Relational dimension）认知（Cognitive dimension）三个渐次深入的层面概括了社会资本的存在及作用模式，为描述社会资本提供了一种分析范式。

如图3.2所示，社会资本的结构维度可以理解为社会资本中最外显的层次，指观测对象与他人之间是否存在某种联系以及对这种联系的建立渠道的描述（Burt，1992），如一个人与多少人有同学、同乡、团队伙伴等关系。社会资本的关系维度描述了观测对象与他人通过一系列的互动所形成的社会关联（如信任与值得信任、规范与义务）。值得注意的是，由于翻译语言的局限性，需要将社会资本的关系维度中的“关系”区别于其他两种“关系”的表述，另一种是中国人情社会的“关系”，另一种是偏向于结构维度的事物之间的关联“关系”；社会资本的关系维度更多的是对关联中所产生的资本的客观描述。对于社会资本的认知维度，Nahapiet和Ghoshal（1998）主要意指具有共同语言、秉持相同信念或目标的社会关联所带来的资源，古语中的“士为知己者死”即是对认知维度社会资本的极佳诠释。

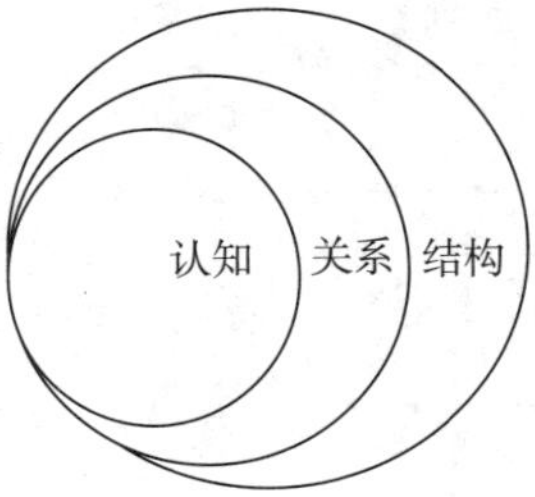

图 3.2　社会资本“结构—关系—认知”三因子系统

具体到分析师，结构维度主要观察分析师的亲缘、校友、同乡等前期形成的社会关联以及分析师团队构成、职业更换经历、追踪上市公司经历、实地调研经历等人生轨迹型社会资本。关系维度则主要观察其与关联方的信任关系，梳理分析师日常行为活动所涉及的关联方，关系维度社会资本主要包括团队间的信任、对所在券商及其管理层的信任、同客户之间的信任关系、同上市公司高管之间的信任关系等。在认知层面，主要从价值观的认同程度进行测度，主要包括团队间的共同价值观，对所在券商价值观的认同，同客户间价值观的认同，与上市公司高管间价值观的认同等。

表 3.2 以金融分析师社会资本种类为纵向分类、结构—关系—认知维度为横向分类，总结了金融分析师社会资本的可能构成要素。由于亲缘、校友、同乡等前期生活经历所形成的关系之间存在天然的信任和认同，故本书未讨论前期生活经历类社会资本在关系（是否存在信任）与认知（是否存在认同）维度上的情况。

表 3.2　金融分析师社会资本分类结构

	社会资本类别	结构维度	关系维度	认知维度	参考文献/方法
个人层面（对应题项见表 3.4）	前期生活经历	亲缘关系数量 校友关系数量 同乡关系数量	—	—	Cohen 等，2008； He 等，2017； 陆瑶和胡江燕，2014
团队层面（对应题项见表 3.5）	分析师研究团队	团队规模团队沟通方式	对团队成员的信任	与团队成员就组织/团队行为规范的认同度	Clark，2003；Tsai 和 Ghoshal，1998； Chen 等，2008

续表

	社会资本类别	结构维度	关系维度	认知维度	参考文献/方法
组织层面（对应题项见表 3.6）	组织内部	认识公司其他部门同事的数量	对公司管理层能力/决策的信任	对公司管理理念/未来发展方向的认同度	Nahapiet 和 Ghoshal，1998
	组织变更	更换工作经历	—	—	Menon 和 William，2004；Engelberg 等，2012
	同行交流	认识其他公司同行的数量	—	—	德尔菲法
业务目标群体（对应题项见表 3.7）	上市公司	跟踪/调研上市公司的数量	—	—	德尔菲法
	客户（投资者）	服务客户的数量	—	—	德尔菲法

3. 问卷内容

在上述分类的基础上设计了本研究的调查问卷（详见附录 2）。问卷共 47 个题项，共分为三大部分：（1）基本信息（9 个题项）；（2）金融分析师社会资本量表，包含 23 个题项（具体分为：A. 个人层面社会资本量表；B. 团队层面社会资本量表；C. 企业组织层面社会资本量表；D. 业务目标群体社会资本量表）；（3）金融分析师社会资本对其行为及绩效的影响调研表，包含 15 个题项。文中所采用量表均设置为李克特 7 级量表，从 1~7 分别表示“非常不同意”“不同意”“有点不同意”“一般”“有点同意”“同意”“非常同意”。以下对各部分题项进行说明。

第一部分，分析师基本信息（见表 3.3）。

对于分析师的基本信息，除多数问卷中都会设置的性别、年龄、学历、专业、工作年限、籍贯等信息外，根据调研中获取的信息，额外添加了分析师职级和海外留学经历这两项内容。对于分析师职级信息的收集主要由于低职级的分析师可能不适用一些和客户（机构投资者）以及上市公司高管有关的社会资本题项。而有海外留学背景的被试可能在文化背景、处事风格上与本土高校毕业的分析师存在一定的差异，需要进行一定的标记。

表 3.3　基本信息

题干	选项
1. 您的性别	A. 男　B. 女
2. 您的年龄段	A. 25 岁以下　B. 25~34 岁　C. 35~44 岁　D. 45~54 岁　E. 55 岁及以上
3. 您的学历	A. 大专及以下　B. 本科　C. 研究生及以上
4. 您所学专业	A. 商科　B. 文科　C. 理科及工科　D. 其他________
5. 您的工作年限	A. 2 年及以下　B. 3~5 年　C. 6~9 年　D. 10~15 年　E. 15 年以上
6. 您的职位层级	A. Analyst　B. Associate　C. VP　D. SVP　E. Director　F. MD G. ED　H. 其他________
7. 您的籍贯（省份）	________________
8. 您是否有海外留学经历	A. 是　B. 否
9. 如您需要此次调查的分析结果，请留下您的邮箱：________________	

第二部分，金融分析师社会资本量表。

A. 个人层面社会资本（见表 3.4）。

表 3.4　个人层面社会资本

维度	序号	题项	主要涉及文献
结构	A1	我拥有在工作上形成助力的亲缘关系	Cohen 等，2008； He 等，2017； 陆瑶和胡江燕，2014
	A2	我拥有在工作上形成助力的同学/校友关系	
	A3	我拥有在工作上形成助力的同乡关系	
	A4	我拥有在工作上形成助力的其他生活中的熟人关系（除亲缘/校友/同乡外）	

B. 团队层面社会资本（见表 3.5）。

表 3.5　团队层面社会资本

维度	序号	题项	主要涉及文献
结构	B1	我所在团队成员数量高于行业平均值	Clark，2003；Tsai 和 Ghoshal，1998；Chen 等，2008
	B2	我所在的团队会经常通过召开各类业务会议进行沟通	
	B3	我所在的团队会经常通过聚餐、联谊会、团建等形式进行沟通	
	B4	遇到工作问题时，我会得到团队成员的帮助	
关系	B5	我所在的团队成员之间相互信任	
	B6	我所在的团队成员认可彼此的工作能力	
认知	B7	我所在的团队成员对团队管理理念有一致的认识	
	B8	我所在的团队成员对重要决策有一致的认识	
	B9	我所在的团队成员对未来发展目标和方向有相同的理解	

C. 企业组织层面社会资本（见表 3.6）。

表 3.6　企业组织层面社会资本

维度	序号	题项	主要涉及文献
结构	C1	我与公司/单位其他部门同事存在熟识关系	Nahapiet 和 Ghoshal，1998；Menon 和 William，2004；Engelberg 等，2012
	C2	我有过更换工作（跳槽）的经历	
	C3	离职后我还会与以前公司/单位的领导或同事保持良好的联系	
	C4	我与其他公司的同行有良好的个人交往	
关系	C5	我信任公司/单位管理层的工作能力	
	C6	我信任公司/单位管理层所做的重要决策	
认知	C7	我认同所就职公司/单位的管理理念	
	C8	我认同所就职公司/单位的未来发展目标和方向	

D. 业务目标群体社会资本（见表 3.7）。

表 3.7　业务目标群体社会资本

维度	序号	题项	主要涉及方法
结构	D1	一年中实地调研上市公司的次数高于行业平均值	德尔菲法
	D2	一年中亲自拜访或接触客户（投资者）次数高于行业平均值	

第三部分，金融分析师社会资本对其行为及绩效的影响调研（见表 3.8）。

除上述对金融分析师社会资本的类别与程度的衡量之外，对金融分析师社会资本对其行为及绩效的影响也做了调研，为下文的金融分析师社会资本影响机理分析及大样本实证检验提供实践证据。

表 3.8　金融分析师社会资本对其行为及绩效的影响

序号	题项	主要涉及文献/方法
1	亲缘/同学/同乡关系让我获得更多有价值的信息	Cohen 等，2010；Ke 和 Yu，2006；Green 等，2014；赵良玉等，2013；吴超鹏等，2013；德尔菲法
2	亲缘/同学/同乡关系让我做出更加审慎的预测/评级	
3	亲缘/同学/同乡关系让我获得更优的客户满意度	
4	良好的团队关系让我获得更多有价值的信息	
5	良好的团队关系让我做出更加审慎的预测/评级	
6	良好的团队关系让我获得更优的客户满意度	
7	良好的同事/领导关系让我获得更多有价值的信息	
8	良好的同事/领导关系让我做出更加审慎的预测/评级	
9	良好的同事/领导关系让我获得更优的客户满意度	
10	与其他公司同行的良好关系让我获得更多有价值的信息	
11	与其他公司同行的良好关系让我做出更加审慎的预测/评级	
12	与其他公司同行的良好关系让我获得更优的客户满意度	
13	与上市公司高管/投资者的良好关系让我获得更多有价值的信息	
14	与上市公司高管/投资者的良好关系让我做出更加审慎的预测/评级	
15	与上市公司高管/投资者的良好关系让我获得更优的客户满意度	

第二节　问卷发放与回收

一、预调研

在问卷发放之前，为确保问卷的长度、题项的可理解性与可答性均在答题者能够接受的范围内，于 2018 年 11 月 20 日至 22 日预先进行了样本量为 30 人的小范围的预调研，并根据预调研的反馈对部分题项进行了精简或修改，修改前后题项对比及修改缘由如表 3.9 所示。

表 3.9 预调研后题项修改说明

<table>
<tr><th>原题项</th><th>修改后题项</th><th>修改缘由</th></tr>
<tr><td>您的工作年限：
A. 5 年及以下　B. 6~9 年
C. 10~14 年　D. 15 年及以上</td><td>您的工作年限：
A. 2 年及以下
B. 3~5 年
C. 6~9 年
D. 10~15 年
E. 15 年以上</td><td>根据预调研中的被试反馈，一般分析师工作第 3 年为跳槽节点，5 年为第二个跳槽节点，所以将原题项中的 5 年及以下细化为“2 年及以下”以及“3~5 年”两个选择</td></tr>
<tr><td>在工作中，亲缘关系有助于获取更多有价值的信息</td><td rowspan="4">我拥有在工作上形成助力的亲缘关系</td><td rowspan="16">1. “有价值的信息”“业务资源”“客户满意”“更优的业绩考核评价”几个对象存在冗余信息，题项重复性较高，将其合并为一个题项，简化问卷长度；
2. 原题项中的表述方式为无主语的陈述句，容易使被试基于一般性的认知而对每个题项均打出较高的分数，修改后的题项改为有主语的表达形式，使被试更多地从自身实际情况出发，给出客观实际的分数</td></tr>
<tr><td>在工作中，亲缘关系有助于获取更多业务资源</td></tr>
<tr><td>在工作中，亲缘关系有助于提升客户满意度</td></tr>
<tr><td>在工作中，亲缘关系有助于获得更优的业绩考核评价</td></tr>
<tr><td>在工作中，同学/校友关系有助于获取更多有价值的信息</td><td rowspan="4">我拥有在工作上形成助力的同学/校友关系</td></tr>
<tr><td>在工作中，同学/校友关系有助于获取更多业务资源</td></tr>
<tr><td>在工作中，同学/校友关系有助于提升客户满意度</td></tr>
<tr><td>在工作中，同学/校友关系有助于获得更优的业绩考核评价</td></tr>
<tr><td>在工作中，同乡关系有助于获取更多有价值的信息</td><td rowspan="4">我拥有在工作上形成助力的同乡关系</td></tr>
<tr><td>在工作中，同乡关系有助于获取更多业务资源</td></tr>
<tr><td>在工作中，同乡关系有助于提升客户满意度</td></tr>
<tr><td>在工作中，同乡关系有助于获得更优的业绩考核评价</td></tr>
<tr><td>除亲缘/校友/同乡外的其他熟人关系有助于获取更多有价值信息</td><td rowspan="4">我拥有在工作上形成助力的其他生活中的熟人关系（除亲缘/校友/同乡外）</td></tr>
<tr><td>除亲缘/校友/同乡外的其他熟人关系有助于获取更多业务资源</td></tr>
<tr><td>除亲缘/校友/同乡外的其他熟人关系有助于提升客户满意度</td></tr>
<tr><td>除亲缘/校友/同乡外的其他熟人关系有助于获得更优的业绩评价</td></tr>
</table>

续表

原题项	修改后题项	修改缘由
一年中参与上市公司调研或参加股东大会的次数： A. 1~3 次　B. 4~6 次　C. 7~10 次　D. 10 次以上请写明大概次数________	一年中实地调研上市公司的次数高于行业平均值	原问卷中对分析师实地调研及拜访客户的题项以选择题形式出现，于其余题项的 7 级李克特量表类型不一致，亦不利于后续的数据分析，故将题项改为可用量表进行回答的形式，使社会资本测量部分的题项整体结构统一
一年中亲自拜访或接触客户（投资者）的次数： A. 1~3 次　B. 4~6 次　C. 7~10 次　D. 10 次以上请写明大概次数________	一年中亲自拜访或接触客户（投资者）的次数高于行业平均值	

二、问卷发放及回收

由于问卷调研实施时间（2018 年 11 月至 2019 年 1 月）正值分析师年末走访上市公司、撰写预测报告的业务忙季，多数分析师均出差在外，当面向分析师发放问卷的可能性较小。因此，运用“问卷星”软件生成微信链接，委托就职于中信证券、银河证券、东方证券、方正证券的分析师校友发放给各自的分析师同事。问卷填写的 IP 地址也证实了几家总部在北京的券商的分析师在填写问卷期间确实分散在全国各地出差走访。问卷发放及回收时间段为 2018 年 11 月 30 日至 2019 年 1 月 4 日。

2019 年元旦假期结束后，问卷发放工作结束，根据“问卷星”上问卷填写数据显示，共有 115 位分析师填写了调研问卷。

三、数据整理与样本结构

根据问卷中分析师基本信息部分的内容，对样本结构进行了初步的描述统计。（见表 3. 10）由表可知，参与调研的样本中，男性占比为 59. 13%，女性为 40. 87%，初步说明分析师行业存在一定的性别结构偏差。在年龄方面，位于 25~34 岁年龄段的分析师居多，达到了 70. 43%；样本所学专业中，商科占较大部分（58. 26%），文科与工科基本持平，分别为 20. 87%和 20. 00%。工作年限方面，样本在选项中的四个年限区段中具有分布，其中工作 3~5 年的样本较多，工作 10~15 年的样本次之。在工作职级方面，样本的分布亦符合金字塔式的职级人数分配，位于较低的 Analyst 和 Associate 的人数较多，目前样本中尚无 ED

级别的分析师。另外，海外留学与否呈现二八分布的状态，多数分析师主要接受本土教育。

表 3.10　样本结构

题项	选项	样本量	占比（%）
性别	男	68	59.13
	女	47	40.87
年龄	25 岁以下	6	5.22
	25~34 岁	81	70.43
	35~44 岁	23	20.00
	45~54 岁	5	4.35
	55 岁以上	0	0
学历	大专及以下	5	4.35
	本科	42	36.52
	研究生及以上	68	59.13
所学专业	商科	67	58.26
	文科	24	20.87
	理科及工科	23	20.00
	其他	1	0.87
工作年限	2 年及以下	17	14.78
	3~5 年	47	40.87
	6~9 年	18	15.65
	10~15 年	24	20.87
	15 年以上	9	7.83
工作职级	Analyst	55	47.83
	Associate	41	35.65
	VP	8	6.96
	SVP	4	3.48
	Director	3	2.61
	MD	3	2.61
	ED	0	0
	其他________	1	0.87
海外留学	是	23	20.00
	否	92	80.00

第三节　金融分析师社会资本构成元素的因子分析

对于问卷第二部分测度金融分析师社会资本的相关题项，运用因子分析的方法，探究金融分析师社会资本构成元素。以下首先运用 SPSS 进行探索性因子分析（吴明隆，2000），提取金融分析师社会资本题项中的公因子，进而运用 AMOS 进行验证性因子分析（吴明隆，2009），进行问卷的信度和效度分析。

一、因子提取

1. 空白值检查

在进行结构方程模型分析之前，需要查看数据中是否存在缺失值，以避免缺失值对后续分析造成的影响。通过 Excel 的筛选功能（查找空白值）可知，本研究中所涉及的题项均不存在缺失值问题，不需要进行填补或删除。

2. 判断原始变量是否适合进行因子分析——KMO 和 Bartlett 球体检验

由 SPSS23. 0 的降维——因子分析功能进行 KMO 和 Bartlett 球体检验，以下是具体值。由表 3. 11 可知，KMO 值为 0. 895，接近 0. 9，很合适做因子分析，Bartlett 球体检验的 P 值小于 0. 001，拒绝原假设，题项的相关系数矩阵不太可能是单位矩阵，变量之间具有相关性，适合做因子分析，以下对量表进行探索性因子分析。

表 3. 11　KMO 和 Bartlett 的检验

KMO 取样适切性量数		0. 895
巴特利特球形度检验	近似卡方	2253. 626
	自由度	253
	显著性	0. 000

3. 确定公因子数目的方法

采用主成分分析法作为提取公因子的方法。对于公因子数目的确定，初步采用特征值大于 1 作为纳入标准。特征值在某种程度上可以被看作表示公因子影响力度大小的指标，如果特征值小于 1，说明该公因子的解释力度不如直接引入一个原变量的平均解释力度大。

4. 结果分析

由表 3.12 可知，本次因子分析提取出了 5 个因子，并根据各个因子的方差贡献率的大小进行了排序。5 个因子的累计方差贡献率为 74.479%，说明这 5 个因子包含了 23 个原始变量的大多数，用这 5 个因子概括金融分析师社会资本的构成元素是可行的。

表 3.12 总方差解释

成分	初始特征值			提取载荷平方和		
	总计	方差百分比（%）	累积（%）	总计	方差百分比（%）	累积（%）
1	11. 178	48. 599	48. 599	11. 178	48. 599	48. 599
2	2. 418	10. 514	59. 113	2. 418	10. 514	59. 113
3	1. 397	6. 073	65. 186	1. 397	6. 073	65. 186
4	1. 128	4. 904	70. 090	1. 128	4. 904	70. 090
5	1. 009	4. 388	74. 479	1. 009	4. 388	74. 479
6	0. 794	3. 453	77. 932			
7	0. 782	3. 398	81. 330			
8	0. 626	2. 723	84. 053			
9	0. 591	2. 571	86. 624			
10	0. 451	1. 960	88. 584			
11	0. 407	1. 772	90. 355			
12	0. 345	1. 502	91. 857			
13	0. 321	1. 396	93. 253			
14	0. 305	1. 326	94. 579			
15	0. 257	1. 117	95. 696			
16	0. 196	0. 852	96. 548			
17	0. 153	0. 666	97. 214			
18	0. 150	0. 651	97. 866			
19	0. 137	0. 597	98. 463			
20	0. 114	0. 495	98. 958			
21	0. 102	0. 442	99. 400			
22	0. 078	0. 339	99. 739			
23	0. 060	0. 261	100. 000			

注：提取方法：主成分分析法。

由图 3. 3 也可以看出，从第 6 个因子开始，点间连线的坡度就已经十分平滑，因此，取 5~6 个因子是比较合适的。

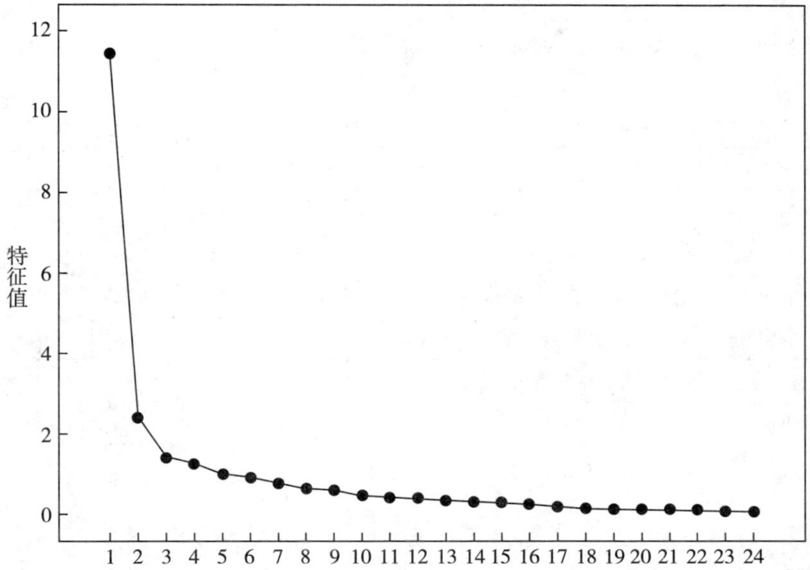

图 3. 3 碎石图

表 3. 13 是所提取的 5 个公因子的载荷系数矩阵。可以看出，公因子 1 在大多数题项上的载荷值都比较大，不太好解释它的含义，需要进一步进行旋转，以便更好地了解其实际含义。

表 3. 13 成分矩阵[a]

题项	成分				
	1	2	3	4	5
A1 我拥有在工作上形成助力的亲缘关系	0. 437	0. 554	−0. 325	−0. 242	0. 102
A2 我拥有在工作上形成助力的同学/校友关系	0. 540	0. 488	−0. 431	−0. 194	−0. 002
A3 我拥有在工作上形成助力的同乡关系	0. 552	0. 569	−0. 343	−0. 094	0. 195
A4 我拥有在工作上形成助力的其他生活中的熟人关系（除亲缘/校友/同乡外）	0. 683	0. 374	−0. 097	0. 145	0. 250
B1 我所在团队成员数量高于行业平均值	0. 791	−0. 301	0. 087	−0. 094	0. 315

续表

题项	成分				
	1	2	3	4	5
B2 我所在的团队会经常通过召开各类业务会议进行沟通	0.749	-0.046	0.169	-0.125	0.084
B3 我所在的团队会经常通过聚餐、联谊会、团建等形式进行沟通	0.672	-0.225	0.014	0.087	0.234
B4 遇到工作问题时，会得的团队成员的帮助	0.720	-0.295	0.030	-0.295	0.110
B5 我所处的团队成员之间相互信任	0.777	-0.367	-0.066	-0.223	0.125
B6 我所处的团队成员认可彼此的工作能力	0.832	-0.272	0.047	-0.127	0.019
B7 我所处的团队成员对团队管理理念有一致的认识	0.791	-0.383	-0.114	-0.031	0.025
B8 我所处的团队成员对重要决策有一致的认识	0.763	-0.244	-0.127	-0.036	0.125
B9 我所处的团队成员对未来发展目标和方向有相同的理解	0.799	-0.249	0.120	-0.050	0.072
C1 我与公司/单位其他部门同事存在熟识关系	0.649	0.071	0.040	0.176	0.018
C2 我有过更换工作（跳槽）的经历	0.393	0.170	0.530	0.437	0.289
C3 离职后我还会与以前公司/单位的领导或同事保持良好的联系	0.572	0.158	-0.189	0.531	0.003
C4 我与其他公司的同行有良好的个人交往	0.754	0.146	-0.161	0.427	0.013
C5 我信任公司/单位管理层的工作能力	0.886	0.001	0.047	0.008	-0.354
C6 我信任公司/单位管理层所做的重要决策	0.806	-0.041	-0.089	0.003	-0.471
C7 我认同所就职公司/单位的管理理念	0.848	-0.024	0.034	0.039	-0.410
C8 我认同所就职公司/单位的未来发展目标和方向	0.780	0.007	0.068	0.135	-0.275
D1 一年中实地调研上市公司的次数高于行业平均值	0.464	0.577	0.461	-0.241	0.024
D2 一年中亲自拜访或接触客户（投资者）的次数高于行业平均值	0.420	0.536	0.564	-0.218	-0.112

注：提取方法：主成分分析法。

a. 提取了 5 个成分。

表 3.14 是用 Varimax 最大方差法进行旋转后得到的因子载荷矩阵。由旋转后的因子载荷表可知，除个别题项外，各题项在各因子上的载荷分布较好，集中度较高。C1 落在 5 个因子上的因子载荷均小于 0.5，考虑将其删除。以下对各个因子进行命名解释。

表 3.14 旋转后的因子载荷矩阵[a]

题项	成分				
	1	2	3	4	5
A1 我拥有在工作上形成助力的亲缘关系	0.101	0.093	0.786	0.022	0.188
A2 我拥有在工作上形成助力的同学/校友关系	0.157	0.247	0.812	0.042	0.082
A3 我拥有在工作上形成助力的同乡关系	0.162	0.089	0.827	0.218	0.165
A4 我拥有在工作上形成助力的其他生活中的熟人关系（除亲缘/校友/同乡外）	0.321	0.123	0.549	0.480	0.224
B1 我所在团队成员数量高于行业平均值	0.863	0.073	0.107	0.234	0.122
B2 我所在的团队会经常通过召开各类业务会议进行沟通	0.630	0.240	0.174	0.174	0.315
B3 我所在的团队会经常通过聚餐、联谊会、团建等形式进行沟通	0.655	0.122	0.099	0.332	0.024
B4 遇到工作问题时，会得的团队成员的帮助	0.797	0.193	0.132	−0.034	0.122
B5 我所处的团队成员之间相互信任	0.857	0.225	0.148	0.029	0.003
B6 我所处的团队成员认可彼此的工作能力	0.786	0.348	0.118	0.127	0.125
B7 我所处的团队成员对团队管理理念有一致的认识	0.785	0.353	0.105	0.162	−0.093
B8 我所处的团队成员对重要决策有一致的认识	0.724	0.251	0.214	0.202	−0.039
B9 我所处的团队成员对未来发展目标和方向有相同的理解	0.749	0.292	0.069	0.211	0.165
C1 我与公司/单位其他部门同事存在熟识关系	0.381	0.307	0.208	0.386	0.165
C2 我有过更换工作（跳槽）的经历	0.180	−0.046	−0.127	0.686	0.466
C3 离职后我还会与以前公司/单位的领导或同事保持良好的联系	0.162	0.356	0.285	0.654	−0.090
C4 我与其他公司的同行有良好的个人交往	0.334	0.413	0.350	0.627	−0.003
C5 我信任公司/单位管理层的工作能力	0.514	0.714	0.213	0.190	0.239
C6 我信任公司/单位管理层所做的重要决策	0.437	0.789	0.219	0.101	0.095
C7 我认同所就职公司/单位的管理理念	0.471	0.752	0.174	0.181	0.200
C8 我认同所就职公司/单位的未来发展目标和方向	0.425	0.615	0.151	0.294	0.199
D1 一年中实地调研上市公司的次数高于行业平均值	0.113	0.112	0.324	0.099	0.824
D2 一年中亲自拜访或接触客户（投资者）的次数高于行业平均值	0.056	0.207	0.190	0.066	0.870

注：提取方法：主成分分析法。

旋转方法：凯撒正态化最大方差法。

a. 旋转在 7 次迭代后已收敛。

因子 1 在题项 B1～B9 上的载荷系数均大于 0.6，部分达到了 0.8，B1～B9 从结构、关系、认知三个维度考察了分析师的团队协作情况，可以发现，这三个维度最终凝练成了一个公因子，将其命名为分析师团队社会资本。

因子 2 则在题项 C5～C8 的载荷系数很大，题项 C5～C8 描述的是调查对象对自己所在组织的认同程度，可将其命名为分析师组织认同社会资本。

对于因子 3，其数值较大的载荷系数非常集中地落在了亲缘、学缘、地缘等之前生活经历中所获得的社会关系（A1～A4），说明这几类社会资本有着相似的属性，在此将其命名为分析师前赋性社会资本。

因子 4 在题项 C2～C4 的载荷系数明显高于其他题项，题项 C2～C4 是对分析师在组织间的同业或同行社会关系的刻画，因此因子 4 可命名为分析师跨组织社会资本。

因子 5 仅在题项 D1～D2 表现出了较大的载荷系数，该两项属于分析师的行业特色关联，即需要与分析的对象（上市公司）及服务的对象（投资者）保持良好的关系，前者是分析师撰写研究报告的基础，后者则是分析师薪酬收益的基础，在此将分析师的研究对象——上市公司作为分析师广义上的客户，将分析师与上市公司及投资者之间的关系所形成的公因子 5 统一命名为分析师客户社会资本。图 3.4 展示了主成分分析遴选出的 5 类社会资本因子的命名情况。

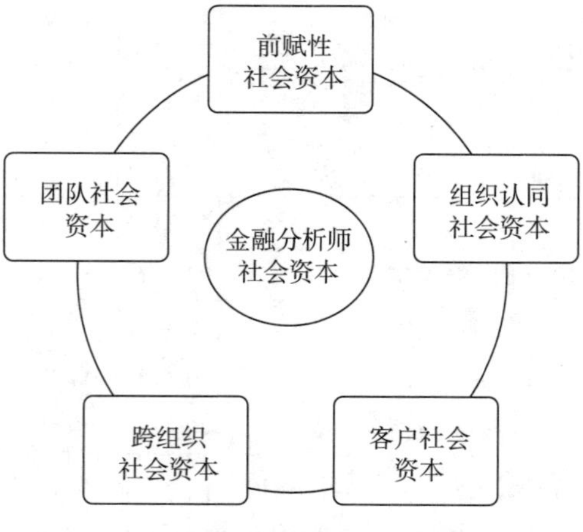

图 3.4　金融分析师社会资本公因子命名

5. 测量模型结构图

运用 SPSS23.0 进行初步的探索性因子分析之后，以下运用 Amos23.0 进行验证性因子分析。图 3.5 是在 Amos23.0 中根据探索性因子分析结果绘制的测量模型结构图，图中椭圆为5个潜在变量，矩形为潜变量对应的题项，小圆形为残差项。弯箭头上的数字为潜在变量间的相关系数，直箭头上的数字为路径系数。

由图3.5可知，提取的5个公因子对应的各题项的路径系数整体情况良好，除了跨组织社会资本因子的题项C2的路径系数小于0.5之外，其余题项的路径系数均大于0.5，部分甚至超过了0.9，题项对所属因子的解释度较好。

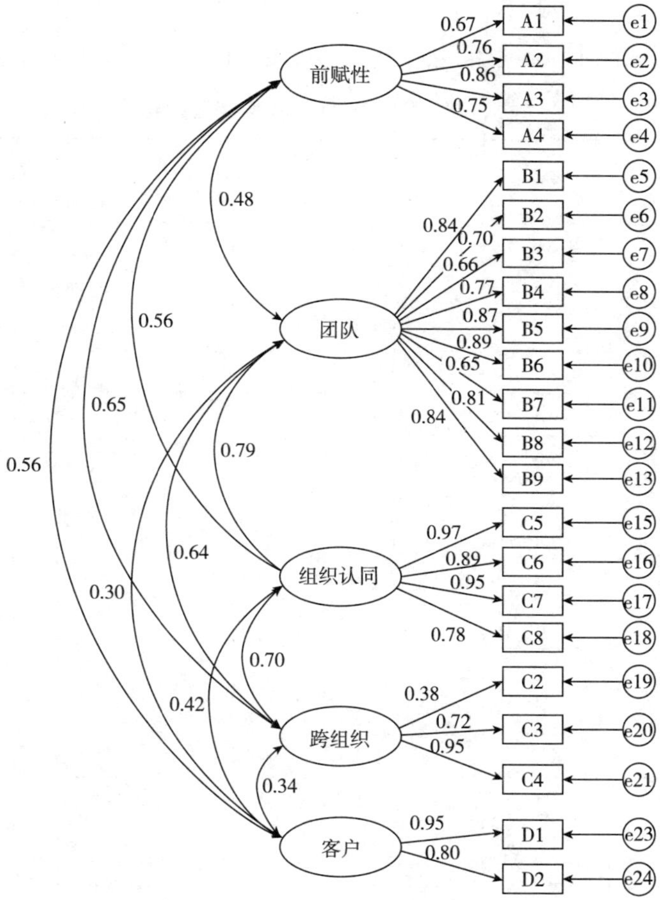

图3.5　Amos测量模型结构

二、信度检验

信度（Reliability）指测量结果（数据）一致性或稳定性的程度。一致性主要反映的是测验内部题目之间的关系，考察测验的各个题目是否测量了相同的内容或特质。

目前 Cronbach's α 信度系数是测量题项间内部一致性最常用的方法，通常来说，Cronbach's α 系数达到 0.7 即为可接受信度，大于 0.8 即为较高信度。

以下运用 SPSS23.0 信度分析选项（Reliability Analysis）检验各因子社会资本的内部一致性。表 3.15 中结果显示分析师前赋性社会资本、团队社会资本、组织认同社会资本、跨组织社会资本与客户社会资本 5 个公因子的 Cronbach's α 系数分别为 0.841、0.939、0.939、0.745、0.864，均大于 0.7 的可接受信度。整个社会资本变量的 Cronbach's α 系数达到了 0.948，故而指标体系有较高的信度。

表 3.15　Cronbach's α 信度系数表

因子	题项	删除项后的 Cronbach's α 值	因子的 Cronbach's α 值	变量的 Cronbach's α 值
前赋性社会资本	A1	0.943	0.841	0.948
	A2	0.941		
	A3	0.941		
	A4	0.949		
团队社会资本	A5	0.938	0.939	
	A6	0.938		
	A7	0.940		
	A8	0.939		
	A9	0.939		
	A10	0.938		
	A11	0.938		
	A12	0.938		
	A13	0.938		
组织认同社会资本	C5	0.940	0.939	
	C6	0.947		
	C7	0.941		
	C8	0.938		
跨组织社会资本	A19	0.937	0.745	
	A20	0.938		
	A21	0.937		
	A22	0.938		
客户社会资本	A23	0.941	0.864	
	A24	0.942		

三、效度检验

运用 Amos 软件的 Calculate Estimate 功能输出报表，计算各因子的收敛效度。由表 3.16 可知，大多数题项的因子载荷量大于 0.7，部分达到了 0.9，且 T 检验均显著，说明各因子具有较好的收敛效度。在后续的实证检验中可考虑运用这五方面因子的部分或者全部来衡量金融分析师社会资本，以探索金融分析师社会资本的影响机理。

表 3.16　效度检验

题项	公因子	Estimate	S. E.	C. R.	Estimate（标准）	P	检验
A1	←—前赋性社会资本	1			0. 674		通过
A2	←—前赋性社会资本	0. 909	0. 129	7. 073	0. 763	***	通过
A3	←—前赋性社会资本	1. 137	0. 147	7. 726	0. 862	***	通过
A4	←—前赋性社会资本	0. 966	0. 139	6. 944	0. 746	***	通过
B1	←—团队社会资本	1			0. 836		通过
B2	←—团队社会资本	0. 81	0. 095	8. 554	0. 699	***	通过
B3	←—团队社会资本	0. 923	0. 117	7. 923	0. 66	***	通过
B4	←—团队社会资本	0. 748	0. 076	9. 828	0. 77	***	通过
B5	←—团队社会资本	0. 824	0. 069	11. 914	0. 869	***	通过
B6	←—团队社会资本	1. 001	0. 081	12. 341	0. 886	***	通过
B7	←—团队社会资本	1. 04	0. 088	11. 754	0. 862	***	通过
B8	←—团队社会资本	1. 025	0. 097	10. 569	0. 807	***	通过
B9	←—团队社会资本	0. 964	0. 086	11. 251	0. 839	***	通过
C2	←—跨组织社会资本	1			0. 375		通过
C3	←—跨组织社会资本	1. 006	0. 26	3. 872	0. 723	***	通过
C4	←—跨组织社会资本	1. 53	0. 383	3. 99	0. 954	***	通过
C6	←—组织认同社会资本	0. 802	0. 044	18. 308	0. 967	***	通过
C7	←—组织认同社会资本	1. 086	0. 045	24. 167	0. 895	***	通过
C8	←—组织认同社会资本	0. 861	0. 07	12. 33	0. 952	***	通过
D1	←—客户社会资本	1			0. 779		通过
D2	←—客户社会资本	0. 817	0. 113	7. 229	0. 953	***	通过

注：*** 表示 P 值小 0. 001。

第四节 金融分析师社会资本经济后果分析

除了问卷（见表 3.4~表 3.7 或附录 2）第二部分对金融分析师社会资本构成要素的测度之外，亦在（见表 3.8 或附录 2）设置了 15 个题项，了解分析师对各类社会资本在工作中所发挥的作用的看法，以初步梳理金融分析师社会资本的经济后果。题项仍采用 7 级的李克特量表。

根据受访者的打分，对各个题项做了均值处理。从表 3.17 中可以看出，整体来说，除个别题项之外（题项 14），受访者对于各个题项的态度基本介于 5（有点同意）和 6（同意）之间，表明受访者大致认可题项中社会资本发挥作用的方式。基于此，初步总结金融分析师社会资本的经济后果，后续章节将进一步进行实证检验（见图 3.6）。

表 3.17 金融分析师社会资本对其行为及绩效的影响得分

序号	题项	得分均值
1	亲缘/同学/同乡关系让我获得更多有价值的信息	5.313
2	亲缘/同学/同乡关系让我做出更加审慎的预测/评级	5.896
3	亲缘/同学/同乡关系让我获得更优的客户满意度	5.739
4	良好的团队关系让我获得更多有价值的信息	5.843
5	良好的团队关系让我做出更加审慎的预测/评级	5.791
6	良好的团队关系让我获得更优的客户满意度	5.843
7	良好的同事/领导关系让我获得更多有价值的信息	5.765
8	良好的同事/领导关系让我做出更加审慎的预测/评级	5.687
9	良好的同事/领导关系让我获得更优的客户满意度	5.817
10	与其他公司同行的良好关系让我获得更多有价值的信息	5.800
11	与其他公司同行的良好关系让我做出更加审慎的预测/评级	5.557
12	与其他公司同行的良好关系让我获得更优的客户满意度	5.730
13	与上市公司高管/投资者的良好关系让我获得更多有价值的信息	5.930
14	与上市公司高管/投资者的良好关系让我做出更加审慎的预测/评级	4.835
15	与上市公司高管/投资者的良好关系让我获得更优的客户满意度	5.939

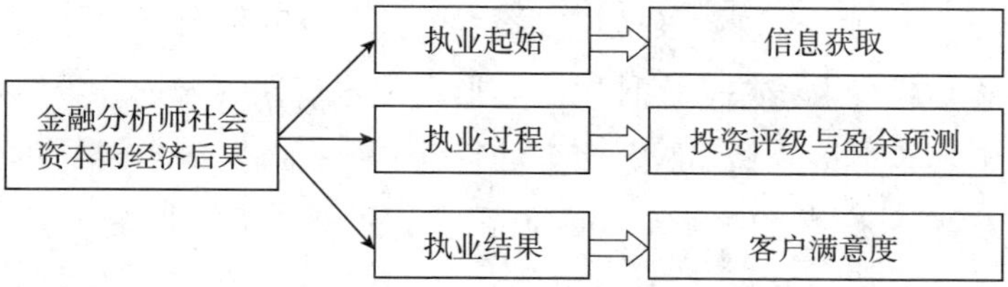

图 3.6 分析师经济后果的实务初探

1. 社会资本对分析师执业活动起始阶段的影响——信息获取

分析师是资本市场的重要信息中介，承担着上市公司信息解读、信息挖掘以及预测公司未来业绩的职能。在公司研究的过程中，分析师会通过各种渠道挖掘信息，除了对企业公开披露报告的解读之外，还包括对企业的实地考察调研（肖斌卿等，2017）、参与公司电话会议（Malloy，2005；曹新伟等，2015；Cheng et al.，2016），以及对企业重要客户和供应商的财务状况进行分析。与此同时，分析师也可能通过多种渠道获取私人信息（Ke and Yu，2006；赵良玉等，2013；Green et al.，2014）。因此，信息获取既是分析师的重要工作之一，也是其后续工作的素材来源。

社会资本理论从提出至其不断发展的过程中均离不开对其信息提供作用的关注。社会资本的弱关系理论认为社会关系中的弱连带带来异质性的信息来源（Granovetter，1973）。亦有研究表明，中国背景下的强连带关系亦能帮助网络中的行动者实现信息获取（Bian，1997）。结构洞理论同样认为在社会网络中的特定地位能够带来信息优势（Burt，1992），可见，社会资本能够为信息获取提供帮助这一议题已经得到了广泛认可。

信息的传递离不开传播者、受众与媒介，社会网络中的参与者及其之间的关系无疑构成了信息传播的良好渠道。由问卷中的题项可知，分析师认可“亲缘/同学/同乡关系”“良好的团队关系”“良好的同事/领导关系”“与其他公司同行的良好关系”“与上市公司高管/投资者的良好关系”能够帮助其获得更有价值的信息，分析师社会网络中的校友、同事以及与上市公司建立的良好互动关系均能成为信息传递的有效渠道，发挥社会资本信息机制的作用。后文的分析中，将对金融分析师社会资本的信息机制展开实证研究。

2. 社会资本对分析师执业活动过程阶段的影响——投资评级与预测

在分析师撰写研究报告的过程中，可能出于增加所在券商的承销收入及经纪收入、维护与上市公司管理层及机构投资者的关系、获取自身的职业发展以及分析师自身的认知或行为偏差等多种原因，形成偏乐观性的言论、荐股评级以及盈余预测。由于其非直接盈利和服务多方的特性，分析师对内需要与本公司投资银行部门建立友好往来，对外需要不断维系与大客户（机构投资者）以及上市公司管理层的良好关系。因此，运用自身的信息中介身份与信息传播能力进行人情输送在所难免，向市场输送乐观性信号促进中小投资者交易即是其重要的人情输送途径。现有文献普遍指出了分析师存在偏乐观倾向，问卷中受访者对“与上市公司高管/投资者的良好关系让我做出更加审慎的预测/评级”的认可度相对较低（分数为4.835，未达到“有点同意”的5分）亦反向证实了分析师的乐观性倾向。

另外，分析师的乐观性倾向在某些情境或因素下可能会受到一定程度的抑制。如社交圈子内一些约定俗成的规范可能会约束分析师的行为。出于对声誉的维护和维持圈子中地位的需求，分析师亦可能在一些时候放弃有偏行为，对上市公司投资价值做出相对客观公允的评价。

根据分析师所处不同社会网络中的位置差异，社会资本可能对其偏乐观倾向发挥声誉机制或人情机制两种反向的作用。在第六章的实证内容中将分别对这两种机制所发挥的作用进行检验。

3. 社会资本对分析师执业活动结果阶段的影响——客户满意度

如第一章中行业背景中所述，自2003年起开始举办“新财富最佳分析师”评选活动在15年的时间中一直承担着分析师行业最权威的市场化评价的角色。“新财富最佳分析师”由机构投资者投票选出，反映出分析师在客户中的满意度；该头衔本身亦是分析师努力争取的声誉资源。

社会资本研究的集大成者Coleman（1990）认为，社会资本可以促进合作并帮助行动者获取资源。此外，对社会资本理论有巨大影响的Nahapiet与Ghoshal在其成果中将社会资本界定为个人或组织在其所处网络中所蕴含的各类潜在资源之和（Nahapiet and Ghoshal，1998）。华裔社会学家林南提出社会资源理论，并构建了个体社会资本的社会资源观，明确提出社会资本即是一种资源；在以个体为中心的社会连带网络结构中，社会资本为镶嵌在网络中可获取或达到的资源，可为行为人带来诸如有价值的工作机会（Lin，1981、2001）。作为分析师行业的稀缺资源，特别是该资源无法通过量化的业绩评价直接获取时，可以推测，“新财富最佳分析师”头衔的获取离不开社会资本的襄助，从历年媒体曝光的大规模拉票行为亦可略窥一二。

由问卷中的题项可知，分析师认为“亲缘/同学/同乡关系”“良好的团队关系”“良好的同事/领导关系”“与其他公司同行的良好关系”“与上市公司高管/投资者的良好关系”能够帮助其获得更优的客户满意度，客户满意度将进一步带来最佳分析师评选活动中的投票支持率，发挥社会资本资源机制的作用。后文的分析中，亦会对金融分析师社会资本资源机制的运行提供实证证据。

第五节 小 结

本章基于访谈与问卷调研，对金融分析师社会资本的构成内容与经济后果进行了初步探索。通过前期访谈、问卷设计、预调研以及最终的问卷调研，获得分析师在其工作实践中对社会资本及其经济后果的实务见解。

其中，对金融分析师社会资本的构成内容，运用问卷数据及因子分析，梳理出金融分析师社会资本的五大构面：前赋性社会资本、团队社会资本、组织认同社会资本、跨组织社会资本、客户社会资本。后文的网络数据收集与构建（第四章）将以这五大构面为基础。

而对于金融分析师社会资本的经济后果，通过对调查问卷题项的均分计算，发现实务界中，社会资本对分析师执业活动的起始阶段（信息获取）、过程阶段（投资评级与盈余预测）以及结果阶段（客户满意度）均有较大影响。后文的实证分析中（第五章至第七章），将基于第四章计算出的分析师网络特征参数，实证检验社会资本对分析师信息获取、投资评级与客户满意（以是否获评“新财富最佳分析师”衡量）的影响。

第四章　基于网络特征的金融分析师社会资本测度

第三章中的问卷调研为金融分析师社会资本的构面探索指明了方向，并在一定程度上确保了金融分析师社会资本的研究不脱离业界实际情况，有助于为后文分析师社会网络的构建提供思路。图 4. 1 描绘了第三章通过调查问卷及因子分析得出的金融分析师社会资本的 5 个构面与本章所构建的分析师网络类型之间的关系，具体的网络构建过程自本章第三节开始。

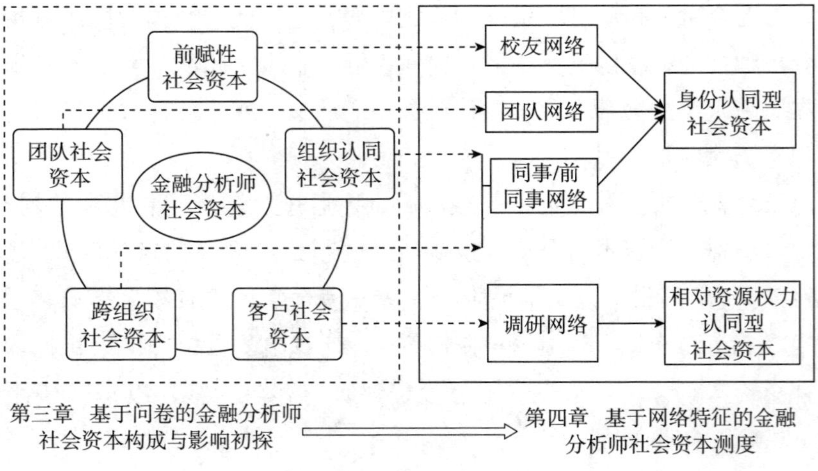

图 4. 1　第三、四章内容对应关系

然而，问卷调研存在三方面的不足，一是参与调研的样本量有限，无法反映行业的全貌，难以支持大样本实证分析。二是仅能呈现横截面上的时点数据无法反映时间序列上的变化趋势。三是由于问卷的匿名性，无法将调研得到的金融分析师社会资本情况与具体的分析师研究成果（如盈余预测、股票评级）等联系起来。鉴于以上不足，本章从社会资本的网络结构论出发，梳理描述网络特征的各项参数。基于社会网络分析方法与身份认同、资源权力理论，构建多年份的分析师校友、同事、调研网络，具体到每一位分析师，计算其在各类网络中的位置参数，并对部分网络进行了可视化展示。图 4.2 为本章在研究问题中所处的位置。

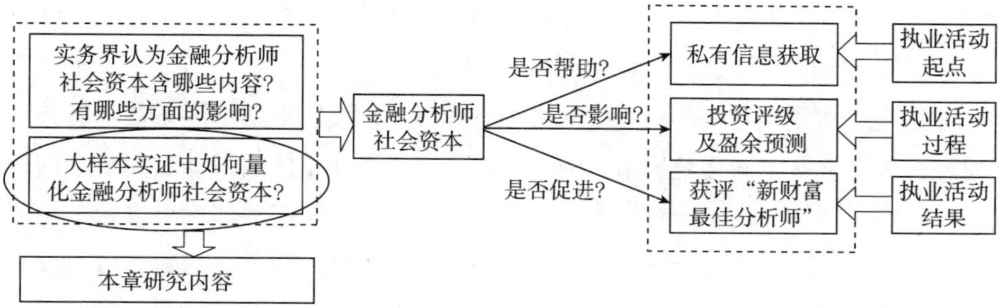

图 4.2 第四章在研究问题中所处位置

第一节 社会资本的网络结构论

社会资本的研究自其发轫以来，就一直与“网络”一词产生了密不可分的关联，并衍生出诸多重要的理论与方法，为社会资本的内涵理解与规模性量化提供了重要帮助。

在社会资本的内涵方面，多数学者认可社会资本内嵌于某种网络结构中这一说法。Granovetter 于 1985 年提出网络镶嵌论，将社会视作一个人际关系网，经济行为人处于各个节点，各个节点间的“连线”代表行为人间的社会关联，个人的经济行为时刻“嵌入”在社会网络结构中，任何经济决策均受制于社会网络的结构形态和网络位置（Granovetter，1985）。法国著名社会学家 Bourdieu 将资本引入社会学的探讨领域，并将资本划分为经济资本、文化资本与社会资本。其中，Bourdieu 将社会资本定义为“实际的或潜在的资源的集合体，那些资源同对某些持久的网络的占有是密不可分的。这一网络是大家共同熟悉的、得到公认的，并且是一种体制化的网络，这一网络是同某团体的会员制相联系的，它从集体性拥有资本的角度为每个会员提供支持，提供为他们赢得声望的凭证”，并且“特定行动者占有的社会资本的数量，依赖于行动者可以有效加以运用的联系网络的规模的大小”（Bourdieu，1980）。个体社会资本研究的集大成者林南也认为社会资本是从嵌入于社会网络的资源中获得的。社会资本植根于社会网络和社会关系中，因此，“社会资本可被定义为嵌入于一种社会结构中的可以在有目的的行动中涉取或动员的资源”（Lin，1981、1998、2001）。

在社会资本网络结构的衡量方式方面，Burt（1992）对结构洞系数计算方法的开发推进了社会资本网络结构描述的研究，后续学者从整体网络参数和节点网络参数两个角度对网络结构及位置的描述方式进行了拓展。对于整体网络参数，主要包括网络规模（网络上的节点总数量）、网络密度（网络各节点的实际连接线段数量与最大连接数量之比）等；对于节点网络参数，其最核心的指标为中心度，用以描述节点在社会网络中所处位置的中心性程度。中心度又包含度数中心度、接近中心度与中介中心度等分项指标（Freeman，1978；Wasserman and Faust，1994；刘军，2014）。度数中心度衡量了节点 i 在网络中所拥有的直接联系的数量或比率，度数中心度越高，其所拥有的非正式权力和影响力就越高（Krackhardt and Hanson，1993）；接近中心度表征了节点 i 到网络中其他节点的最短通路的长度；中介中心度则测算了某个节点在多大程度上位于网络中其他“点对”（Pair of Nodes）的中间，用以反映行动者对资源的控制程度（Burt，1992）。下文主要运用网络中心性指标衡量个体分析师在不同类型网络中的重要性程度。

第二节　网络特征度量指标概述

一、描述整体网络特征的参数

对于网络整体情况，通常使用网络规模、网络连接数以及网络密度来进行描述。

网络规模（Size）为网络中包含的所有节点的数量，一个节点可能和其他一个或多个节点产生联系，也有可能与其他任何节点都无关联（孤立点）。

网络连接数（Number of lines）反映了网络中各节点之间存在的关系数。

网络密度（Density）描述了网络中各节点关联的紧密程度，计算方法为各节点的实际连接数与网络的最大可能连接数的比值，计算如式（4.1）所示：

$$D=L\Big/\frac{N(N-1)}{2} \tag{4.1}$$

其中，D表示网络密度，L表示网络的实际连接数，N表示节点数量。

二、节点网络特征

对于网络中的独立个体——节点，其网络特征中最为重要的参数为中心度。一般地，中心度的测量分为三个维度，分别是度数中心度、接近中心度与中介中心度，用以描述节点在网络中的不同地位属性。三者又各自存在“绝对中心度”和“相对中心度”两个维度的测度指标，前者衡量了节点在某个网络中的具体中心度，后者则是为了便于不同网络间进行比较。此外，本书还关注了另外两个参数——聚集系数和结构洞系数，用以印证和补充接近中心度和中介中心度。在下文的介绍中，将上述参数区分为三种类型，分别为描述节点直接关系的特征参数、描述节点亲疏程度的特征参数，以及描述节点桥接属性的特征参数，并分别对各网络特征参数的计算方法进行说明。

1. 描述节点直接关联的特征参数

度数中心度（Degree Centrality）。又称点中心度，指的是网络中与节点i直接相连的点的数量（节点i上所连接边的条数）。度数中心度反映了节点i联系的广度。在一个网络中，度数中心度高的分析师拥有更多的关联关系，在一定程度上表示该分析师拥有更多获取信息的渠道。

节点i的绝对度数中心度C_{AD}（i）计算如式（4.2）所示：

$$C_{AD}(i)=\sum_{j}X_{ij} \tag{4.2}$$

其中，i表示所关注节点，j表示网络中的其他节点。X_{ij}表示节点i与j的关联情况，当节点i与节点j直接相邻，$X_{ij}=1$，否则为0。运用复杂网络分析软件Pajek可输出节点的绝对度数中心度。

节点i的相对度数中心度C_{RD}（i）计算如式（4.3）所示：

$$C_{RD}(i)=\sum_{j}X_{ij}/N-1 \tag{4.3}$$

其中，N 为网络的节点数，其他同上。

2. 描述节点亲疏关系的特征参数

其一，节点可达性的参数——接近中心度（Close Centrality）。反映网络中节点 i 与其他节点的接近程度。网络中两个不存在直接关系的成员可以通过其他成员建立间接的联系，但这种间接联系的途径往往有很多条，最短通路的长度（需要经过几个中间成员）可以衡量两个成员关系的远近。

因此，接近中心度的计算方法为节点 i 到所有其他节点的最短路径的距离之和的倒数。接近中心度越大，则节点 i 到所有其他节点的最短路径的距离之和越小，即节点 i 与其他节点越接近。

节点 i 的绝对接近中心度 C_{AC}（i）的计算如式（4.4）所示：

$$C_{AC}(i)=\frac{1}{\sum_{j=1}^{N}d_{ij}} \tag{4.4}$$

其中，d_{ij} 表示节点 i 与节点 j 之间的最短路径的距离，i，j∈［1，N］，N 为网络中所有节点的数量。

节点 i 的相对接近中心度 C_{RC}（i）的计算如式（4.5）所示：

$$C_{RC}(i)=\frac{N-1}{C_{AC}^{-1}(i)} \tag{4.5}$$

其二，描述节点同质性程度的参数——聚类系数（Clustering Coefficients）。节点 i 的聚类系数的计算方法为：与该节点直接相连节点的边数与网络中总的可能存在的边数之比。如式（4.6）所示：

$$CC(i)=\frac{2|E[G_1(i)]|}{deg(i)[deg(i)-1]} \tag{4.6}$$

其中，CC(i)为节点 i 的聚类系数，deg(i)表示节点 i 的度数，$|E[G_1(i)]|$ 表示与节点 i 直接相连的含有 1 个邻居的节点数。

聚类系数倾向于反映出网络中是否存在“小团体”以及某个节点是否在一定程度上位于某个“小团体”中，聚类系数则是通过与节点 i 的邻点对的数量占所有可能的邻点对数量的比例来反映小团体的规模。

3. 描述节点桥接属性的特征参数

其一，中介中心度（Between Centrality）。中介中心度反映节点的“媒介”或“桥梁”作用，如节点 j 和 k 之间本无直接关联，但它们都与节点 i 直接关联，则 i 充当了 j 和 k 之间的桥梁。其计算方法为节点 i 担任其他节点间最短连接路径的次数。

节点 i 的绝对中介中心度 C_{AB}（i）的计算如式（4.7）所示：

$$C_{AB}(i)=\sum_{j<k}\frac{g_{jk}(i)}{g_{jk}},\ j,\ k\neq i \tag{4.7}$$

其中，i，j，k∈［1，N］，N 为网络中所有节点的数量，g_{jk}（i）表示节点 j 与节点 k 产生关联的最短路径中经过节点 i 的数量，g_{jk} 则表示节点 j 与节点 k 产生关联的所有最短路径数量。

节点 i 的相对中介中心度 C_{RB}（i）的计算如式（4.8）所示：

$$C_{RB}(i)=\frac{2C_{AB}(i)}{N^2-3N+2} \tag{4.8}$$

同样地，N 为网络的节点数，其他同上。本书中使用 Pajek 软件计算出的接近中心度和中介中心度分别为相对接近中心度和相对中介中心度。

其二，结构洞（Structural Hole）。Burt（1992）提出了社会网络的结构洞理论，“结构洞”意为社会网络中存在空隙或间断，指的是网络中的两个节点缺少直接的联系，而必须通过第三方才能产生联系，则第三方节点则在该子网络中占据结构洞位置。值得注意的是，虽然结构洞来源于对两个节点间直接关系存在与否的观察，但实际该概念其实是指向与二者分别有直接关联的第三方节点的。结构洞的计算方法主要源于 Burt（1992）对于“限制度”（或约束度）的定义及计算，限制度指的是节点在网络中受控于其他节点的程度。

节点 i 受到节点 j 的限制度 C_{ij} 的计算如式（4.9）所示：

$$C_{ij}=(p_{ij}+\sum_{q}p_{iq}p_{qj})^2 \tag{4.9}$$

其中，p_{ij} 表示 i 与 j 联系的强度，q 为除了 i 和 j 之外的第三方。节点 i 与所有邻接点间限制系数的和即为节点 i 总的限制系数，该系数越高，网络闭合性越好，节点 i 的结构洞地位越弱。

第三节　分析师社会网络的构面分析及样本选取

在第三章中，根据金融分析师社会资本构成元素的问卷调查结果，提取了 5 个社会资本公因子（构面），即前赋性社会资本、团队社会资本、跨组织社会资本、组织认同社会资本与客户社会资本。由于样本所限，问卷所得到的数据可能无法准确概括金融分析师社会资本的全貌，亦难以进行大规模实证研究。本章基于社会资本的网络观理论，运用社会网络分析方法，希望能够较为全面地量化金融分析师社会资本。在下文中，首先运用计算机编程语言 Python 构建 0~1 二维关系矩阵作为构建分析师社会网络的基础，在此基础上借助社会网络分析工具，运用大型复杂网络分析工具 Pajek 软件计算各年各构面的网络特征参数，最后，使用网络可视化工具 Gephi 软件对网络进行可视化处理，增加网络的直观性。

对于前赋性社会资本，选择分析师的校友关系作为构建网络的基础，未将亲缘、地缘关系纳入分析范畴的原因主要有以下两点：一方面，在第三章的调研中，根据统计数据显示，亲缘、地缘、学缘这三种关系对分析师业绩影响的题项中，学缘的得分最高，说明在上述三种关系中，校友关系在分析师的工作过程中发挥作用最大；另一方面，亲缘、地缘关系的数据获取的难度较大。因此，本书采用校友关系作为分析师前赋性社会资本的代理变量。

对于团队性社会资本，由于分析师团队构成的披露状况较好，因此直接运用盈余预测报告中分析师团队人员名单作为团队社会资本的分析基础。

对于跨组织与组织认同社会资本，由于二者涉及分析师与业内组织的关系，因此，将两个构面的社会资本合并起来，运用分析师与目前就职券商/之前就职券商之间的雇佣关系来衡量这两类社会资本。

对于分析师客户社会资本，通过对 CSMAR、Wind、CNRDS 以及基金专业平台“朝阳永续”等数据库的查询，发现分析师赴机构投资者处进行销售、路演的数据目前尚处于缺失状态，而上市公司投资者关系披露报告中却会披露分析师赴企业实地调研的具体情况。因此，选择分析师赴上市公司实地调研的数据构建分析师客户网络，并命名为“关联上市公司社会网络”（分析师赴上市公司调研网络）。

由于分析师各个构面的社会资本之间可能存在性质上的差异，进一步地，根据社会认同理论和资源权力理论将分析师社会网络分为基于身份认同的社会网络（校友网络、同事及团队网络）和基于资源权力认同的社会网络（分析师赴上市公司调研网络）。

第三章中的各个构面与第四章中四类网络的对应关系如本章开头的图 4.1 所示。

一、基于身份认同的社会网络

作为心理学中解释群体性认知及行为的重要理论，社会认同理论（Tajfel，1981）在解释社会网络的形成及发展领域起到了非常重要的作用。群体中的行为人基于某一种共同的身份特征以划分群际边界，强化自我意象。群内成员的心理认同可产生特殊的信任感，确信彼此认知无偏差，对对方行动方案集的认知会变得稳定、可信赖。同时，这种社会身份认同作为一种无形纽带，将联结协调彼此的经济关系，在经济活动中充当润滑剂，减少信息摩擦和不确定性，促进合作。同学、同事关系均可作为互动双方中彼此认同的身份，从而衍生出某一特征群体（Deaux，1993；Chreim et al.，2007）。以下从分析师的校友、同事以及同事关系的特殊形式——团队三方面构建基于身份认同的社会网络。

1. 校友网络

本书将分析师校友网络划分为两个维度：同业校友网络和高管校友网络。区分这两个维度的原因是这两种网络可能带来不同的社会资本影响机制。一方面，这两类校友网络均具备社会资本的信息机制属性，即分析师校友之间、分析师与高管校友之间均存在传递信息的可能性；另一方面，二者不同之处在于，同业校友网络会带来声誉压力机制，分析师可能会为了维系自身在校友中的声誉及母校名誉，而做出较为独立的预测或中肯的推荐（见本书第六章的研究结果）；而分析师高管校友网络可能会造成人情机制，使分析师迎合管理层需求，发布有偏的盈余预测。

为了便于后续面板数据的回归分析，需分年度构建分析师的校友网络。对于分析师同业校友网络，由于分析师行业流动性较大，特别是卖方分析师，其中不乏转行做私募基金经理或者买方分析师的案例，故而在 t 年还以卖方分析师的身份发布研究报告的个体，可能在 t+1 年转行从而不再出现在样本中，但这些证券从业者大多仍活跃在资本市场的前沿，仍与当期活跃分析师有着千丝万缕的联系与频繁的信息交流。为此，分别构建了分析师 t 年当年校友与 t 年累积校友网络。分析师 i 的 t 年当年校友网络定义为：t 年当年的活动分析师中，与分析师 i 有相同教育经历的分析师的个数。相应地，分析师 i 的 t 年累积校友网络则指的是自数据库中有记录的年份开始（本书中为 2001 年），至 t 年为止，所有出现过的活动分析师中与分析师 i 有相同教育经历的分析师的个数。对于分析师高管校友网络，仅构建了 t 年当年的校友网络（t 年的活动分析师与 t 年的活动高管之间是否有校友关系），原因有二。一是在数据整理的过程中发现，上市公司高管的很大程度上还是在公司之间发生职业流动，发生职业流动的高管还继续处于当年高管数据集之中的概率较大。二是数据库中的高管数量较大，累积到 2017 年已有十万余名（111546 名），生成与分析师的二维矩阵会涉及亿级的数据点（2017 年当年分析师 1495×2017 年累计高管 111546＝166761270），数据量过大为后续的运算造成了较大不便。为此，本书仅关注分析师与 t 年当年高管的校友关系。

2. 同事及团队网络

在同一组织工作的同事关系同样会构成身份认同型的密切联系，可能在信息获取、行业评价等方面为彼此提供助力，成为有资本价值的社会关系，在此构建分析师同事社会网络衡量这一类型的社会资本。

对于分析师同事及团队网络，同样构建分年度构建分析师 t 年当年网络及 t 年累积网络。

t 年当年的分析师同事网络是根据 t 年分析师所就职的券商（由于分析师可能存在工作变动，因此 t 年分析师所就职的券商数量可能大于 1），确定该分析师与 t 年其他活跃分析师（非同一团队）是否在（或曾在）同一券商任职，从而判断二者是否存在同事（或前同事）关系。分析师 t 年累积同事网络则是对 2001 年（数据库中开始有分析师盈余预测数据的年份）至 t 年为止，分析师累计任职过的券商所映射出的同事（前同事）关系的描述。

团队是同事关系中最为核心和亲密的社会关系，团队成员之间信息沟通最为频繁、利益目标也最为一致。多数分析师均是以团队的形式在行业内开展各项业务活动，因此有必要单独探讨。对于分析师团队网络构建与同事网络构建过程类似，在此不再赘述。

二、基于相对资源权力认同的社会网络

社会网络是社会资本的结构化表达（Tsai and Ghoshal，1998），以网络的规模、密度和中心度等参数显化整体网络及网络中各个节点的特征，以刻画网络中参与成员的联系状态。结构论下的社会资本研究存在两大经典理论——以整体网为研究对象的结构洞理论与以个人网为研究对象的社会资源论。这两者均试图透过显化的网络结构，对镶嵌于社会网络中的社会资本的深层次内涵进行解释，并最终将社会资本归结为社会网络中可达到的资源（Lin，1998）。

以资源观来看待社会资本，依据资源基础理论和资源依赖理论，社会网络

中，节点自身的社会资本大小决定其所处网络位置，进而决定其资源权力（Krackhardt，1992），最终影响网络中节点在社会资源交换过程中的经济效益。权力大小指其能影响其他节点行为的能力、能从其他节点调用资源的能力。在分析师与上市公司高管互动的过程中，二者评估对方的资源权力，并以此作为是否构建关系的依据以及构建关系后双方互动博弈的资本。如分析师更倾向于跟踪“有声誉的”（如行业龙头企业）或“有话题性的”（如新兴科技公司）公司，而上市公司亦有请高声誉分析师释放乐观性信号的需求。分析师与上市公司之间互动关系的建立与保持更多地表现为对对方的相对资源的认同。

分析师对上市公司的实地调研通常被认为是分析师与上市公司高管良好互动关系的表现。因此，对于相对资源权力认同下的分析师客户社会资本的度量，选取分析师对上市公司进行实地调研的数据，同样分年份构建 t 年当年分析师调研网络与 t 年累积分析师调研网络。

第四节　基于身份认同的分析师校友社会资本的网络分析

一、分析师同业校友关系的网络分析

1. 数据来源

本书中的分析师教育背景数据来源为“中国研究服务平台（CNRDS）”数据库中的分析师教育背景数据。CNRDS 收集了 2312 位分析师多阶段的教育背景，包括每一段教育经历的起止日期、毕业学校以及所取得的学历，并对毕业学校分配了独特编码（共涉及 685 所国内外高校，其中国外高校为 226 所），为解读分析师校友网络提供了极大便利。

表 4.1 是 CNRDS 中分析师教育背景数据结构的示意。其中，分析师教育背景序号的数字代表从最高学历往下的各段教育经历（数字“1”对应的是分析师最高学历），如 A00003 号分析师安鹏先后在浙江大学、上海交通大学完成了本科、硕士教育。

表 4.1　分析师教育经历示例

分析师姓名	分析师代码	教育背景序号	学位	教育经历起止日期	毕业学校	毕业学校代码
安鹏	A00003	1	硕士	2007 年 9 月 1 日～2010 年 1 月 13 日	上海交通大学	28-001
安鹏	A00003	2	学士	2003 年 8 月 20 日～2007 年 7 月 1 日	浙江大学	25-001

2. 网络构建过程

分析师校友网络以独立分析师为网络节点，分析师之间的校友关系为边，分年度构建。具体地，每年分别以 t 年活动分析师之间的校友关系以及截至 t 年累积活动分析师的校友关系构建当年校友关系网络和累积校友关系网络。

详细构建过程如下：

（1）确定 t 年活动分析师及 t 年累积活动分析师名单。本书的 t 年活动分析师，指的是 t 年发布预测报告的分析师，可根据数据库中各年发布预测报告的分析师姓名及 ID，确认当年活动分析师的名录。分析师预测报告数据下载自中国研究数据服务平台（Chinese Research Data Services，CNRDS）的中国券商与分析师数据库（Chinese Broker and Financial Analysts System，CBAS）。分析师预测数据开始时间为 2001 年。对于 t 年累积活动分析师，指的是 2001 年开始，t 年（t≥2001）为止所有发布过预测报告的分析师。

（2）匹配 t 年活动分析师及 t 年累积活动分析师的各阶段教育背景。将 CNRDS 数据库中的分析师教育背景数据与上述 t 年活动分析师及 t 年累积活动分析师名录相匹配，得到 t 年活动分析师及累积活动分析师的各阶段教育经历数据。根据分析师盈余预测数据集中显示的分析师信息，2001～2017 年，资本市场上共有 7657 位分析师参与了盈余预测的发布。然而如上所述，分析师教育背景的数据库中仅有 2312 位分析师具有各阶段教育背景数据，因此在匹配的过程中存在一定的缺失值。

（3）剔除教育开始年限在 t 年之后的记录。存在部分分析师工作若干年后重返校园或接受在职教育的情况，因此校友关系需要考虑时间因素。CNRDS 的分析师教育背景数据给出了分析师接受各段教育的起始和结束年份。具体地，如表 4.2 所示，表中两位分析师为 2010 年的活动分析师，二人均为上海财经大学硕士毕业，如果仅根据毕业院校相同的规则，二者在 2010 年可被定义为校友；然而考虑时间因素后，发现分析师刘建伟是 2013 年才就读于上海财经大学的，在 2010 年的时候，二人并非校友关系。因此，在定义 t 年累积校友和 t 年当年校友时，剔除了教育经历起始日期在 t 年之后的分析师记录。

表 4.2 分析师教育经历的时间问题

序号	分析师姓名	分析师代码	学位	教育经历起止日期	毕业学校	毕业学校代码
1	刘建伟	A02133	硕士	2013 年 8 月 27 日～2015 年 6 月 25 日	上海财经大学	28-011
2	刘建伟	A02133	学士	2001 年 9 月 1 日～2005 年 6 月 28 日	青岛大学	10-008
3	林建	A02033	硕士	2001 年 9 月 1 日～2004 年 4 月 1 日	上海财经大学	28-011
4	林建	A02033	学士	1995 年 9 月 1 日～1999 年 7 月 1 日	东华大学	28-005

（4）剔除学校名称为空的记录。由于个别记录存在学校名称为空的情况，在此进行剔除。其中，经过上述的教育背景匹配与年份、空值记录的剔除之后，2001 年仅有 1 位分析师拥有教育背景数据，没有构建网络及计算相关参数的必要性。因此，从 2002 年开始构建分析师同业校友网络。表 4.3 为各年初始的活动分析师数量以及最终用于构建网络的样本数。

表 4.3 分析师同业校友网络数据筛选过程

年份	t 年活动分析师	最终 t 年样本数	t 年累积活动分析师	最终 t 年累积样本数
2001	9	1	9	1
2002	89	18	92	19
2003	283	59	322	62
2004	368	92	584	120
2005	796	195	1038	220
2006	816	244	1341	293
2007	1127	397	1898	465
2008	1628	632	2606	726
2009	1830	731	3183	916

续表

年份	t 年活动分析师	最终 t 年样本数	t 年累积活动分析师	最终 t 年累积样本数
2010	2119	939	3884	1184
2011	1748	868	4288	1341
2012	2173	1170	5027	1692
2013	2124	1248	5464	1924
2014	2039	1326	5871	2103
2015	2078	1211	6463	2165
2016	2101	860	7103	2170
2017	2419	698	7657	2173

注：最终样本数指的是原始的活动分析师样本在匹配教育背景、剔除入学年份晚于 t 年以及剔除学校信息为空记录之后的样本数量。

（5）构建分析师—毕业院校的二模网络（2-mode matrix）。在网络分析中，模（mode）指的是网络中所有行动者的集合。

（6）“分析师—毕业院校”二模网络转化为“分析师—分析师”一模网络。由于 2001 年只有一位分析师有教育背景记录，无法构成校友网络，故用于构建校友关系矩阵的数据从 2002 年开始。运用 Python 代码构建分析师校友关系的单模矩阵，分别得到 2002~2017 年的 t 年活动分析师校友关联矩阵和 t 年累积活动分析师校友关联矩阵，共 16×2=32 个矩阵。分析师 A 和分析师 B 有一段相同的教育经历记为 1，有两段相同教育经历则累加为 2，以此类推，无相同教育经历则记为 0。

（7）t 年分析师校友网络和 t 年累积分析师校友网络的参数计算机可视化分析。以独立分析师为网络节点，分析师之间的校友关系为边（分析师的中心度越高，则节点越大；两位分析师之间的相同教育经历次数越多，则边越粗），运用 Pajek 软件计算各节点的整体与节点网络参数，并运用 Gephi 软件绘制分析师校友网络图。

3. 分析师同业校友网络特征参数

网络特征参数主要包括整体网络参数和节点网络参数。运用大型复杂网络分析工具 Pajek 软件计算网络参数（Pajek 在斯洛文尼亚语中意为“蜘蛛”，寓意为该软件能像蜘蛛织网一样进行精准的社会网络分析）。在整体网络参数中，研究重点关注了网络的节点数、连线数、平均密度以及平均度；而对于节点网络参数，运用 Pajek 软件分年度计算了每个节点（每位分析师）在当年网络和累积网络中的6项网络结构参数，分别是度数中心度（Degree）、加权度数中心度（Weighted Degree）①、相对接近中心度（Close）、相对中介中心度（Between）、聚类系数（Cluster Coefficient）以及结构洞系数（Structural Hole）。

整体网络参数。表4.4记录了分析师同业校友网络的整体网络参数。节点数表示该网络涉及的分析师的人数，用于表示网络的规模大小。连线数表示分析师间存在校友关系数。平均密度描述了该网络整体的疏密程度。平均度数（Average Degree）表示该校友网络中的分析师平均与几位分析师存在校友关系。对于当年校友网络，其节点数、连线数以及平均度自2002年开始逐步上升，至2011年出现首个下降，此后在2014年上升至最高点后，开始了新一轮的下降［见图4.3（a）］。说明证券市场中的分析师人数及校友关系存在一个十年期的体量增大的过程，之后分析师行业开始逐步趋于成熟，高校毕业生从事证券分析师职业的数量亦开始趋于稳定。在平均密度方面，各年份保持了较一致的趋势，说明分析师的来源高校保持了较为稳定的毕业生供给，使校友关系能够保持在一定的水平线上。而对于累积网络，由于其叠加的特性，网络的节点数、连线数以及平均度数均处于逐年上升趋势。

表4.4 分析师同业校友网络整体描述

年份	节点数		连线数		平均密度		平均度	
	当年网	累积网	当年网	累积网	当年网	累积网	当年网	累积网
2002	18	19	7	7	0.046	0.041	0.778	0.737
2003	59	62	67	71	0.039	0.038	2.271	2.290
2004	92	120	243	357	0.058	0.050	5.283	5.950
2005	195	220	899	1187	0.048	0.049	9.221	10.791
2006	244	293	1357	1887	0.046	0.044	11.123	12.881
2007	397	465	3530	4728	0.045	0.044	17.783	20.335
2008	632	726	8305	10417	0.042	0.040	26.282	28.697
2009	731	916	11459	16673	0.043	0.040	31.352	36.404
2010	939	1184	18639	28260	0.042	0.040	39.700	47.736
2011	868	1341	16010	36442	0.043	0.041	36.889	54.350

① 加权度数中心度指考虑节点之间联系深度的度数中心度，如分析师a与分析师b有本科和硕士两段教育经历重合，则其权数为2。其他网络中含义相同。

续表

年份	节点数		连线数		平均密度		平均度	
	当年网	累积网	当年网	累积网	当年网	累积网	当年网	累积网
2012	1170	1692	32275	60025	0.047	0.042	55.171	70.952
2013	1248	1924	39221	77594	0.050	0.042	62.854	80.659
2014	1326	2103	43411	92238	0.049	0.042	65.477	87.720
2015	1211	2165	36652	97505	0.050	0.042	60.532	90.074
2016	860	2170	18563	97801	0.050	0.042	43.170	90.139
2017	698	2173	12511	98031	0.051	0.042	35.848	90.226

节点网络参数。表 4.5 分年度报告了 2002~2017 年当年分析师同业校友网络中各节点的 6 个网络参数的描述统计[①]，分别为度数中心度（saa_c_degree）、加权度数中心度（saa_c_weighteddegree）、接近中心度（saa_c_close）、中介中心度（saa_c_between）、聚类系数（saa_c_cc）以及结构洞系数（saa_c_hole）。表中各变量的前缀 SAA-C 意为当年（Current year）分析师同业校友（School_Analyst-Analyst）。

表 4.5　分析师同业校友网络节点参数

统计量		度数中心度	加权度数中心度	接近中心度	中介中心度	聚类系数	结构洞系数
2002	N	18.000	18.000	18.000	18.000	18.000	18.000
	mean	0.778	1.222	0.074	0.000	0.167	0.995
	p50	1.000	1.000	0.111	0.000	0.000	1.000
2003	N	59.000	59.000	59.000	59.000	59.000	59.000
	mean	2.271	4.576	0.061	0.003	0.448	0.859
	p50	2.000	4.000	0.069	0.000	0.333	1.000

① 由于累积网络的样本收集采用的是“滚雪球”式的保存流失样本、叠加新增样本的方式，故而在网络参数以及拓扑结构中普遍呈现出较稳定的扩大趋势，表述重复性较高，因此在本节的分析师同业校友，以及后文的分析师高管校友、分析师同事关系网络、团队关系网络以及调研关系网络中的节点网络参数及拓扑结构图的描述中，省略累积网络的描述，重点关注当年网络的情况。累积网络所计算出的参数主要运用于后文的回归分析中。

续表

统计量		度数中心度	加权度数中心度	接近中心度	中介中心度	聚类系数	结构洞系数
2004	N	92. 000	92. 000	92. 000	92. 000	92. 000	92. 000
	mean	5. 174	9. 609	0. 147	0. 006	0. 576	0. 660
	p50	4. 000	7. 500	0. 183	0. 000	0. 667	0. 617
2005	N	195. 000	195. 000	195. 000	195. 000	195. 000	195. 000
	mean	9. 221	16. 120	0. 213	0. 009	0. 680	0. 542
	p50	6. 000	9. 000	0. 233	0. 000	0. 923	0. 471
2006	N	244. 000	244. 000	244. 000	244. 000	244. 000	244. 000
	mean	11. 120	22. 880	0. 224	0. 009	0. 693	0. 486
	p50	7. 000	12. 000	0. 243	0. 000	0. 871	0. 397
2007	N	397. 000	397. 000	397. 000	397. 000	397. 000	397. 000
	mean	17. 780	34. 930	0. 294	0. 004	0. 735	0. 347
	p50	13. 000	22. 000	0. 311	0. 000	0. 869	0. 256
2008	N	632. 000	632. 000	632. 000	632. 000	632. 000	632. 000
	mean	26. 280	47. 360	0. 319	0. 003	0. 765	0. 271
	p50	17. 000	29. 000	0. 333	0. 000	0. 904	0. 187
2009	N	731. 000	731. 000	731. 000	731. 000	731. 000	731. 000
	mean	31. 350	56. 500	0. 331	0. 002	0. 777	0. 243
	p50	21. 000	36. 000	0. 345	0. 000	0. 908	0. 160
2010	N	939. 000	939. 000	939. 000	939. 000	939. 000	939. 000
	mean	39. 700	69. 560	0. 348	0. 002	0. 782	0. 207
	p50	27. 000	46. 000	0. 362	0. 000	0. 887	0. 123
2011	N	868. 000	868. 000	868. 000	868. 000	868. 000	868. 000
	mean	36. 890	64. 930	0. 347	0. 002	0. 781	0. 213
	p50	26. 500	43. 000	0. 359	0. 000	0. 882	0. 131
2012	N	1170. 000	1170. 000	1170. 000	1170. 000	1170. 000	1170. 000
	mean	55. 170	97. 750	0. 380	0. 001	0. 796	0. 158
	p50	43. 500	70. 000	0. 391	0. 000	0. 890	0. 086
2013	N	1248. 000	1248. 000	1248. 000	1248. 000	1248. 000	1248. 000
	mean	62. 850	114. 400	0. 388	0. 001	0. 808	0. 148
	p50	50. 000	85. 000	0. 409	0. 000	0. 918	0. 074

续表

统计量		度数中心度	加权度数中心度	接近中心度	中介中心度	聚类系数	结构洞系数
2014	N	1326. 000	1326. 000	1326. 000	1326. 000	1326. 000	1326. 000
	mean	65. 480	120. 300	0. 383	0. 001	0. 798	0. 156
	p50	54. 000	92. 000	0. 406	0. 000	0. 916	0. 071
2015	N	1211. 000	1211. 000	1211. 000	1211. 000	1211. 000	1211. 000
	mean	60. 530	110. 600	0. 377	0. 001	0. 802	0. 163
	p50	48. 000	85. 000	0. 398	0. 000	0. 929	0. 075
2016	N	860. 000	860. 000	860. 000	860. 000	860. 000	860. 000
	mean	43. 170	78. 730	0. 362	0. 002	0. 794	0. 197
	p50	48. 000	85. 000	0. 398	0. 000	0. 929	0. 075
2017	N	698. 000	698. 000	698. 000	698. 000	698. 000	698. 000
	mean	35. 850	62. 540	0. 351	0. 002	0. 773	0. 228
	p50	30. 000	46. 500	0. 367	0. 000	0. 907	0. 116
Total	N	10688. 000	10688. 000	10688. 000	10688. 000	10688. 000	10688. 000
	mean	45. 500	82. 220	0. 351	0. 002	0. 779	0. 217
	max	233. 000	1056. 000	0. 498	0. 164	1. 000	1. 312
	min	0. 000	0. 000	0. 000	0. 000	0. 000	0. 019
	sd	42. 180	87. 060	0. 098	0. 006	0. 282	0. 264
	p25	11. 000	16. 000	0. 319	0. 000	0. 615	0. 054
	p50	31. 000	52. 000	0. 370	0. 000	0. 908	0. 109
	p75	75. 000	124. 000	0. 418	0. 002	1. 000	0. 247

表 4. 5 中，N 为该网络中的节点个数，在本书中指 t 年当年的活跃分析师人数。在各个年份内，选取均值和中位数来描述上述 6 项网络参数。其中，度数中心度（saa_ c_ degree）的均值变化趋势已经可以从整体网的描述中得知。加权度数中心度（saa_ c_ weighteddegree）基本保持了与度数中心度一致的变化趋势。对于分析师校友关系的接近中心度（saa_ c_ close），如图 4. 3（b）所示，平均而言，2013 年以前分析师校友网络中各节点的接近程度在逐年上升，2013 年后略有下降。分析师校友网络的聚集系数（saa_ c_ cc）呈现出先上升后持平的趋势，表明高校向分析师行业输送人才的规模随着行业的成熟而逐步趋于稳定。分析师校友网络的结构洞系数（saa_ c_ hole）则呈现出逐年减小的态势，说明部分分析

师占据同业校友网络中的结构洞掌握关键资源的情况日益上升。①

4. 分析师同业校友网络拓扑结构

网络的可视化亦是网络特征分析中非常重要的环节。目前常用的网络可视化工具主要有 UCINET 配套的 NETDRAW 软件、Pajek 软件以及 Gephi 软件等。UCINET 对节点数上千的网络处理乏力，Pajek 的网络拓扑图视觉呈现欠佳。为此，选择兼顾网络规模与网络视觉效果的 Gephi 软件绘制分析师同业校友的网络拓扑结构。

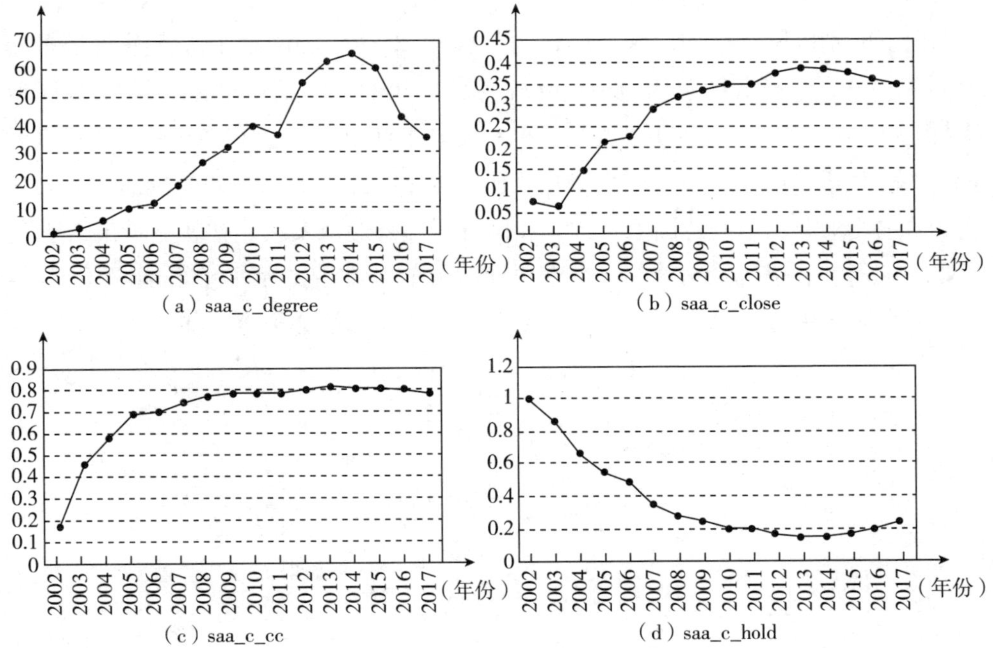

图 4.3　分析师同业校友网络参数变化趋势

在此，运用上一小节计算网络参数时生成的分析师—毕业院校的二模矩阵，运用 Gephi 软件的算法，分年份绘制“分析师—高校”关系的网络拓扑结构。②

---

① 对于节点的中介中心度（saa_c_between），Pajek 仅报告网络各节点的相对中介中心度，计算方法参见第四章第三节。该种方法计算出的相对中介中心度绝对值较小，故而在网络参数表中多数经四舍五入后接近于 0，无法直接从表中观察其变化趋势，故而在本章中主要以结构洞系数作为观察网络节点中介性逐年变化的指标。

② 由于网络拓扑结构所占篇幅较大，本章只列示身份认同型社会资本中分析师同业校友网络的拓扑结构与相对资源权力认同型社会资本的调研网络，分析师高管校友网络、同事网络、团队网络拓扑的绘制过程类似。

图中节点上的编码可映射至相应的分析师或教育机构，连线表示分析师与教育机构之间的隶属关系，节点的大小反映了其连接数的多寡。

图 4.4 中展示了 2002~2017 年共 16 年的分析师同业校友网络结构图。由于图形众多，所占篇幅较大，故只能采取缩小图形、拼接排列的方式，但缩小的图形中部分信息不再清晰可见。因此，下文中以整体到局部的方式观察分析师同业校友网络结构。从整体上来看，2002~2017 年的分析师同业校友网络由开始的节点及连线较为稀疏的状态逐步演化至节点分布稠密，且 2002~2017 年一直保持了部分节点聚集度较高的状态。

以下分别以网络结构开始变得较为完整的 2003 年和网络中节点数目最多的 2014 年为例，进行大图示例与局部分析。2003 年的校友网络中，代码为 01-054（清华大学）、03-001（南开大学）、28-001（上海交通大学）、28-012（复旦大学）的教育机构的网络节点较大，这几所国内顶尖高校成为初期分析师行业人才输出的主要来源。与发达国家一致，我国分析师行业从发展之初就显示出“精英行业”的属性，进入壁垒较高。名校毕业的分析师在智力水平上可能相差无几，若希望在职业中取得成功，可能更需要运用情商经营社会资本。如图 4.5 所示。

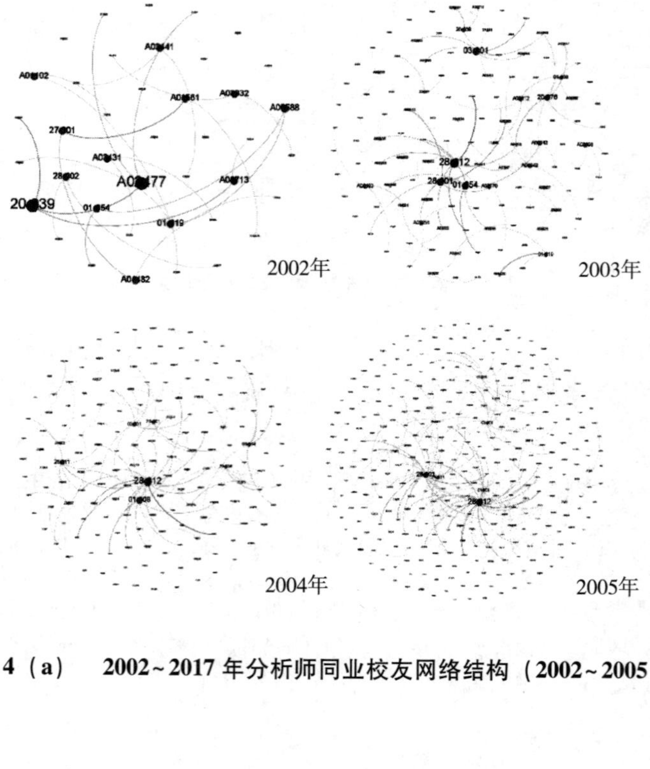

图 4.4（a） 2002~2017 年分析师同业校友网络结构（2002~2005 年）

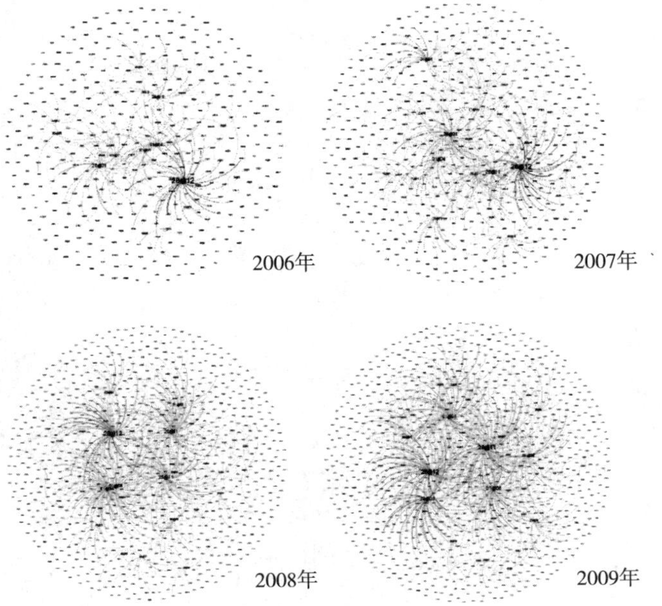

图 4.4（b）　2002~2017 年分析师同业校友网络结构（2006~2009 年）

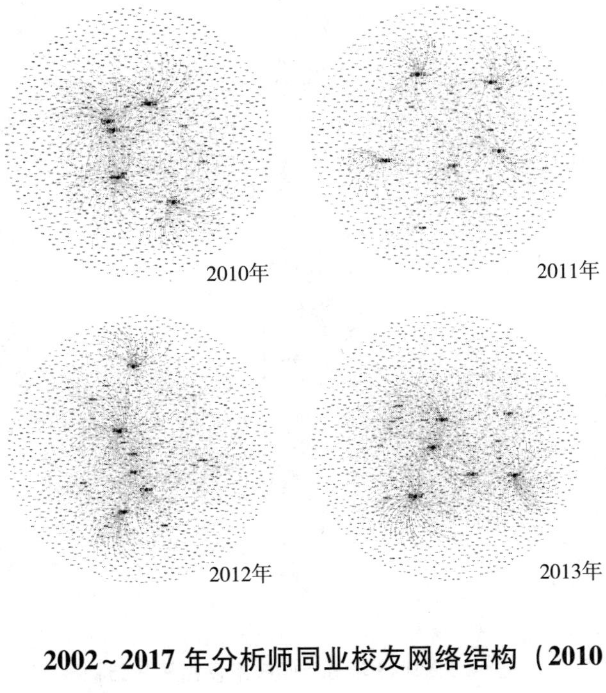

图 4.4（c）　2002~2017 年分析师同业校友网络结构（2010~2013 年）

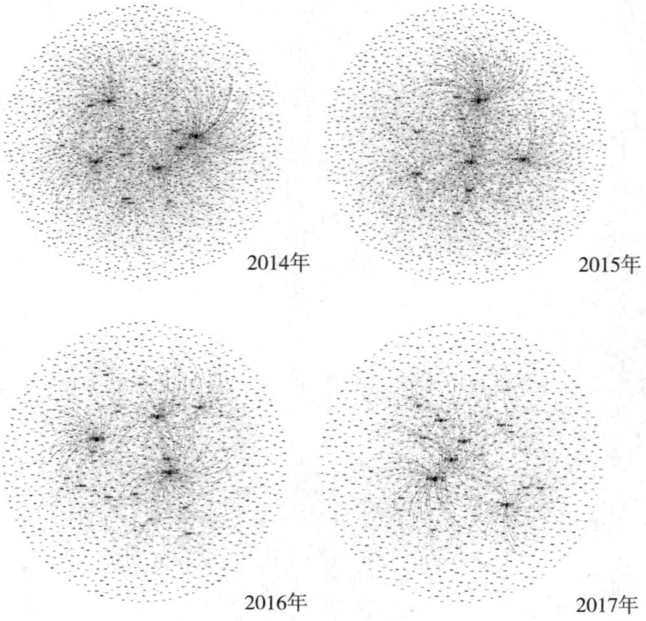

图 4.4（d） 2002~2017 年分析师同业校友网络结构（2014~2017 年）

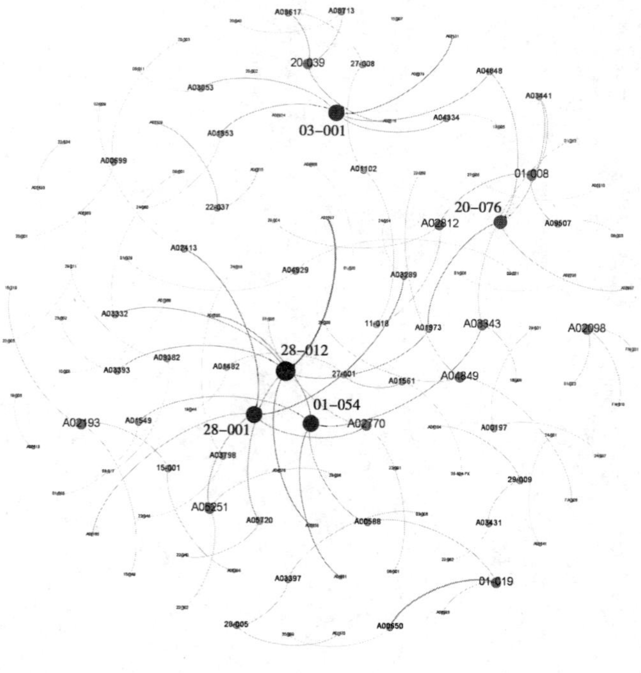

图 4.5 2003 年分析师校友网络拓扑结构

截至 2014 年，代码为 01－008（北京大学）、01－054（清华大学）、28－001（上海交通大学）、28－011（上海财经大学）、28－012（复旦大学）的教育机构所输出的分析师数量已经显现出明显的规模优势，分析师校友圈的界限比较分明，形成了以北大、清华为中心的北方校友群体和以复旦、上交、上财为中心点的南方校友群体；结合其他年份的图形，可以得知，在分析师行业发展的 17 年中，复旦大学依托上海的地理优势及学科的声誉优势，一直保持了分析师的最大输出量。可以推测，分析师校友圈的形成及发展对信息传递、业内评价等问题均有一定的影响。如图 4.6 所示。

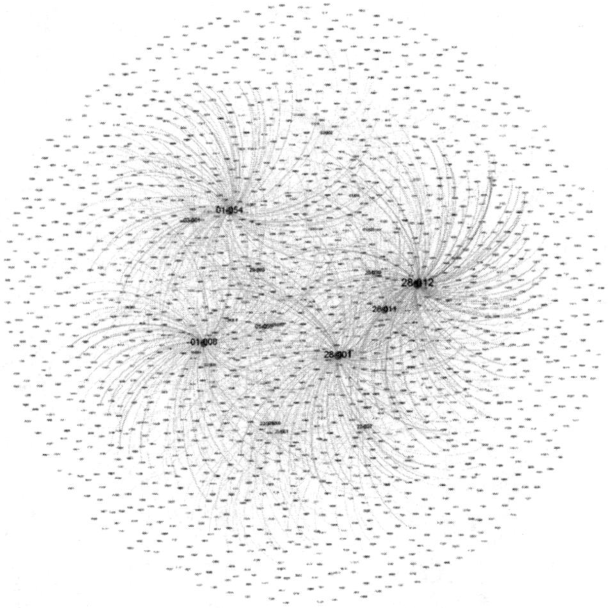

图 4.6　2014 年分析师校友网络拓扑结构

二、分析师—高管校友关系的网络分析

1. 数据来源及预处理过程

分析师—高管校友关系的确定需分别收集分析师教育背景及高管教育背景两方面的数据。对于分析师教育背景信息，仍沿用上一节中 CNRDS 数据库中的分析师教育背景数据。高管教育背景数据则是来自 CNRDS 数据库中—高管人物特

征数据中的“上市公司高管教育背景”子表，该数据表自2004年开始记录了当年上市公司所有高管的教育经历（包括专科、本科、硕士、博士、博士后、MBA、访学院校在内的7类）。数据时间段为2004~2017年，涉及“公司—高管—年份”记录数达580831条。

根据上述基础数据，整理出“上市公司—高管—年份—教育机构”记录数252944万条，剔除教育机构名称为空的数据后得到252227条“高管—教育机构”记录，其中高管和教育机构均拥有唯一的识别编码。

2. 网络构建过程

基于上述上市公司高管与教育机构的一一对应关系，运用Python计算机语言分年份生成“高管—教育机构”二维关系矩阵，共14个矩阵。

结合上一节中得到的“分析师—教育机构”二维关系矩阵（矩阵a）与本节的“高管—教育机构”矩阵（矩阵b），以“教育机构”作为联系两矩阵的桥梁变量，运用Python语言，构建“分析师—高管”校友关系矩阵（见图4.7）。新的“分析师-高管”校友关系矩阵定义规则如下：若分析师i和高管j在同一教育机构接受过教育，则矩阵中［分析师i，高管j］所对应的点为1，否则为0，由此得到t年当年活跃分析师与高管之间的校友关系矩阵（矩阵c）。

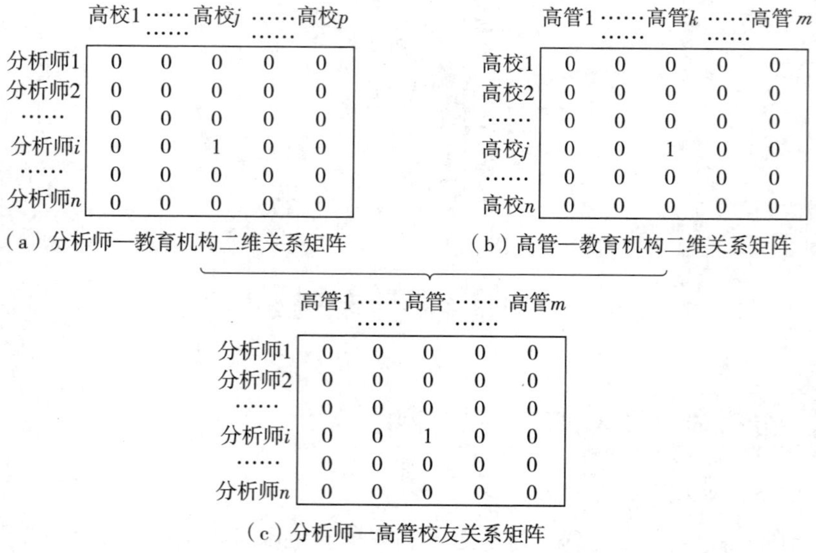

（a）分析师—教育机构二维关系矩阵

（b）高管—教育机构二维关系矩阵

（c）分析师—高管校友关系矩阵

图4.7　分析师—高管校友关系二维矩阵构建过程示意

3. 分析师高管校友网络特征参数

整体网络参数。表4.6汇总了分析师高管校友网络的整体网络参数。受限于分析师教育背景样本的数量，分析师—高管校友网络的节点数同样表现出先上升再下降的趋势。各年网络的平均密度整体上处于上升趋势，说明分析师与高管的校友关系数量增加。一方面原因是高管队伍的年轻化带来的整体学历上升，另一方面可能来源于高管任职后的MBA经历。此外，从平均度能够更直观地看出分析师与高管校友关系的增长情况——自2004年平均每位分析师与40位高管拥有校友关系，到2014年平均每位分析师的高管校友人数上升到了825位。

表4.6 分析师—高管校友网络整体描述

年份	节点数	连线数	平均密度	平均度
2004	92	1894	0.452	41.174
2005	195	7520	0.398	77.128
2006	244	12821	0.432	105.090
2007	397	36980	0.470	186.297
2008	632	93401	0.468	295.573
2009	731	132173	0.495	361.622
2010	939	227894	0.517	485.397
2011	868	207289	0.551	477.624
2012	1170	410135	0.600	701.086
2013	1248	485795	0.624	778.518
2014	1326	547453	0.623	825.721
2015	1211	470305	0.642	776.722
2016	860	239135	0.647	556.128
2017	698	159296	0.655	456.436

节点网络参数。表4.7分年度报告了2004~2017年分析师高管校友网络中各节点的6个网络参数的描述统计，分别为度数中心度（sam_c_degree）、加权度数中心度（sam_c_weighteddegree）、接近中心度（sam_c_close）、中介中心度（sam_c_between）、聚类系数（sam_c_cc）以及结构洞系数（sam_c_hole）。表中各变量的前缀SAM-C意为当年（Current year）分析师高管校友（School_Analyst-Manager）。

表 4.7 分析师—高管校友网络节点参数

年份	统计量	度数中心度	加权度数中心度	接近中心度	中介中心度	聚类系数	结构洞系数
2004	N	92. 000	92. 000	92. 000	92. 000	92. 000	92. 000
	mean	41. 170	855. 400	0. 600	0. 005	0. 728	0. 367
	p50	43. 500	458. 000	0. 626	0. 004	0. 744	0. 330
2005	N	195. 000	195. 000	195. 000	195. 000	195. 000	195. 000
	mean	77. 130	1302. 000	0. 590	0. 003	0. 711	0. 261
	p50	84. 000	576. 000	0. 609	0. 001	0. 727	0. 206
2006	N	244. 000	244. 000	244. 000	244. 000	244. 000	244. 000
	mean	105. 100	1959. 000	0. 613	0. 002	0. 730	0. 209
	p50	117. 000	862. 000	0. 642	0. 001	0. 736	0. 160
2007	N	397. 000	397. 000	397. 000	397. 000	397. 000	397. 000
	mean	186. 300	3654. 000	0. 637	0. 001	0. 738	0. 146
	p50	214. 000	1934. 000	0. 670	0. 001	0. 760	0. 101
2008	N	632. 000	632. 000	632. 000	632. 000	632. 000	632. 000
	mean	295. 600	6205. 000	0. 641	0. 001	0. 742	0. 104
	p50	317. 000	2574. 000	0. 654	0. 001	0. 763	0. 067
2009	N	731. 000	731. 000	731. 000	731. 000	731. 000	731. 000
	mean	361. 600	8046. 000	0. 656	0. 001	0. 759	0. 090
	p50	387. 000	3808. 000	0. 667	0. 000	0. 769	0. 055
2010	N	939. 000	939. 000	939. 000	939. 000	939. 000	939. 000
	mean	485. 400	12632. 000	0. 670	0. 000	0. 776	0. 070
	p50	516. 000	5511. 000	0. 680	0. 000	0. 789	0. 042
2011	N	868. 000	868. 000	868. 000	868. 000	868. 000	868. 000
	mean	477. 600	14332. 000	0. 687	0. 000	0. 785	0. 072
	p50	517. 000	6509. 000	0. 702	0. 000	0. 795	0. 044
2012	N	1170. 000	1170. 000	1170. 000	1170. 000	1170. 000	1170. 000
	mean	701. 100	24539. 000	0. 711	0. 000	0. 810	0. 061
	p50	775. 500	11688. 000	0. 737	0. 000	0. 830	0. 032
2013	N	1248. 000	1248. 000	1248. 000	1248. 000	1248. 000	1248. 000
	mean	778. 500	29045. 000	0. 726	0. 000	0. 827	0. 056
	p50	871. 000	15911. 000	0. 759	0. 000	0. 848	0. 028

续表

年份	统计量	度数中心度	加权度数中心度	接近中心度	中介中心度	聚类系数	结构洞系数
2014	N	1326. 000	1326. 000	1326. 000	1326. 000	1326. 000	1326. 000
	mean	825. 700	32248. 000	0. 720	0. 000	0. 828	0. 063
	p50	939. 000	18084. 000	0. 762	0. 000	0. 853	0. 027
2015	N	1211. 000	1211. 000	1211. 000	1211. 000	1211. 000	1211. 000
	mean	776. 700	36041. 000	0. 735	0. 000	0. 833	0. 060
	p50	874. 000	21042. 000	0. 773	0. 000	0. 856	0. 029
2016	N	860. 000	860. 000	860. 000	860. 000	860. 000	860. 000
	mean	556. 100	25657. 000	0. 737	0. 000	0. 830	0. 070
	p50	634. 000	14701. 000	0. 783	0. 000	0. 849	0. 039
2017	N	698. 000	698. 000	698. 000	698. 000	698. 000	698. 000
	mean	456. 400	20955. 000	0. 742	0. 000	0. 835	0. 077
	p50	522. 000	12138. 000	0. 791	0. 000	0. 855	0. 049
Total	N	10611. 000	10611. 000	10611. 000	10611. 000	10611. 000	10611. 000
	mean	571. 500	21150. 000	0. 699	0. 001	0. 801	0. 081
	max	1222. 000	227084. 000	0. 930	0. 033	1. 000	1. 125
	min	0. 000	0. 000	0. 000	0. 000	0. 000	0. 005
	sd	328. 300	28127. 000	0. 163	0. 001	0. 157	0. 170
	p25	302. 000	1464. 000	0. 617	0. 000	0. 762	0. 028
	p50	572. 000	7758. 000	0. 728	0. 000	0. 823	0. 038
	p75	847. 000	30328. 000	0. 808	0. 001	0. 874	0. 059

由表 4. 7 及图 4. 8 中可以看出，分析师高管校友的接近中心度（sam_c_close）与聚集系数（sam_c_cc）均呈现出逐年平稳上升的趋势。接近中心度的增加表明分析师通过校友关系认识陌生高管的路径变短，聚集系数的上升说明分析师与高管的校友关系越来越倾向于某些特定的教育机构，圈子现象日益明显。此外，与分析师同业校友网络的趋势相一致，分析师校友关系网络的结构洞系数（sam_c_hole）亦呈现出下降的趋势，即部分分析师在分析师高管校友网络中占据结构洞位置，作为桥接节点掌握关键资源的现象在加剧。

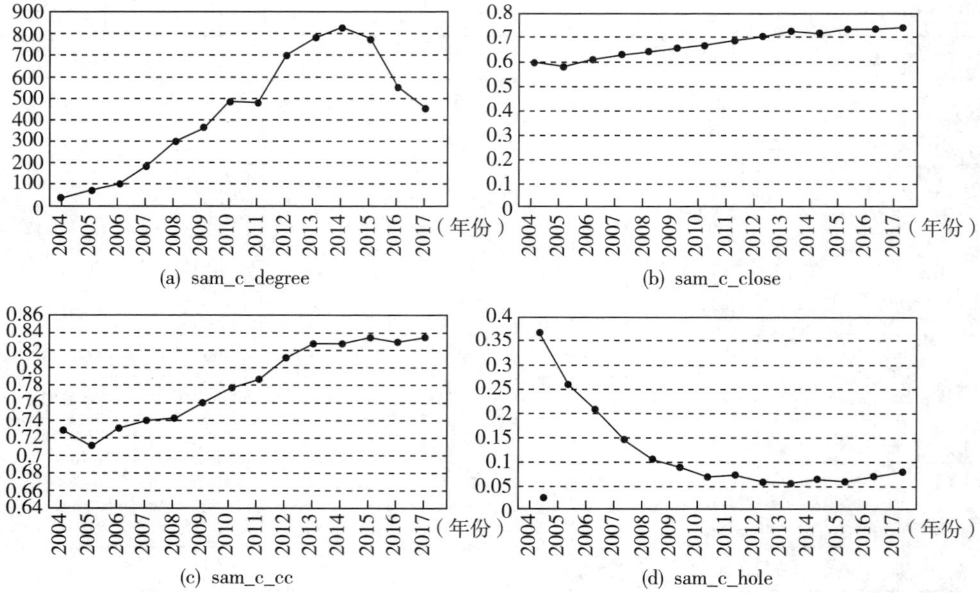

图 4.8　分析师—高管校友网络参数变化趋势

第五节　基于身份认同的分析师同事及团队关系的网络分析

一、数据预处理过程

1. *初始样本*

初始样本下载自中国研究数据服务平台（Chinese Research Data Services，CNRDS）的中国券商与分析师数据库（Chinese Broker and Financial Analysts System，CBAS）。分析师预测数据开始时间为 2001 年，下载时间段设置为 2001 年 1 月 1 日至 2017 年 12 月 31 日。共 1362035 条记录。

目前国内研究分析师预测的数据多取自国泰安 CSMAR 数据库（公司研究系列—分析师预测情况—分析师预测指标文件），本书未选择传统的 CSMAR 数据库作为初始样本来源，而是选择了中国研究数据平台 CNRDS 的分析师数据，主要原因有如下三点：

（1）CNRDS 数据的研究便利性。CNRDS 数据库由成立于 2014 年 11 月的上海经禾信息技术有限公司开发，于 2016～2018 年陆续在北京大学、中国人民大学、浙江大学、清华大学、中国科学技术大学、上海交通大学、南京大学等诸多知名高校开通试用。因其数据收录的精细化程度高，覆盖面广，为学者展开中国经济及管理问题的研究带来了极大便利，并迅速运用到研究中。运用 CNRDS 数据撰写的文章在 JFE、TAR、JAE、CAR、JAPP、AJPT 等国际经济、金融、会计等顶级期刊以及经济研究、管理世界、金融研究、会计研究、管理科学学报、中国工业经济等国内管理学、会计学权威期刊上发表。

（2）CNRDS 数据库收录的分析师预测数据比 CSMAR 数据库的更为全面。通过对比两个数据库 2001 年 1 月 1 日至 2017 年 12 月 31 日的分析师预测的记录数量，CSMAR 中有 1068945 条记录，而 CNRDS 中的记录数则为 1362035 条，比 CSMAR 中多了三十万余条数据。

（3）CNRDS 数据库的分析师编码较为准确。由于分析师姓名有重名的现象，CNRDS 和 CSMAR 均为每条记录中的分析师都配备了一个身份编码（分析师 ID）以示区分。但是在数据整理的过程中，发现 CSMAR 对分析师的身份编码存在如下问题：部分分析师存在更换工作的情况（见图 4.9 中中国证券业协会中披露的某位分析师拥有 4 次工作单位变更的记录）。当分析师从券商 A 更换到券商 B 时，

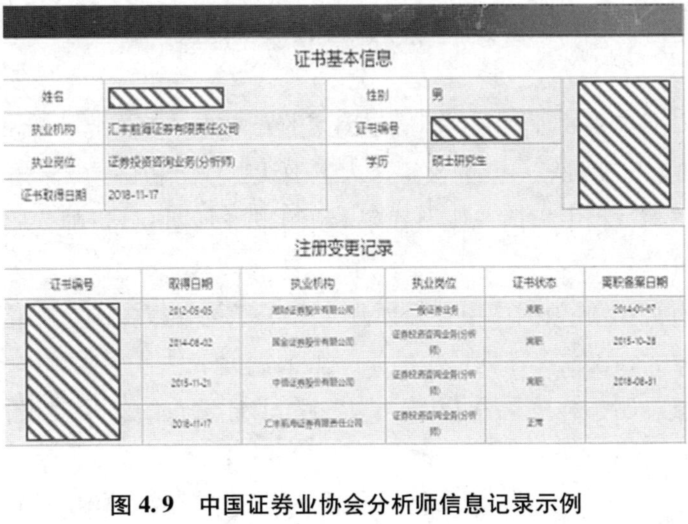

证书基本信息

姓名	[redacted]	性别	男	[redacted]
执业机构	汇丰前海证券有限责任公司	证书编号	[redacted]	
执业岗位	证券投资咨询业务(分析师)	学历	硕士研究生	
证书取得日期	2018-11-17			

注册变更记录

证书编号	取得日期	执业机构	执业岗位	证书状态	离职备案日期
[redacted]	2012-05-05	湘财证券股份有限公司	一般证券业务	离职	2014-01-07
	2014-08-02	国金证券股份有限公司	证券投资咨询业务(分析师)	离职	2015-10-28
	2015-11-21	中德证券股份有限公司	证券投资咨询业务(分析师)	离职	2018-08-31
	2018-11-17	汇丰前海证券有限责任公司	证券投资咨询业务(分析师)	正常	

图 4.9　中国证券业协会分析师信息记录示例

CSMAR 对该分析师配置了新的身份编码，即现实中前后在两家券商发布预测报告的分析师为同一人，而在以分析师 ID 进行身份区分的数据记录中会显示盈余报告来自不同 ID 的分析师。因此，CSMAR 数据库中存在同人异码的现象，会对后续的分析造成干扰。而 CNRDS 数据库中涉及的 100 多家券商以及 6000 多名分析师具有独特编码，是目前为止唯一给券商和分析师独特编码的数据库，有利于研究者进行数据匹配和深度挖掘。

2. 分配报告 ID，提取最短窗口预测

分析师同一份报告会连续预测未来多年的盈余（见 2018 年 12 月 18 日由中邮证券的分析师程毅敏、高贺发布的关于万科 A（000002）“销售增长持续，拿地环比改善”的研究报告中，对万科 A 未来 3 年的盈余进行了预测，故 CNRDS 中会有 3 条预测记录）（见图 4. 10）。据统计，2001~2017 年，预测窗口期最长的分析师研究报告达到了对上市公司未来 12 年盈余的预测，多数研究报告会预测未来 3 年公司的盈余情况。

会计年度	2017A	2018E	2019E	2020E
营业收入（亿元）	2428.97	3157.66	3789.19	4395.46
增长率（%）	1.01	30.00	20.00	16.00
归母净利润（亿元）	280.51	324.61	383.13	433.55
增长率（%）	33.44	15.72	18.03	13.16
EPS（元）	2.54	2.94	3.47	3.93
PE	9.96	8.61	7.29	6.44

资料来源：万科A公告、中邮证券研发部。

图 4. 10　分析师盈余预测报告示例

由于窗口期越长的预测受到不确定因素的影响越多，为此，本书仅取分析师在 t 年发布的窗口期最短一期的预测。为了确认哪些分析师预测记录出自同一份报告，数据整理过程中根据“股票代码+预测报告日期+分析师代码”的规则确定预测报告 ID。

表 4. 8 为 CNRDS 数据库中一份预测未来 3 年盈余报告的数据格式。根据上述数据选取方式，仅取窗口期最短的第一条数据（表 4. 8 中阴影部分），即天风证券分析师廖志明、林瑾璐在 2017 年 10 月 21 日发布的对平安银行（000001）2017 年 12 月 31 日盈余的预测（预测每股收益为 1. 35）。

表 4.8　CNRDS 分析师盈余预测数据格式示例

股票代码	报告公布日	预测终止日	分析师 ID	分析师姓名	证券公司 ID	证券公司名称	每股收益
000001	2017-10-21	2017-12-31	A09218/A31357	廖志明、林瑾璐	B00096	天风证券股份有限公司	1.35
000001	2017-10-21	2018-12-31	A09218/A31357	廖志明、林瑾璐	B00096	天风证券股份有限公司	1.47
000001	2017-10-21	2019-12-31	A09218/A31357	廖志明、林瑾璐	B00096	天风证券股份有限公司	1.69

为此，在初始的一百余万条预测记录中，保留了 376968 条记录。由于只是剔除了同一份研究报告中预测年份较远的记录，因此剩余的记录中仍保存有全部的分析师姓名、证券公司及所预测公司的信息。

表 4.9 及图 4.11 列示了历年样本分布情况。如表 4.9 及图 4.11 中所示，2001 年分析师预测的记录数量仅为 12 条，此后增长迅速；4 年后（2005 年）预测记录数已过万条（12409 条），2011 年预测记录数破十万条（116015 条）。此后的 5 年，预测记录数较为平稳地维持在 14 万~17 万条。从分析师报告的增长情况也可以侧面看出中国证券市场从迅速成长到逐步走向成熟的发展历程。由于多数分析师预测未来 3 年的公司盈余，故取最短窗口预测后的记录数据下降到初始数据的 1/3 左右。

表 4.9　身份认同型社会资本样本分布

年份	初始样本记录	窗口期最短的盈余预测记录
2001	12	12
2002	312	312
2003	879	879
2004	1157	1157
2005	12409	5523
2006	19348	8314
2007	24034	9227

续表

年份	初始样本记录	窗口期最短的盈余预测记录
2008	60116	23765
2009	76483	29525
2010	97394	35326
2011	116015	41949
2012	157312	58386
2013	155630	57199
2014	163323	59553
2015	140165	51690
2016	172892	62939
2017	164554	56295
总计	1362035	502051

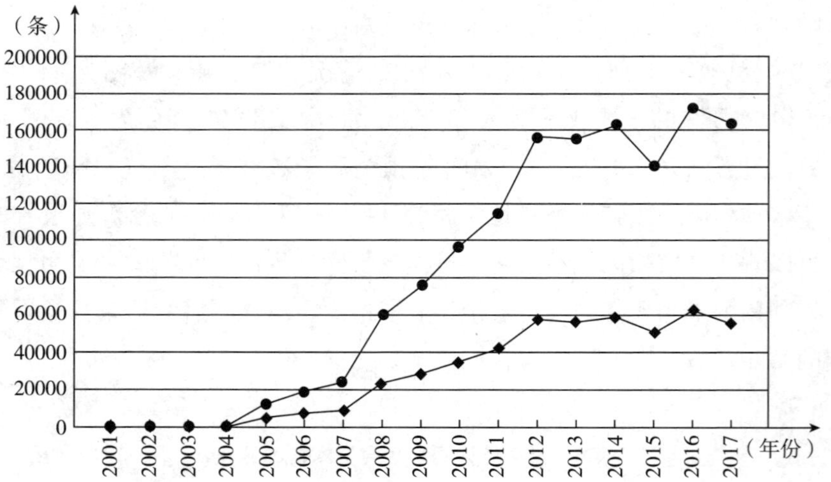

图 4.11　身份认同型社会资本样本变化趋势

3. 分析师姓名的单一化处理

CNRDS 的分析师预测记录中，分析师姓名的记录以个人（占总记录的约 52%）或团队（占总记录的约 48%）的形式出现。如表 4.10（a）中的第一行所示，分析师杨荣独立完成了该份预测，而第二、第三行中，则是由 2~3 人的团队完成。在 2001~2017 年的数据中，分析师团队人数最多的达到了 8 人。

为具体探究每一位分析师的社会资本，需将分析师团队进行单一化处理，即团队中的每一位成员携带该份预测报告的所有信息构成一条独立记录，如表4.10（b）所示，得到记录930723条，涉及分析师7657位。

表4.10（a）　分析师姓名单一化处理前——团队形式

股票代码	报告公布日	预测终止日	分析师姓名	分析师ID	证券公司ID	证券公司名称	每股收益
600000	2017-10-30	2017-12-31	杨荣	A04772	B00123	中信建投证券股份有限公司	2.46
600000	2017-10-30	2017-12-31	肖斐斐/冉宇航	A04380/A30463	B00126	中信证券股份有限公司	1.84
600000	2017-10-30	2017-12-31	缴文超/王思敏/林颖颖	A01511/A30573/A31365	B00075	平安证券股份有限公司	1.91

表4.10（b）　分析师姓名单一化处理后——个人形式

股票代码	报告公布日	预测终止日	分析师姓名	分析师ID	证券公司ID	证券公司名称	每股收益
600000	2017-10-30	2017-12-31	杨荣	A04772	B00123	中信建投证券股份有限公司	2.46
600000	2017-10-30	2017-10-31	肖斐斐	A04380	B00126	中信证券股份有限公司	1.84
600000	2017-10-30	2017-10-31	冉宇航	A30463	B00126	中信证券股份有限公司	1.84
600000	2017-10-30	2017-10-31	缴文超	A01511	B00075	平安证券股份有限公司	1.91
600000	2017-10-30	2017-10-31	王思敏	A30573	B00075	平安证券股份有限公司	1.91
600000	2017-10-30	2017-10-31	林颖颖	A31365	B00075	平安证券股份有限公司	1.91

二、分析师同事/前同事社会网络分析

1. 网络构建过程

根据上一节预处理后的数据，可以得到每一位分析师与其所就职券商的对应关系记录，以此构建分析师与券商隶属关系的二维矩阵。如图 4.12 所示的二维矩阵中，券商集合与分析师集合分为作为二维矩阵的长边和宽边。若分析师 i 有在券商 j 就职的记录，则矩阵中由［分析师 i，券商 j］所定位的点的值取 1，否则取 0。分别得到 2001~2017 年的 t 年当年和 t 年累积分析师—券商隶属关系矩阵共 17×2=34 个矩阵。

	券商1	……	券商*j*	……	券商*n*
分析师1	0	0	0	0	0
分析师2	0	0	0	0	0
……	0	0	0	0	0
分析师*i*	0	0	1	0	0
……	0	0	0	0	0
分析师*n*	0	0	0	0	0

图 4.12　分析师—券商隶属关系二模矩阵示意

基于上述二维矩阵，运用 Pajek 软件，以分析师和券商为节点，二者的隶属关系为边，分年度构建 t 年当年与 t 年累积的分析师—券商的二模网络（2-mode matrix）。进一步地，将“分析师—券商”二模的隶属关系网络转化为“分析师—分析师”一模的同事/前同事关系网络。

2. 分析师同事/前同事网络特征参数

整体网络参数。表 4.11 记录了分析师同事/前同事网络的整体网络参数。节点数表示该网络涉及的分析师的人数，用以表示网络的规模大小；连线数表示分析师间的同事关系数；平均密度描述了该网络整体的疏密程度；平均度数表示该同事网络中的分析师平均与几位分析师存在同事/前同事关系。从当年网络的节点数来看，2010 年以前，伴随中国分析师数量持续上涨，从最初的 9 人增长到 2010 年的 2119 人，2011~2017 年，参与发布预测报告的分析师人数基本稳定在 2000~2300 人，说明分析师行业开始趋于稳定。

表 4.11 分析师同事网络整体描述

年份	节点数		连线数		平均密度		平均度	
	当年网	累积网	当年网	累积网	当年网	累积网	当年网	累积网
2001	9	9	8	8	0.222	0.222	1.778	1.778
2002	89	92	800	804	0.204	0.192	17.978	17.478
2003	283	322	1647	2561	0.041	0.050	11.640	15.907
2004	368	584	3380	5957	0.050	0.035	18.370	20.401
2005	796	1038	8197	13952	0.026	0.026	20.595	26.882
2006	816	1341	10646	24951	0.032	0.028	26.093	37.213
2007	1127	1898	18680	49697	0.029	0.028	33.150	52.368
2008	1628	2606	31108	85157	0.023	0.025	38.216	65.355
2009	1830	3183	37017	125080	0.022	0.025	40.456	78.593
2010	2119	3884	50810	187336	0.023	0.025	47.957	96.466
2011	1748	4288	35001	233491	0.023	0.025	40.047	108.904
2012	2173	5027	56528	326267	0.024	0.026	52.028	129.806
2013	2124	5464	56510	390516	0.025	0.026	53.211	142.941
2014	2039	5871	58793	477503	0.028	0.028	57.668	162.665
2015	2078	6463	61296	593222	0.028	0.028	58.995	183.575
2016	2098	7103	62622	721278	0.028	0.029	59.697	203.091
2017	2336	7657	87867	908249	0.032	0.031	75.229	237.234

节点网络参数。表 4.12 报告了 2001～2017 年当年分析师同事/前同事网络中各节点的 6 个网络参数的描述统计，分别为度数中心度（fab_c_degree）、加权度数中心度（fab_c_weighteddegree）、接近中心度（fab_c_close）、中介中心度（fab_c_between）、聚类系数（fab_c_cc）以及结构洞系数（fab_c_hole）。表 4.11 中各变量的前缀 FAB-C 意为当年（Current year）分析师—券商关系（Fellow_Analyst-Broker）所映射出的分析师之间的同事/前同事关系。

表 4.12　分析师同事网络节点参数

年份		度数中心度	加权度数中心度	接近中心度	中介中心度	聚类系数	结构洞系数
2001	N	9.000	9.000	9.000	9.000	9.000	9.000
	mean	1.778	1.778	0.296	0.000	0.444	0.967
	p50	1.000	1.000	0.222	0.000	0.000	1.000
2002	N	89.000	89.000	89.000	89.000	89.000	89.000
	mean	17.980	17.980	0.252	0.001	0.961	0.290
	p50	22.000	22.000	0.337	0.000	1.000	0.170
2003	N	283.000	283.000	283.000	283.000	283.000	283.000
	mean	11.640	11.650	0.045	0.000	0.934	0.437
	p50	10.000	10.000	0.039	0.000	1.000	0.361
2004	N	368.000	368.000	368.000	368.000	368.000	368.000
	mean	18.370	18.370	0.065	0.000	0.942	0.368
	p50	16.000	16.000	0.052	0.000	1.000	0.235
2005	N	796.000	796.000	796.000	796.000	796.000	796.000
	mean	20.600	20.800	0.060	0.001	0.964	0.260
	p50	20.000	20.000	0.067	0.000	1.000	0.188
2006	N	816.000	816.000	816.000	816.000	816.000	816.000
	mean	26.090	26.160	0.102	0.001	0.970	0.230
	p50	25.000	25.000	0.123	0.000	1.000	0.146
2007	N	1127.000	1127.000	1127.000	1127.000	1127.000	1127.000
	mean	33.150	33.240	0.146	0.001	0.976	0.176
	p50	32.000	32.000	0.184	0.000	1.000	0.117
2008	N	1628.000	1628.000	1628.000	1628.000	1628.000	1628.000
	mean	38.220	38.310	0.108	0.001	0.980	0.159
	p50	36.000	36.000	0.135	0.000	1.000	0.105
2009	N	1830.000	1830.000	1830.000	1830.000	1830.000	1830.000
	mean	40.460	41.620	0.101	0.000	0.977	0.147
	p50	35.000	35.000	0.131	0.000	1.000	0.109
2010	N	2119.000	2119.000	2119.000	2119.000	2119.000	2119.000
	mean	47.960	48.890	0.227	0.001	0.968	0.125
	p50	45.000	45.000	0.250	0.000	1.000	0.080

续表

年份		度数中心度	加权度数中心度	接近中心度	中介中心度	聚类系数	结构洞系数
2011	N	1748. 000	1748. 000	1748. 000	1748. 000	1748. 000	1748. 000
	mean	40. 050	41. 530	0. 195	0. 001	0. 961	0. 161
	p50	35. 000	35. 000	0. 213	0. 000	1. 000	0. 104
2012	N	2173. 000	2173. 000	2173. 000	2173. 000	2173. 000	2173. 000
	mean	52. 030	53. 840	0. 167	0. 001	0. 976	0. 133
	p50	51. 000	51. 000	0. 190	0. 000	1. 000	0. 074
2013	N	2124. 000	2124. 000	2124. 000	2124. 000	2124. 000	2124. 000
	mean	53. 210	54. 130	0. 200	0. 001	0. 975	0. 122
	p50	52. 000	52. 000	0. 234	0. 000	1. 000	0. 071
2014	N	2039. 000	2039. 000	2039. 000	2039. 000	2039. 000	2039. 000
	mean	57. 670	59. 290	0. 256	0. 001	0. 960	0. 123
	p50	54. 000	54. 000	0. 289	0. 000	1. 000	0. 064
2015	N	2078. 000	2078. 000	2078. 000	2078. 000	2078. 000	2078. 000
	mean	59. 000	62. 340	0. 240	0. 001	0. 961	0. 124
	p50	49. 000	49. 000	0. 276	0. 000	1. 000	0. 071
2016	N	2098. 000	2098. 000	2098. 000	2098. 000	2098. 000	2098. 000
	mean	59. 700	63. 810	0. 222	0. 001	0. 970	0. 121
	p50	55. 000	55. 000	0. 254	0. 000	1. 000	0. 068
2017	N	2336. 000	2336. 000	2336. 000	2336. 000	2336. 000	2336. 000
	mean	75. 230	77. 770	0. 324	0. 001	0. 948	0. 094
	p50	67. 000	67. 000	0. 352	0. 000	1. 000	0. 053
Total	N	23661. 000	23661. 000	23661. 000	23661. 000	23661. 000	23661. 000
	mean	49. 100	50. 700	0. 193	0. 001	0. 967	0. 147
	max	273. 000	343. 000	0. 506	0. 151	1. 000	1. 125
	min	0. 000	0. 000	0. 000	0. 000	0. 000	0. 014
	sd	34. 650	38. 270	0. 111	0. 006	0. 131	0. 171
	p25	23. 000	23. 000	0. 126	0. 000	1. 000	0. 056
	p50	43. 000	43. 000	0. 219	0. 000	1. 000	0. 086
	p75	66. 000	67. 000	0. 276	0. 000	1. 000	0. 161

从表 4. 12 及图 4. 13 中可以看出，自同事网络规模初步成型的 2003 年以来，

分析师同事网络的接近中心度（fab_ c_ close）处于波动性增长的趋势。2002 年后，分析师同事网络的聚集系数（fab_c_cc）较为平稳地维持在 0.9 以上，聚集系数较高，说明分析师行业流动性较强，彼此成为同事关系的概率较高。此外，分析师同事网络的结构洞系数（fab_ c_ hole）也显示出缩小的趋势，说明部分分析师在同事网络中担任中介角色的现象越发显著。

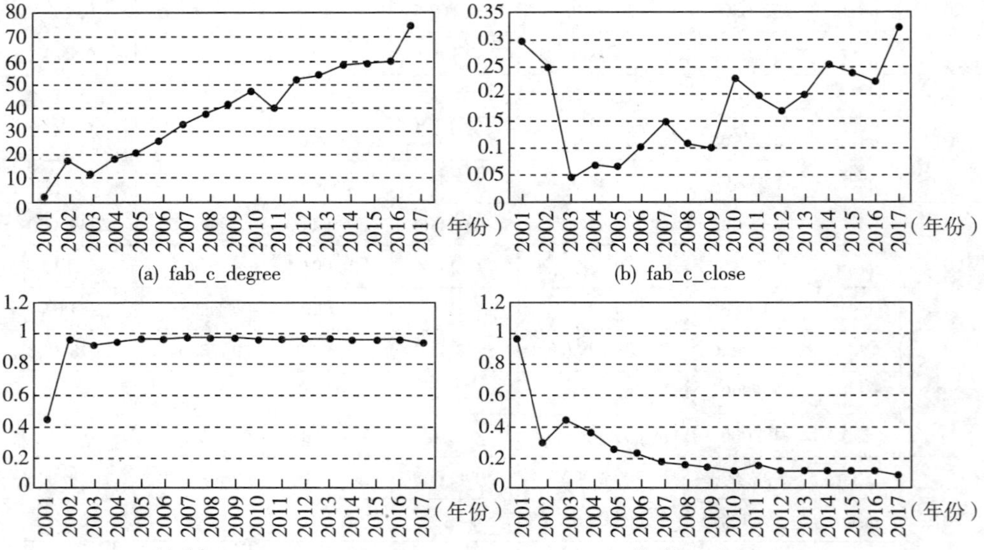

(a) fab_c_degree (b) fab_c_close

(c) fab_c_cc (d) fab_c_hole

图 4.13 分析师同事网络参数变化趋势

三、分析师团队关系网络

团队在社会资本领域的研究成果已经较为丰富，但针对分析师团队的研究目前尚属少数。随着资本市场的发展和业内竞争的激烈化，分析师越来越多地以团队的形式进行研究分析，特别是国内明星分析师的评选机构《新财富》每年公布的最佳分析师名单中，各行业上榜的分析师基本都是以团队的形式获评。表 4.13 反映了各年以 2 人及以上团队形式发布分析报告的变化趋势。从表 4.13 中比例可以看出，由 2 人及以上团队发布的研究报告占总报告数的比重总体上呈上升趋势，最多达到了当年报告数的 67.40%（2014 年）。平均亦有超过一半（52.33%）的研究报告由 2 人以上团队发布。此外，样本中人数最多的团队数量为 8 人，2 人或 3 人的团队形式较为常见。

表 4.13　分析师团队形式年份分布

年份	T 年分析师报告数	由 2 人及以上团队发布	团队占比（%）
2001	12	0	0
2002	312	9	2.88
2003	879	26	2.96
2004	1157	82	7.09
2005	5523	1297	23.48
2006	8314	2932	35.27
2007	9227	3701	40.11
2008	23765	9213	38.77
2009	29525	14606	49.47
2010	35326	15243	43.15
2011	41949	11730	27.96
2012	58386	29420	50.39
2013	57199	35199	61.54
2014	59553	40136	67.40
2015	51690	32645	63.16
2016	62939	37774	60.02
2017	56295	28734	51.04
总计	502051	262747	52.33

1. 网络构建过程

分析师团队数据同样来自 CNRDS 的中国券商与分析师数据库中的“预测情况”子库。该数据库提供了每份分析师研究报告上所有署名分析师的姓名，本书将署名分析师的人数视作分析师所在团队的人数，以此作为构建团队网络的基础。样本方面，选取了 2001~2017 所有预测报告，经过第四章第五节中的数据预处理之后，从中读取分析师团队构成情况。

与校友网络类似，构建了 t 年当年分析师团队网络和 t 年累积分析师团队网络。

（1）t 年当年分析师团队网络。根据 t 年的预测报告中的分析师姓名，将出现在同一份报告中的分析师视为一个团队（仅一名分析师署名则团队人数为 1）。在此基础上，构建 N×N 矩阵，矩阵 x 轴和 y 轴均为当年的活动分析师姓名，若 x

轴上的分析师 a 与 y 轴上的分析师 b 之间以团队的形式发布过一次预测报告，则矩阵中二者交点处的数量记为 1；交点处的最终数量为分析师 a 与 b 在 t 年以团队形式发布过预测报告的总次数，用来表示二人合作关系的强度，分析师间无团队关系，则矩阵交点处记为 0。

以上述矩阵为基础，以单独分析师为节点，分析师之间的团队关系为边，可构建分析师团队关系的一模网络。

（2）本书也考虑了分析师累积到 t 年的团队社会资本。构建网络的数据基础为时间区间在［2001，t］年（t≥2001）中的累积活动分析师，并构建累积活动分析师之间的团队关系矩阵及网络。

2. 分析师团队网络特征参数

整体网络参数。表 4.14 记录了分析师团队网络的整体网络参数。节点数表示该网络涉及的分析师的人数，用以表示网络的规模大小。由于分析师团队与分析师同事网络的数据来源相同，故二者的规模一致。连线数表示分析师之间存在的团队关系的数量；平均密度描述了该网络整体的疏密程度，由于分析师的团队构成相对稳定，团队之间产生联系的情形不多，因此网络呈现出星点状的散布状态，网络的平均密度较低，从表 4.14 中也可以看出，各年的团队网络密度基本维持在 0.001 的水平上。平均度数刻画了该团队网络中的分析师平均与几位分析师存在团队关系，从平均度数的数值来说，分析师与另外 1~3 名分析师组成 2~4 人团队的情形在 2007 年开始变得非常普遍。

表 4.14　分析师团队网络整体描述

年份	节点数		连线数		平均密度		平均度	
	当年	累积	当年	累积	当年	累积	当年	累积
2001	9	9	0	0	0.000	0.000	0.000	0.000
2002	89	92	13	13	0.003	0.003	0.292	0.283
2003	283	322	29	42	0.001	0.001	0.205	0.261
2004	368	584	39	80	0.001	0.000	0.212	0.274
2005	796	1038	218	286	0.001	0.001	0.548	0.551
2006	816	1341	345	587	0.001	0.001	0.846	0.875
2007	1127	1898	603	1098	0.001	0.001	1.070	1.157
2008	1628	2606	1034	1887	0.001	0.001	1.270	1.448

续表

年份	节点数		连线数		平均密度		平均度	
	当年	累积	当年	累积	当年	累积	当年	累积
2009	1830	3183	1406	2883	0.001	0.001	1.537	1.811
2010	2119	3884	1871	4262	0.001	0.001	1.766	2.195
2011	1748	4288	1051	4916	0.001	0.001	1.203	2.293
2012	2173	5027	1924	6346	0.001	0.001	1.771	2.525
2013	2124	5464	2128	7479	0.001	0.001	2.004	2.738
2014	2039	5871	2413	9018	0.001	0.001	2.367	3.072
2015	2078	6463	2595	10757	0.001	0.001	2.498	3.329
2016	2098	7103	3279	13079	0.001	0.001	3.126	3.683
2017	2336	7657	3232	15092	0.001	0.001	2.767	3.942

节点网络参数。表 4.15 报告了 2001~2017 年当年分析师团队网络中各节点的 6 个网络参数的描述统计，分别为度数中心度（fat_c_degree）、加权度数中心度（fat_c_weighteddegree）、接近中心度（fat_c_close）、中介中心度（fat_c_between）、聚类系数（fat_c_cc）以及结构洞系数（fat_c_hole）。表中各变量的前缀 FAT-C 意为当年（Current year）分析师同事关系中的特殊类型——团队关系（Fellow_Analyst-Team）。

表 4.15 分析师团队网络节点参数

年份		度数中心度	加权度数中心度	接近中心度	中介中心度	聚类系数	结构洞系数
2001	N	9.000	9.000	9.000	9.000	9.000	9.000
	mean	0.000	0.000	0.000	0.000	0.000	1.000
	p50	0.000	0.000	0.000	0.000	0.000	1.000
2002	N	89.000	89.000	89.000	89.000	89.000	89.000
	mean	0.292	0.315	0.006	0.000	0.028	0.974
	p50	0.000	0.000	0.000	0.000	0.000	1.000
2003	N	283.000	283.000	283.000	283.000	283.000	283.000
	mean	0.205	0.247	0.001	0.000	0.019	0.991
	p50	0.000	0.000	0.000	0.000	0.000	1.000

续表

年份		度数中心度	加权度数中心度	接近中心度	中介中心度	聚类系数	结构洞系数
2004	N	368.000	368.000	368.000	368.000	368.000	368.000
	mean	0.212	0.462	0.001	0.000	0.016	0.995
	p50	0.000	0.000	0.000	0.000	0.000	1.000
2005	N	796.000	796.000	796.000	796.000	796.000	796.000
	mean	0.548	9.085	0.001	0.000	0.081	0.980
	p50	0.000	0.000	0.000	0.000	0.000	1.000
2006	N	816.000	816.000	816.000	816.000	816.000	816.000
	mean	0.846	13.540	0.002	0.000	0.127	0.966
	p50	0.000	0.000	0.000	0.000	0.000	1.000
2007	N	1127.000	1127.000	1127.000	1127.000	1127.000	1127.000
	mean	1.070	15.290	0.002	0.000	0.139	0.952
	p50	1.000	1.000	0.002	0.000	0.000	1.000
2008	N	1628.000	1628.000	1628.000	1628.000	1628.000	1628.000
	mean	1.270	18.200	0.002	0.000	0.191	0.947
	p50	1.000	2.000	0.001	0.000	0.000	1.000
2009	N	1830.000	1830.000	1830.000	1830.000	1830.000	1830.000
	mean	1.537	32.280	0.002	0.000	0.218	0.924
	p50	1.000	5.000	0.001	0.000	0.000	1.000
2010	N	2119.000	2119.000	2119.000	2119.000	2119.000	2119.000
	mean	1.766	28.290	0.003	0.000	0.249	0.907
	p50	1.000	6.000	0.001	0.000	0.000	1.000
2011	N	1748.000	1748.000	1748.000	1748.000	1748.000	1748.000
	mean	1.203	24.480	0.002	0.000	0.192	0.958
	p50	1.000	2.000	0.001	0.000	0.000	1.000
2012	N	2173.000	2173.000	2173.000	2173.000	2173.000	2173.000
	mean	1.771	71.740	0.002	0.000	0.332	0.945
	p50	1.000	9.000	0.001	0.000	0.000	1.000
2013	N	2124.000	2124.000	2124.000	2124.000	2124.000	2124.000
	mean	2.004	81.150	0.002	0.000	0.370	0.933
	p50	2.000	17.000	0.001	0.000	0.000	1.000

续表

年份		度数中心度	加权度数中心度	接近中心度	中介中心度	聚类系数	结构洞系数
2014	N	2039.000	2039.000	2039.000	2039.000	2039.000	2039.000
	mean	2.367	108.600	0.007	0.000	0.372	0.905
	p50	2.000	22.000	0.002	0.000	0.100	1.000
2015	N	2078.000	2078.000	2078.000	2078.000	2078.000	2078.000
	mean	2.498	85.310	0.011	0.000	0.360	0.893
	p50	2.000	12.000	0.002	0.000	0.000	1.000
2016	N	2098.000	2098.000	2098.000	2098.000	2098.000	2098.000
	mean	3.126	111.600	0.024	0.001	0.420	0.867
	p50	2.000	22.000	0.007	0.000	0.333	0.978
2017	N	2336.000	2336.000	2336.000	2336.000	2336.000	2336.000
	mean	2.767	56.500	0.031	0.001	0.384	0.877
	p50	2.000	17.000	0.044	0.000	0.234	1.000
Total	N	23661.000	23661.000	23661.000	23661.000	23661.000	23661.000
	mean	1.875	55.810	0.008	0.000	0.283	0.922
	max	29.000	5461.000	0.081	0.051	1.000	1.982
	min	0.000	0.000	0.000	0.000	0.000	0.085
	sd	2.243	192.700	0.016	0.002	0.409	0.205
	p25	0.000	0.000	0.000	0.000	0.000	0.874
	p50	1.000	6.000	0.002	0.000	0.000	1.000
	p75	3.000	40.000	0.005	0.000	0.667	1.000

从表4.15及图4.14中可以看出，与前述的基于身份认同的3种社会网络类似，除个别年份略有波动之外，分析师团队网络的结构洞系数（fat_c_hole）整体上处于下降趋势。而分析师团队网络的接近中心度（fat_c_close）则表现出独有的特性来，即2013年以前，分析师团队网络的接近中心度较低；2013年以后，其平均接近中心度大幅度提升。这与分析师团队比例及团队规模的扩张不无关系（2013年由两人及以上的分析师团队发布的研究报告比例首次突破60%，团队作业的形式首次形成了占优趋势；这一点也可以从整体网的描述指标中看出——2013年的分析师团队网络平均度首次大于2）。分析师团队网络的聚集系数（fab_c_cc）保持上涨的趋势，说明整个行业中各个分析师团队之间的联系趋于紧密，同行之间的沟通与流动日益频繁。

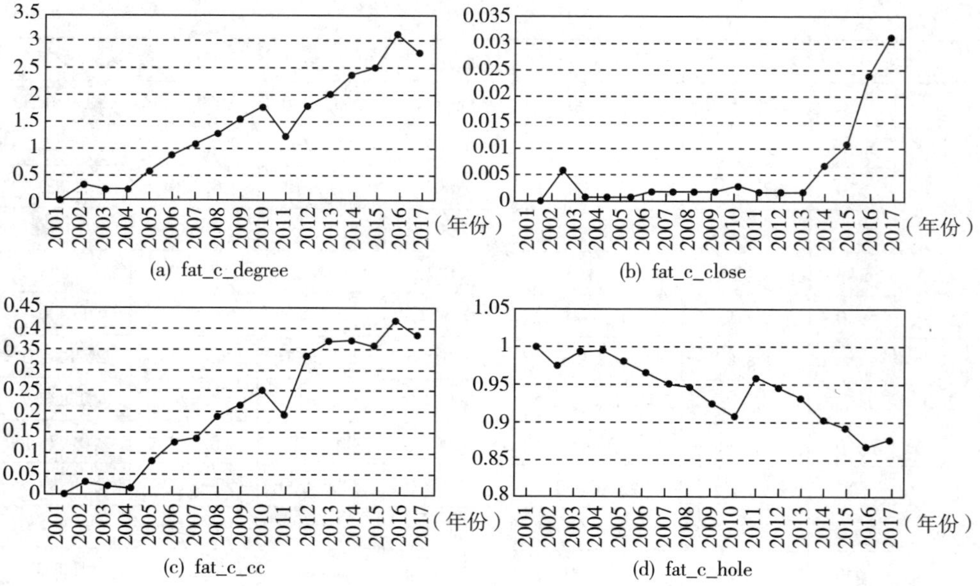

图 4.14　分析师团队网络参数变化趋势

第六节　基于相对资源权力认同的分析师实地调研关系网络分析

一、数据预处理过程

自 2006 年开始，沪深两市及证监会接连出台了《上市公司公平信息披露指引》，要求其所属上市公司对包括分析师调研在内的投资者关系活动进行详细登记并及时披露。深交所《上市公司规范运作指引》规定："公司在业绩说明会、分析师会议、路演等投资者关系活动结束后两个交易日内，应当编制投资者关系活动记录表。公司应及时将业绩说明会、分析师会议、路演等投资者关系活动主要内容置于公司网站或以公告的形式对外披露。"

分析师实地调研数据来自 CNRDS—券商与分析师数据库中的分析师调研数

据。该数据库中的“访客”子表中记录了接受调研的上市公司名称及代码、调研时间、披露时间、参与单位、参与单位类别以及具体的参与人员名单。选取2007年1月1日至2017年12月31日这一时间段内投资者调研的数据，共407306条记录。由于原始数据的规范化程度较低，无法直接用于分析，故对原始数据进行了手工整理，以下为数据处理过程。

首先，参与单位类别筛选。参与上市公司实地调研的投资者类别包括证券公司、保险公司、财务公司、基金公司、媒体、银行、信托公司、资产管理公司、政府部门、个人投资者等诸多种类。由于本书的研究对象为供职于券商的卖方分析师，因此首先筛选出参与单位类别为“证券公司”的数据，共150734条记录。

其次，剔除参与人员名单为空的样本。部分样本中未披露参与调研的人员姓名，无法具体到个人层面的研究，因此予以剔除，剩余样本量为106640条。

再次，证券公司编码。样本中记录了参与调研的证券公司名称，但由于记录缺乏统一性，频繁出现同公司异名的现象（如对于银河证券到访的记载，部分报告中记录为简称的“银河证券”，而亦有报告记录为“中国银河证券研究院”），因此需人工识别并对同司异名的记录进行统一编码，编码系统采用CNRDS—分析师预测情况中对证券公司的编码。

最后，分析师编码。根据调研数据表中的“券商—参与人员姓名—年份”与分析师预测数据表中的“券商—分析师姓名—年份”相匹配，并对重名情况一一进行了核查，最终匹配成功的数据记录数为53546条。应用分析师预测数据表中的分析师独立编码为调研数据表中涉及的分析师进行编码，以便后续的网络及回归分析。

二、网络构建过程

根据上一节预处理后的数据，得到每一位分析师与其参与调研上市公司的对应关系记录，以此构建分析师与上市公司调研关系的二维矩阵。如图4.15所示的二维矩阵中，上市集合与分析师集合分别作为二维矩阵的长边和宽边，若分析师i有赴上市公司j调研的记录，则矩阵中由［分析师i，上市公司j］所定位的点的值取1，否则取0，分析师在t年的样本中有多次调研，则次数累加。分别得到2007~2017年的t年当年和t年累积分析师—上市公司调研关系矩阵共11×2=22个矩阵。

	上市公司1	……	上市公司j	……	上市公司n
分析师1	0	0	0	0	0
分析师2	0	0	0	0	0
……	0	0	0	0	0
分析师i	0	0	1	0	0
……	0	0	0	0	0
分析师n	0	0	0	0	0

图 4.15　分析师上市公司调研二维关系矩阵示意

基于上述二维矩阵，运用 Pajek 软件，以分析师和上市公司为节点，二者的调研关系为边，分年度构建 t 年当年与 t 年累积的分析师—上市公司的二模网络（2-mode matrix）。进一步地，将“分析师—上市公司”二模关系网络转化为“分析师—分析师”一模的关系网络，以便后续对分析师的参数计算。

三、分析师调研网络特征参数

整体网络参数。表 4.16 反映了分析师调研网络的整体网络参数。从表 4.16 中可以清晰地看出，分析师调研活动所涉及上市公司总量、单位分析师所承担调研任务的数量均有明显的增长趋势（从 2007 年平均每位分析师调研六七家公司到 2014 年的多达 50 家公司）。说明分析师行业竞争日趋激烈，仅凭借对企业定期披露的报表数据的分析和预测已难以支撑分析师在行业内的优势地位。分析师需要更多地通过实地调研掌握从技术、产品到企业战略和文化全方位的一手信息，并与上市公司建立良好的关系以获得更多私有信息来提升或维持自身的竞争优势。

表 4.16　分析师调研网络整体描述

年份	节点数		连线数		平均密度		平均度	
	当年网	累积网	当年网	累积网	当年网	累积网	当年网	累积网
2007	236	236	795	795	0.029	0.029	6.737	6.737
2008	277	427	1525	3125	0.040	0.034	11.011	14.637
2009	376	663	1667	6767	0.024	0.031	8.867	20.413
2010	507	982	2369	12563	0.018	0.026	9.345	25.587

续表

年份	节点数		连线数		平均密度		平均度	
	当年网	累积网	当年网	累积网	当年网	累积网	当年网	累积网
2011	490	1279	2593	19621	0.022	0.024	10.584	30.682
2012	1512	2230	17788	42753	0.016	0.017	23.529	38.344
2013	1815	2717	40204	98509	0.024	0.027	44.302	72.513
2014	1780	3099	45030	176523	0.028	0.037	50.596	113.923
2015	1748	3615	32174	260035	0.021	0.040	36.812	143.865
2016	1805	4108	42988	384858	0.026	0.046	47.632	187.370
2017	1729	4383	40599	490394	0.027	0.051	46.962	223.771

节点网络参数。表 4.17 报告了 2001~2017 年分析师调研网络中各节点的 6 个网络参数的描述统计，分别为度数中心度（was_c_degree）、加权度数中心度（was_c_weighteddegree）、接近中心度（was_c_close）、中介中心度（was_c_between）、聚类系数（was_c_cc）以及结构洞系数（was_c_hole）。表中各变量的前缀 WAS-C 意为当年（Current year）分析师外部工作关系中的实地调研关系（Work_Analyst_Site-visiting）。

表 4.17　分析师调研网络节点参数

年份		度数中心度	加权度数中心度	接近中心度	中介中心度	聚类系数	结构洞系数
2007	N	236.000	236.000	236.000	236.000	236.000	236.000
	mean	6.737	8.102	0.097	0.006	0.772	0.549
	p50	6.000	7.000	0.101	0.000	1.000	0.457
2008	N	277.000	277.000	277.000	277.000	277.000	277.000
	mean	11.010	13.800	0.057	0.000	0.852	0.483
	p50	8.000	10.000	0.044	0.000	1.000	0.429
2009	N	376.000	376.000	376.000	376.000	376.000	376.000
	mean	8.867	10.640	0.056	0.001	0.853	0.464
	p50	7.000	8.000	0.054	0.000	1.000	0.407
2010	N	507.000	507.000	507.000	507.000	507.000	507.000
	mean	9.345	11.830	0.080	0.003	0.857	0.469
	p50	8.000	9.000	0.096	0.000	1.000	0.378

续表

年份		度数中心度	加权度数中心度	接近中心度	中介中心度	聚类系数	结构洞系数
2011	N	490.000	490.000	490.000	490.000	490.000	490.000
	mean	10.580	13.180	0.075	0.005	0.848	0.448
	p50	9.000	12.000	0.090	0.000	1.000	0.346
2012	N	1512.000	1512.000	1512.000	1512.000	1512.000	1512.000
	mean	23.530	57.850	0.278	0.002	0.701	0.239
	p50	18.500	27.000	0.285	0.000	0.701	0.163
2013	N	1815.000	1815.000	1815.000	1815.000	1815.000	1815.000
	mean	44.300	87.780	0.358	0.001	0.619	0.121
	p50	35.000	54.000	0.363	0.000	0.573	0.082
2014	N	1780.000	1780.000	1780.000	1780.000	1780.000	1780.000
	mean	50.600	97.830	0.376	0.001	0.584	0.107
	p50	42.000	65.500	0.378	0.000	0.521	0.071
2015	N	1748.000	1748.000	1748.000	1748.000	1748.000	1748.000
	mean	36.810	63.470	0.351	0.001	0.612	0.140
	p50	28.000	39.000	0.356	0.000	0.548	0.092
2016	N	1805.000	1805.000	1805.000	1805.000	1805.000	1805.000
	mean	47.630	87.500	0.370	0.001	0.594	0.109
	p50	38.000	56.000	0.375	0.000	0.532	0.073
2017	N	1729.000	1729.000	1729.000	1729.000	1729.000	1729.000
	mean	46.960	94.920	0.362	0.001	0.632	0.123
	p50	36.000	57.000	0.363	0.000	0.581	0.082
Total	N	12275.000	12275.000	12275.000	12275.000	12275.000	12275.000
	mean	37.110	71.370	0.308	0.001	0.656	0.189
	max	308.000	1115.000	0.503	0.215	1.000	1.166
	min	0.000	0.000	0.000	0.000	0.000	0.012
	sd	35.110	94.950	0.117	0.006	0.287	0.218
	p25	11.000	14.000	0.289	0.000	0.421	0.059
	p50	26.000	37.000	0.347	0.000	0.614	0.105
	p75	52.000	94.000	0.383	0.001	1.000	0.216

由表 4.17 及图 4.16 可知，基于资源权力认同的分析师调研网络的形成及发

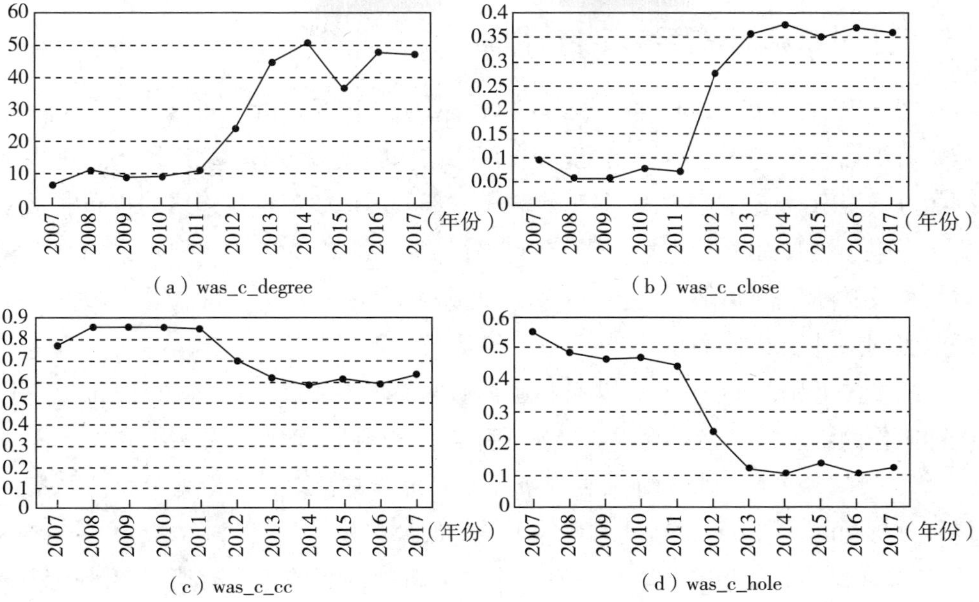

图 4.16　分析师调研网络参数变化趋势

展过程与上述 4 种（同业校友、高管校友、同事关系、团队关系）基于身份认同社会网络既存在一定的相似性，也存在一定的区别。其相似性在于，网络中节点的度数中心度均在行业发展的过程中呈现出一定程度的增长，且结构洞系数均呈现缩小的趋势。具体到调研网络来说，分析师调研网络的平均度数中心度（was_c_degree）在 2011~2014 年有显著的激增，意味着分析师行业竞争日益激烈，分析师需要走访更多的企业以获取资源和数据。2015 年股灾之后，分析师调研的频率有所放缓，这一市场态势与分析师调研网络的接近中心度的变化趋势相一致。结构洞系数（was_c_hole）的逐年缩小态势说明了分析师行业中的部分个体在校友关系、券商雇佣关系、客户关系等诸多方面均拥有并不断强化其关键性地位。

分析师调研网络与第四章第五节中身份认同型社会网络的主要区别在于聚集系数。虽然由于羊群效应（分析师跟风追踪某些特定企业）的存在，2007~2017 年分析师调研网络的聚集系数整体处于较高水平（0.6~0.9），但聚集系数（was_c_cc）出现了下降的趋势。一方面，是由于近年来资本市场中上市公司体量的扩大带给分析师新的追踪点；另一方面，也说明基于相对资源权力认同的社会网络的稳定性相对较弱，网络中的节点出于双方资源权力的变化会选择不断缔结新的关系。

四、分析师调研网络拓扑结构图

图 4. 17 为 2007~2017 年分析师的调研网络结构图。由于图形较多，单一展示所占篇幅较多，故与分析师同业校友网络结构图类似，采用缩小图形、拼接排列的方式展示。调研网络中涉及节点较多，部分图形的节点与连线的排布非常密集，受限于纸张面积，无法对所有节点进行清晰展示。为此，主要观察网络的整体结构及其随年份变化的趋势，此外，选择了开头（2007）和结尾（2017）年的两张网络进行局部说明。

从整体上看，2007~2011 年分析师调研网络较为稀疏，实地调研还未成为分析师工作的重点，仅有为数不多的企业引发了分析师实地调研的兴趣。

到 2012 年之后，分析师调研网络开始变得非常密集，无论是单个公司接待调研分析师的人数，还是分析师赴实地调研的公司数量，均有了大幅度增长，并且到 2014 年达到了顶峰。2015~2017 年，分析师调研的密度有所回落，但仍保持了较为密集的状态。

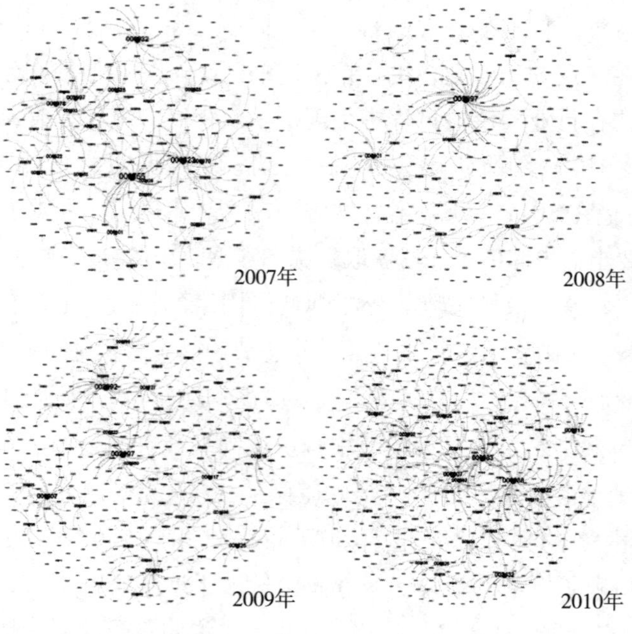

图 4. 17（a） 2007~2017 年分析师调研网络结构

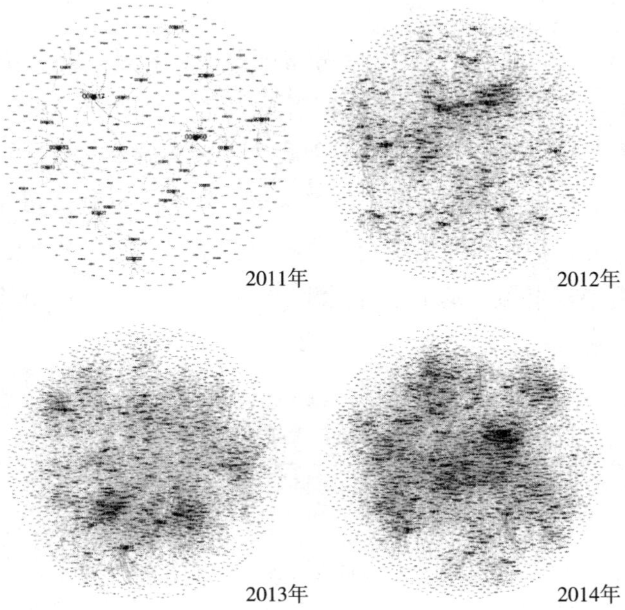

图 4.17（b） 2007~2017 年分析师调研网络结构

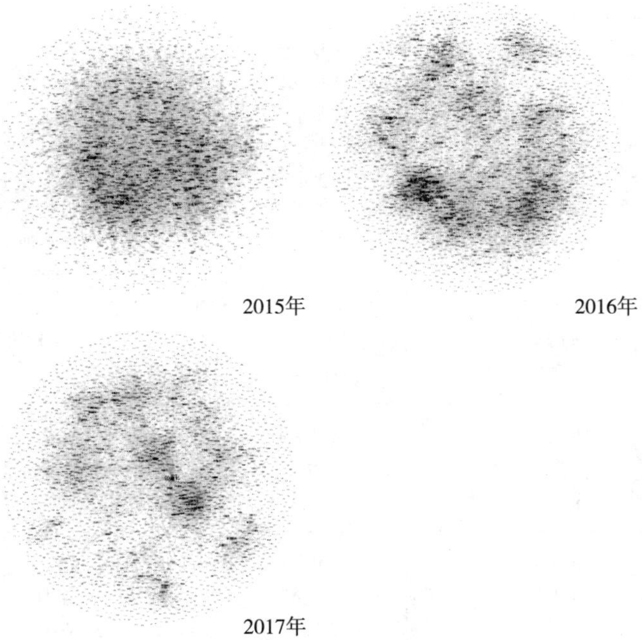

图 4.17（c） 2007~2017 年分析师调研网络结构

表4.18中列示了2007~2017年受分析师调研密集度最高的前3家公司的股票代码、公司简称及所属行业。由表4.18中可知，计算机、软件、信息技术及互联网行业一直是分析师调研的热点，但具体受密集调研的公司则不尽相同。各年分析师密集关注并赴实地调研的公司名录更新较快，鲜有公司保持两年以上的受调研热度。由分析师调研网络中受密集调研的上市公司的变化，进一步证实了在网络特征分析中提出的，基于相对资源权力认同所构建的网络的稳定性比身份认同型网络弱。

表4.18　分析师调研密度排名前三的上市公司

年份	调研密度排前3的公司代码	公司简称	所属行业
2007	000755 000823 000932	山西路桥 冀东水泥 云铝股份	化学原料及化学制品制造业 非金属矿物制品业 有色金属冶炼及压延加工业
2008	000401 000522 002097	云铝股份 合肥百货 大富科技	有色金属冶炼及压延加工业 零售业 计算机、通信和其他电子设备制造业
2009	000807 002092 002097	探路者 石基信息 启明星辰	纺织服装、服饰业 软件和信息技术服务业 互联网和相关服务
2010	000807 000983 000988	四维图新 海康威视 超声电子	软件和信息技术服务业 计算机、通信和其他电子设备制造业 计算机、通信和其他电子设备制造业
2011	000417 000983 000960	白云山A 中泰化学 西山煤电	医药制造业 化学原料及化学制品制造业 煤炭开采和洗选业
2012	300134 300212 300332	西山煤电 易华录 掌趣科技	煤炭开采和洗选业 软件和信息技术服务业 互联网和相关服务
2013	300005 300315 300205	启明星辰 森马服饰 探路者	互联网和相关服务 纺织服装、服饰业 纺织服装、服饰业

续表

年份	调研密度排前3的公司代码	公司简称	所属行业
2014	002153 002439 300369	亿帆医药 华菱钢铁 山河智能	医药制造业 黑色金属冶炼及压延加工业 专用设备制造业
2015	002439 002563 002657	山河智能 华工科技 锡业股份	专用设备制造业 计算机、通信和其他电子设备制造业 有色金属冶炼及压延加工业
2016	002405 300005 300364	天壕环境 天喻信息 绿盟科技	燃气生产和供应业 计算机、通信和其他电子设备制造业 软件和信息技术服务业
2017	002415 002019 300269	中科金财 中文在线 联建光电	软件和信息技术服务业 新闻和出版业 商务服务业

图 4.18 为根据 2007 年分析师赴上市公司实地调研的二模关系矩阵绘制的网络结构图。图中节点涉及被调研的上市公司代码以及参与调研的分析师代码，连线为二者存在调研关系。节点的大小和颜色的深浅代表该节点所拥有关系数的多少。根据图中节点大小及颜色深浅可知，有十余家上市公司受到了分析师较多的调研关注。其中，股票代码为 000755 公司位于调研网络较中心的位置，受到当年最为密集的分析师调研。000755 所对应上市公司名称为山西三维（2018 年山西三维经保壳重组，更名为山西路桥）。该公司在各产品的国内精细煤化工行业内居于龙头地位，根据 2007 年的资料显示，该公司是全球唯一一家电石法 BDO（1，4-丁二醇）生产企业，该产品为石油化工领域的重要原料，在油价高涨的背景下，公司拥有较大的竞争优势。可见，受国际宏观环境的影响，2007 年分析师的关注点主要集中在矿产、石油化工等资源相关的行业龙头公司。

图 4.19 为根据 2017 年分析师赴上市公司实地调研的二模关系矩阵绘制的网络结构图。同样地，图中节点涉及被调研的上市公司代码以及参与调研的分析师代码，连线为二者存在调研关系。从图中可以较为清晰地看出，股票代码为 002415

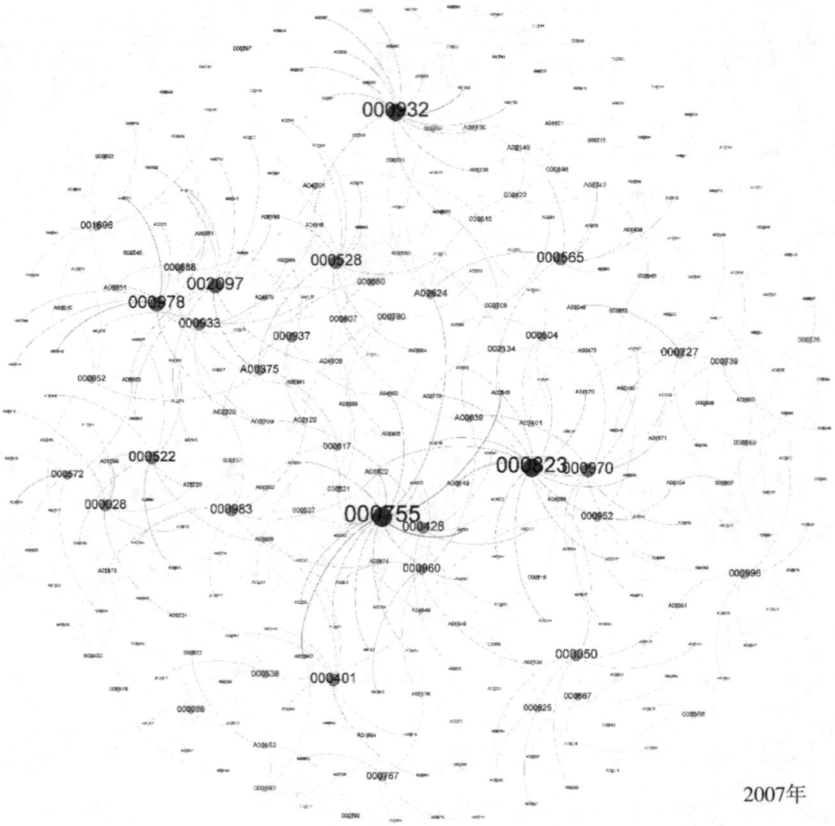

图 4.18　2007 年分析师调研网络结构

的上市公司在当年的调研网络中位居核心地位，受到分析师的密集调研。进一步地，通过查阅公司资料可知，该股票所对应的上市公司名称为海康威视，属于 2017 年 A 股市场的 28 只人工智能概念股之一，且营收和净利润情况均位列行业首位。随着互联网与信息技术的飞速发展，人工智能这一未来科技发展趋势受到社会各界的重视，国务院于 2017 年 7 月印发的《新一代人工智能发展规划》，这一发展动向被分析师敏锐捕捉并很快实施了行动，海康威视被密集调研反映出分析师对新颖性和话题性企业的敏感度极高。

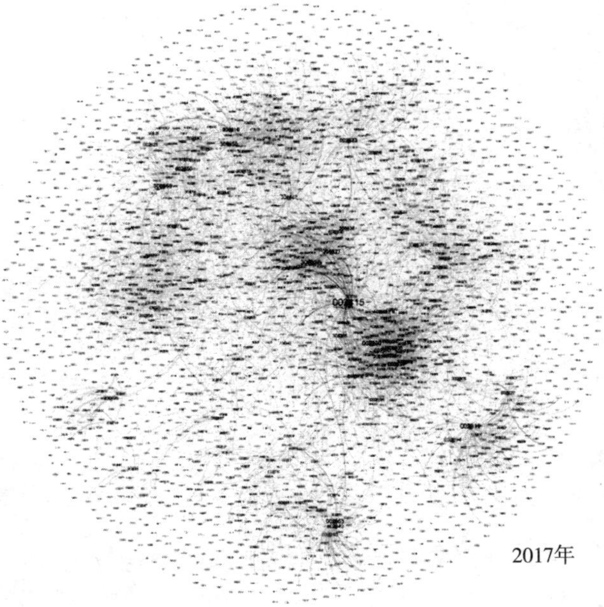

图 4.19　2017 年分析师调研网络结构

第七节　小　结

本章在第三章梳理的金融分析师社会资本 5 大构面的基础上，依托社会认同理论和资源权力理论，分年度构建了基于身份认同的分析师同业校友社会网络、分析师高管校友社会网络、分析师同事关系社会网络、分析师团队关系社会网络以及基于相对资源权力认同的分析师调研社会网络，运用社会网络分析方法对金融分析师社会资本进行大样本度量。图 4.20 总结了分析师网络类型在本章中所处位置及相应的节点网络特征参数。

在上述网络的构建过程中，应用 Python 计算机语言构建二维关系矩阵、进而使用 Pajek 复杂网络分析软件进行网络整体及节点参数的计算，并运用网络可视化软件 Gephi 展示了分析师同业校友网络的拓扑结构。

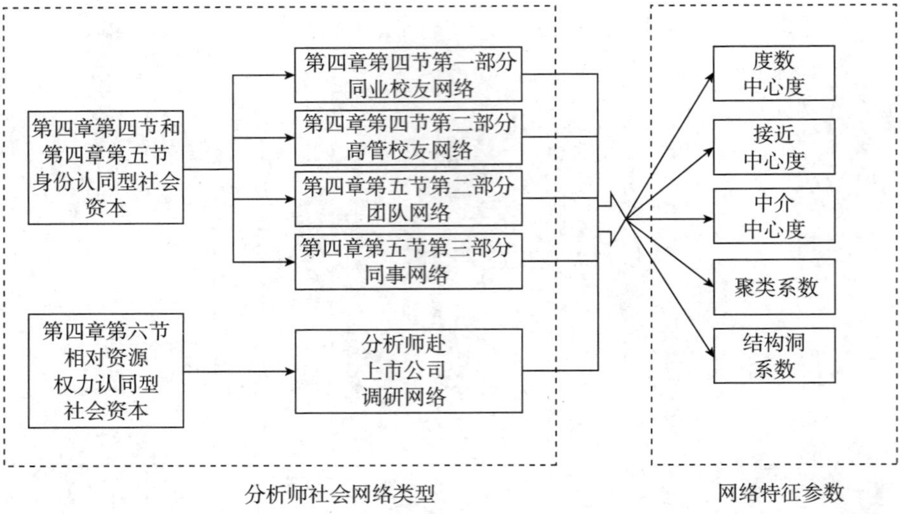

图 4.20　分析师社会网络类型及网络特征参数汇总

基于计算所得的网络整体和节点参数，可对分析师行业近 20 年发展过程中所涉及的社会关系变化趋势产生较为直观的认识。首先，分析师校友、同事、团队以及客户关系构成的网络规模均经历了快速增长到趋于稳定的过程，这与行业发展的成熟度有较大关联。

基于身份认同的社会网络能维持较高的聚集度，且保存有增长的态势，而基于相对资源权力认同的社会网络则可能由于节点双方资源权力的变化等不稳定因素而出现关系的消弭或新生。此外，分析师行业内各类“圈子”现象较为普遍，部分分析师在网络中占据关键地位，且具有时间上的延续性。

由于网络中所涉及节点及年份众多，为展现网络的全貌，本章仅报告了历年网络中节点的均值及中位数情况，无法体现出分析师个体社会资本的差异及其带来的影响。下文中会基于本章中计算得到的各节点网络参数，关注各节点在网络中位置的差异对其信息获取、预测行为及业内声誉的影响。

第五章　社会资本对私有信息获取的影响：执业起点视角

在上一章中，运用社会网络分析方法对个体分析师在多年份多维度网络中所处位置进行了衡量。在下文的分析中，将以第四章计算出的分析师面板网络参数为基础，分别从分析师获取私有信息、发布投资评级以及评选明星分析师三阶段内容剖析社会资本的经济后果。本章将探索社会资本对分析师私有信息获取的影响，图 5.1 标明了本章内容在研究问题中所处的位置。

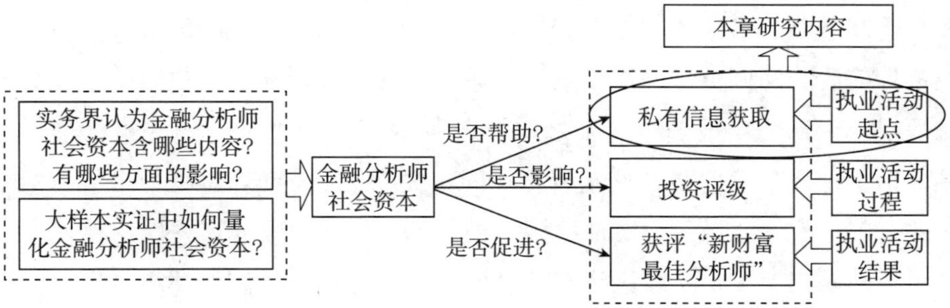

图 5.1　本章在研究问题中所处的位置

第一节　研究背景

分析师除了从公开渠道获取信息外，也努力与上市公司高管建立良好的私人关系，获取非公开信息（Ke and Yu，2006；赵良玉等，2013；Green et al.，2014）。根据 Lees（1981）的调研，“会见公司管理层”位于分析师信息来源重要性排序的第一位（之后依次为年报、管理层预测等）。Brown 等（2015）通过对 365 位分析师进行了 18 次访谈后得出，相比于分析师自己的研究，与管理层的私人沟通在盈余预测中更为有用；Cohen 等（2010）的研究也证实了这一点，并认为这种良好的私人关系很多时候镶嵌于同学、同乡、同事等正式的社会网络。此外，分析师对跳槽的公司管理层存在跟随行为（Brochet et al.，2014），表明分析师与管理层存在私人联系。

尽管《上市公司公平信息披露指引（2006）》要求，“上市公司不得私下提前向包括分析师在内的特定对象单独披露、透露或泄露非公开信息”。但是由于泄露行为难以核实，为赢得分析师的配合，管理层乐于向分析师透露一些内幕信息（如丽珠集团向分析师提前泄露信息案例①）。

来自访谈、案例的证据均证实了分析师会获取上市公司私有信息，然而受限于数据获取的困难，目前仍有两个层面的问题亟待回答：第一，分析师是否以及在多大程度上将获取的内部信息运用于盈余预测中尚无确切的实证证据；第二，分析师获取私有信息的程度会受到何种因素的影响亦无从得知。

对于问题一，借助 2006~2012 年会计师事务所向行业监管部门报备的上市公司审计前后利润调整情况这一独特的数据，观察分析师盈余预测误差（分析师预测盈余与审计后年报公布盈余之差）与管理层期望盈余差异（审计前后盈余之差，即审计调整额度）之间是否存在同步关联性②［推理过程见第五章第二节第一的（2）、（3）部分］，实证检验分析师私有信息获取的存在性及其程度。

对于问题二，大量文献已证明社会网络可发挥信息机制的功能（Bian，1997；Cohen et al.，2008；Cai et al.，2016；申宇等，2017）。已有研究已证实分析师私有信息源于分析师的社会关系（Cohen et al.，2010）。可以推测，分析师的社会资本在其信息获取（特别是私有信息获取）的过程中发挥了重要作用，分析师获取私有信息的程度很有可能受到其自身社会资本的影响。因此，在问题一实证结论的基础上，引入以社会网络中心度参数为代理变量的金融分析师社会资本变量，观察第四章网络分析中计算出的两类金融分析师社会资本——身份认同型社

---

① 2014 年 6 月 6 日，中信证券首席医药行业分析师张明芳在微信群和朋友圈中发布丽珠集团尚未披露的股权激励信息，随后被立案调查，之后丽珠集团董秘因私自提前泄露信息主动辞职。

② 同步关联性在本书中的含义如下：存在两主体 A（如公司盈余）和 B（如分析师预测误差），A 发生变动之后，B 也随之变动（可能同向或者反向变动）。二者在行动上存在亦步亦趋的同步性，幅度上存在数量的关联性，则定义 A 与 B 存在同步关联性。

会资本与相对资源权力认同型社会资本对分析师私有信息获取的调节作用，以验证分析师在其社会网络中地位的重要性程度与其私有信息获取能力的关联关系。

第二节　理论分析与假设提出

一、分析师获取私有信息：盈余预测误差度与审计调整的同步关联

1. 盈余预测误差度的影响因素解构

分析师预测误差度（Error）可用年报盈余披露值（Reported EPS）与分析师预测值（Forecast EPS）（见图 5.2）的差值表示。下文进行进一步的因素解构分析（下文中各因素右上角的标识对应图 5.2 中各模块的序号）。

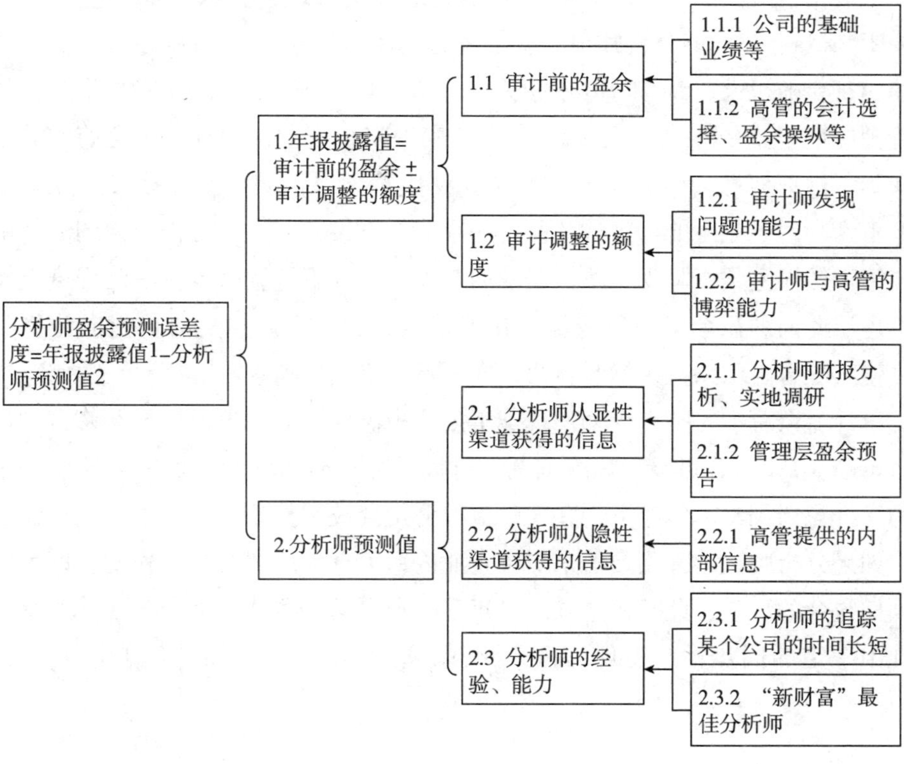

图 5.2　分析师盈余预测误差度影响机理及因素

年报盈余披露值来自审计前的盈余[1.1]加（或减）审计调整的额度[1.2]。审计前的盈余[1.1]受公司的基础业绩等偏客观因素[1.1.1]与高管对于会计政策的选择、高管的盈余操纵动机等偏主观因素[1.1.2]共同决定；审计调整的额度[1.2]则是受审计师发现问题的能力[1.2.1]及审计师与高管博弈的能力[1.2.2]的影响（由图 5.2 可知审计调整影响年报披露值，进而影响分析师盈余预测误差度）。

分析师预测值（Forecast EPS）的影响因素可总结为，从显性渠道获取的信息[2.1]（财报的分析[2.1.1]、对企业的实地调研获得的公开数据，以及管理层公开发布的盈余预告[2.1.2]）；从隐性渠道获取的信息[2.2]（通过私人关系所获得的企业非公开信息[2.2.1]）；整合辨别信息能力[2.3]，可用分析师的跟踪经验[2.3.1]、是否获得过明星分析师的称号[2.3.2]等来表征。上述变量将会在变量定义部分具体讨论。

2. 分析师获取私有信息度量方式的定性推理

分析师盈余预测过程中是否以及在多大程度上获取了私有信息无法直接观察，但可通过预测结果反向推测。

假设年报披露的盈余与管理层期望盈余（或可理解为未经审计的盈余）间的差距为 Δa、与此前分析师预测盈余间的差距为 Δb。若分析师独立预测，预测误差应符合随机性，Δa 和 Δb 不相关；若 Δa 和 Δb 相关，即分析师预测误差 Δa 和管理层期望盈余落差 Δb 呈现同步性，则一定程度上说明分析师此前的盈余预测受到了内部信息的引导。关键是要找到使管理层预期盈余数据发生变动的变量。审计师对于盈余的审计调整就是一个非常直接的因素，可作为探测分析师误差与管理层误差是否呈现一致性变动的观察变量。审计调整也在一定程度上反映了管理层此前的盈余操纵行为。存在盈余操纵的管理层也更有可能向分析师施压，使其配合自己的盈余操纵行为，向市场传递利好消息。

审计盈余调整是指审计师发现被审公司中需要调整的盈余差异并修订的活动（Deangelo，1981），可能上调或下调，财报最终披露的利润与被审之前利润之差即为审计盈余调整。每年大约 2/3 的上市公司会被调整盈余。

如果分析师盈余预测数值来源于企业内部信息，那么在较大程度上即为管理层预期盈余的反映，此时盈余预测与年报公布预测之间的差距会与审计调整幅度呈现出一定的同步性，表现为盈余预测误差与审计调整幅度显著相关（见图 5.3）。

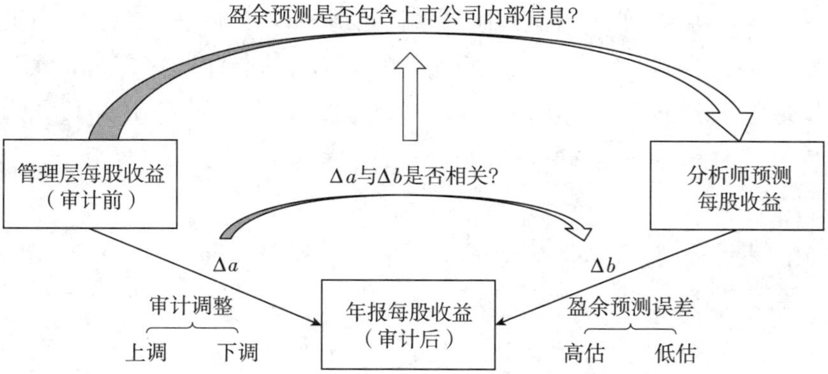

图 5.3　盈余预测误差度与审计调整相关性示意

3. 分析师私有信息获取的模型推导

上市公司管理层会通过以往的经验、上期制订的计划以及薪酬契约中对于盈余的要求等形成对企业本期盈余（每股收益 EPS）的基本预期。管理层为了实现薪酬、晋升或其他需求，会尽可能地达到预期（甚至通过虚假交易等方式操纵利润）。会计年度结束后（t 年 12 月 31 日后），编制财务报告初稿（可视为期望业绩）并交由会计师事务所审计，并于次年 4 月 30 日之前发布审计后的年度财报。审计师可能对包括利润在内的报表项目调整，最终形成审计师与管理层双方认可或博弈后的财务报告。

如果分析师的盈余预测中包含公司的内部盈余信息，则审计期来临之前，分析师的盈余预测会反映公司未经审计的预期盈余。分析师预测误差度的评判会应用经审计的年报公布盈余，若审计师对财报初稿中的盈余项目无异议，则不做出调整（年报公布盈余与初稿盈余相等），此时分析师误差度低；若被调整，则分析师误差度提升。

借鉴 Lennox 等（2018）的研究，对假设进行数学模型推导：

假设审计前盈余（管理层认可的内部盈余信息，E_{pre}）、审计后盈余（财报公布的盈余，E_{aud}）与分析师预测盈余（$E_{forecast}$）由式（5.1）、式（5.2）、式（5.3）表示：

$$E_{pre} = NA + A_{pre} + \varepsilon_{pre} \quad (5.1)$$

$$E_{aud} = NA + A_{aud} + \varepsilon_{aud} \quad (5.2)$$

$$E_{forecast} = NA + A_{forecast} + \varepsilon_{forecast} \quad (5.3)$$

其中，NA 为影响盈余的非会计因素，包括公司基础的业绩、公司的生命周期等。式（5.1）中的 A_{pre} 反映了管理层在审计前的会计选择，式（5.2）中的 A_{aud} 为管理层和审计师二者相互妥协后的会计选择（Simunic，1980）；式（5.3）中的 $A_{forecast}$ 为分析师做预测时所采纳的会计选择；ε_{pre}、ε_{aud}、$\varepsilon_{forecast}$ 为三者各自的残差。

盈余的审计调整（Audit Adjustment）和预测误差（Forecast Error）表示为式（5.4）、式（5.5）。

$$\text{Audit Adjustment} = E_{aud} - E_{pre} = (A_{aud} - A_{pre}) + (\varepsilon_{aud} - \varepsilon_{pre}) \tag{5.4}$$

$$\text{Forecast Error} = E_{forecast} - E_{aud} = (A_{forecast} - A_{aud}) + (\varepsilon_{forecast} - \varepsilon_{aud}) \tag{5.5}$$

将 $A_{forecast}$ 表达为 A_{aud} 的函数，见式（5.6）：

$$A_{forecast} = \alpha A_{aud} + \varepsilon \tag{5.6}$$

如果分析师受到管理层内部盈余的引导，则企业内部盈余 A_{pre} 接近分析师预测盈余 $A_{forecast}$。然而“接近”并不容易定义，因此运用大样本回归，检验差值之间的变动关联。根据审计调整（$A_{aud} - A_{pre}$）的和分析师预测误差的计算方式（$A_{forecast} - A_{aud}$），两式中同时拥有年报盈余 A_{aud}，且前者的年报盈余处于被减数位置，后者处于减数位置，若 A_{pre} 接近 $A_{forecast}$，则二者的差值会出现反向相关关系。具体而言，12 月 31 日之前的非年报审计期，预测误差 $A_{forecast}$ 应与审计调整带来的误差 A_{aud} 负相关；即式（5.6）中 α 为负，且越接近-1，则包含上市公司内部盈余信息的程度越大。

将式（5.4）、式（5.5）、式（5.6）合并成式（5.7）：

$$\text{Forecast Error} = (\alpha - 1)\text{Audit Adjustment} + (\alpha - 1)E_{pre} - (\alpha - 1)NA + \varepsilon_{forecast} - \alpha\varepsilon_{aud} + \varepsilon \tag{5.7}$$

式（5.7）即为构建模型的基础依据。

若分析师预测误差度与审计调整负相关关系，则说明审计调整的数值越大（越正向远离 0；经济含义为上调额度越高），则分析师误差度的数值越小（越负向远离 0，经济含义为分析师低估误差越大，预测值低于年报值的程度越大），反之亦然。分析师发布于 10~12 月盈余预测的误差度（预测盈余与年报公布盈余之差）受审计调整幅度影响，可反映部分预测值中包含公司未经审计前的预期盈余这一内部信息。

基于上述定性分析及模型推导，提出假设 H1 如下：

H1：在非年报审计期内，因获悉管理层传递的内部盈余信息，分析师预测误差度与盈余的审计调整幅度负相关。

二、社会资本与分析师私有信息获取

Coleman（1990）将社会网络与社会资本联系起来，认为社会网络是社会资本的重要表现形式，且社会网络具备信息获取的功能。杨玉龙等（2017）亦指出，由社会关系网络承载的私有信息渠道广泛存在于中国资本市场之中。

1973 年美国斯坦福大学教授 Granovetter 提出的“关系理论”概念，将关系划分为强关系与弱关系，弱关系是指两主体间短暂的社会接触，即不频繁联系的人之间的关系（Granovetter，1973）。信息同质度较低的弱关系网络中，个体与群体之间一般经济社会特征差异性较大，建立关系的个体分布较为广泛，更容易获得丰富的知识和信息（Lin，1990）。弱关系可将拥有差异化资源的个体连接起来，他们通过这个桥梁进行资源交换，因此相对于强关系而言，弱关系是广泛多样资源与知识的来源。毕业后在不同企业工作的校友、偶尔交流的同事都有可能是弱关系构建的基础。

结构洞理论关注了网络节点在网络中的位置所表征出的节点获取信息或资源的能力（Burt，1992）。基于结构洞理论，学者又相继整合了描述节点在网络中位置的多项指标，其中最为重要的几项指标被统一归结到网络中心度的测算中。网络中心度反映了行动者在社会网络结构中位置的优势和差异（李梦楠和贾振全，2014）。衡量网络中心度的主要有度数中心度、接近中心度（Sabidussi，1966）与中介中心度（Freeman，1978）。其中，度数中心度测算了网络中与某节点有直接联系的节点的数量，反映了节点获取信息最直接的渠道；接近中心度刻画了节点与网络中其他节点的距离，一个点与其他节点越接近，该点对信息的接收和传递就越容易（刘军，2014）。此外，中介中心度能够在一定程度上反映节点占据结构洞位置的程度。根据结构洞理论，若节点占据结构洞位置，相较处于其他位置的个体，行动者能够获得更多的信息和资源，自己也会成为信息的关键传播路径。Freeman（1978）开发的中介中心度指数被用来测量行动者对资源或信息的控制程度，被视为衡量结构洞指数较为简洁的指标。

1. 身份认同型社会资本与分析师私有信息获取

校友社会资本。校友之间共同的教育背景和文化属性增强了彼此的认同感和信任度。校友关系一直是西方社会学研究的重点，在共同的教育经历背景下，校友之间易形成天然的情感纽带，从而促进信息、经验的交流与价值观、行为规范的共享（Lerner and Malmendier, 2013）。Cohen 等（2008）通过研究基金经理与公司董事会成员构成的关系网络，发现基金经理在其投资组合中会将更多的赌注押在具有校友关联的上市公司上，且因此获得超额收益，校友网络担任了信息传递机制的作用（Cohen et al. , 2008）。类似地，分析师与其所跟踪的公司高管之间的共同教育经历有助于其做出更有价值的股票推荐，由此带来的超额收益率最高可达 6.6%（Cohen et al. , 2010）。近年来，校友关系在中国的理论与实务界也引起了极大关注。在我国资本市场中，“校友圈子”的力量广泛存在，如北大、清华、人大、中财大、上财、西南财大、厦大、武大等校友圈子均得到了业界的诸多认可（仇子明，2010）。资本市场的参与者通过校友关系获取信息也取得了诸多实证证据，如何贤杰等（2014）考察了上市公司独立董事与券商所构建的社会关系网络，发现当上市公司聘请了具有证券背景的独立董事以后，券商自营机构的投资者对这些公司的持股比例显著增加；同时，券商自营机构通过投资具有证券背景独立董事的公司，亦获得了超额收益。这表明在我国资本市场上社会关系网络可为网络内成员带来私有信息优势。杨玉龙等（2017）的研究也证实基金经理通过其与上市公司高管的校友关系构建了私有信息渠道，取得了私有信息优势。对于分析师而言，其与上市公司高管的校友关系可以直接构成私有信息的获取渠道，其在同行中的校友关系亦可能成为私有信息获取的间接渠道，分析师在校友网络中的位置影响其获取私有信息的程度，因此，提出以下假设：

H2：校友社会资本越高，审计调整与分析师盈余预测误差度的负相关关系越强，分析师私有信息获取程度越高。

H2a：分析师的同业校友社会资本越高，审计调整与分析师盈余预测误差度的负相关关系越强，分析师私有信息获取程度越高。

H2b：分析师的高管校友社会资本越高，审计调整与分析师盈余预测误差度的负相关关系越强，分析师私有信息获取程度越高。

除在受教育过程中积累的校友资源之外，同事关系亦可能成为获取信息的渠道。公司高管之间的前同事关系可能会促使其作出相似的投资决策，而当这一社会关联发生意外断裂时（如关联中的一方去世），这一类似行为会减少，说明同事关系网络存在信息沟通和传递现象，引导了高管之间的决策行为（Fracassi, 2016）。银行与公司高管之间的前同事关系为公司提供了贷款信息渠道，且二者间的关联关系能降低企业的融资成本，使企业获得较低的贷款利率，由此带来的信号传递也会得到资本市场的正面回应（如调高信用评级或股价升高）（Engelberg et al.，2012）。同事社会网络之间的私有信息传递亦有助于提升股票交易量（Cai et al.，2016）。此外，研究发现若会计师事务所与被审计公司存在“旋转门”现象，即被审计公司的高管或审计委员会成员曾就职于审计方的会计师事务所中时，审计双方更容易达成合谋行为，审计师纵容客户的盈余操纵行为的概率会提升（Menon and William，200；Lennox，2005；Baber et al.，2014；蔡春等，2015）。因此，可以推测，同事或前同事之间具备信息传递的可能性在同事网络中的中心度越高，其可直接或间接接触的同事越多，获取信息的概率越高，提出假设 H3：

H3：同事社会资本越高，审计调整与分析师盈余预测误差度的负相关关系越强，分析师私有信息获取程度越高。

由于近年来分析师团队作业的形式越发普遍，在此，将同事关系分为一般同事关系与特殊同事关系（团队）。一般同事关系之间的信息传递可归为弱关系领域的信息交换，而团队成员无论是互动频率、情感强度，还是亲密关系和互惠交换的程度，都应归结为强关系。虽然 Granovetter（1973）认为，强关系之间信息同质化较高，难以带来信息增量，但这一结论可能更适用于内部协作的团队，分析师因其外部服务的特性，需要与投资者、上市公司管理层进行广泛接触，单个分析师的时间精力均有限，而团队成员之间的分工协作可以有效率地进行信息互补。因此，可以推测团队社会资本亦可以帮助分析师直接或间接获取上市公司的私有信息。为此，提出假设 H4：

H4：团队社会资本越高，审计调整与分析师盈余预测误差度的负相关关系越强，分析师私有信息获取程度越高。

2. 相对资源权力认同型社会资本影响分析师私有信息获取程度

除了从公开渠道获取信息外，分析师也通过与上市公司高管建立良好的私人关系获取公司内幕信息（Ke and Yu，2006；赵良玉等，2013；Green et al.，2014）。Lees（1981）的研究发现，“会见公司管理层”位于分析师信息来源重要性排序的第一位。Brown 等（2015）通过与多位分析师的多次访谈中发现，相较于自身的独立分析，与管理层的私人沟通在盈余预测中更为有用；Brochet 等（2014）发现，当公司管理者（CEO 或 CFO）跳槽到另一家公司时，原来跟踪公司的部分分析师会转而跟踪这些管理者所任职的新公司，表明分析师与管理层建立了私人联系。

在分析师与上市公司高管互动的过程中，二者评估对方的资源权力，并以此作为是否构建关系的依据以及构建关系后双方互动博弈的资本。如分析师更倾向于跟踪“有声誉的”或“有话题性”的公司（由第四章中的网络分析中可知，分析师倾向于调研行业龙头企业及处于前沿热点话题行业的企业）。而上市公司亦有请高声誉分析师释放乐观性讯号的需求，分析师与上市公司之间的互动关系的建立与保持更多地表现为对对方的相对资源的认同。

分析师对上市公司的实地调研通常被认为是分析师与上市公司高管良好互动关系的表现。同时，实地调研是分析师获取上市公司私有信息的重要渠道（赵良玉等，2013）。曹新伟等（2015）、Cheng 等（2015）的研究证实，分析师的实地调研能有效挖掘公司的私有信息。可以推测，分析师在与上市公司管理层互动的网络（可用分析师赴上市公司调研的网络关系来刻画）中占据越重要的位置，分析师越可能有效率地获得更多的私有信息，为此，提出假设 H5：

H5：关联上市公司①社会资本越高，审计调整与分析师盈余预测误差度的负相关关系越强，分析师私有信息获取程度越高。

第三节　研究设计

一、预测时期划分

我国会计年度与自然年度一致，即公司的财务年度结束于当年 12 月 31 日，随后财务报告的审计工作全面展开；次年 4 月 30 日之前，审计结束，上市公司发布年度财务报告。以 t 年 12 月 31 日为界，将分析师预测报告发布时段划为两阶段（非年报审计期和年报审计期，见图 5.4）②，本书的关注点主要在 10～12 月的非年报审计期内。

---

① “关联上市公司”在本书中专指分析师存在实地调研关系的上市公司，后同。

② 在实际的经济活动中，审计师会于 t 期期末进驻企业展开预审工作，而本书将 t+1 年 1～4 月定义为审计期，其主要依据为：其一，尽管审计师会提前进驻企业预审，但正式的审计工作还需等待 t 期所有经营活动完结，于 t+1 年 1 月 1 日之后全面展开；其二，本书中的关键变量审计调整也是在 t+1 年 1 月 1 日之后（t+1 年 4 月 30 日之前）经过审计师与管理层的多次沟通后确定下来的。同时，本书所言非审计期，并非在该区间完全没有审计活动，只是相对而言，处于非年报审计、非出具审计调整的区间。

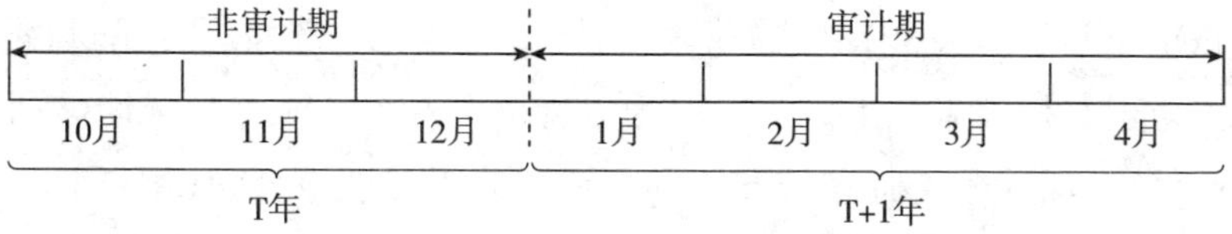

图 5.4　样本区间

t 年 12 月 31 日之前（非审计期），取 t 年最后一个季度（10~12 月）作为分析师 t 期每股收益（EPS）预测值的样本选取区间①，检验 10~12 月分析师预测 EPS 的误差度受审计调整的影响。

二、变量定义和模型构建

1. 变量定义

被解释变量为分析师盈余预测误差度（Error）。误差度和盈余预测准确度是一个问题的两个方面。根据 Lang 和 Lundholm（1996）及 Behn 等（2008）的定义，计算分析师预测准确度如式（5.8）所示：

$$Accuaracy_{ijt} = (-1)\frac{|FEPS_{ijt} - REPS_{jt}|}{Price_{jt}} \tag{5.8}$$

取 Accuracy 的相反数计算分析师盈余预测误差 Error，为观察符号的影响（经济意义为分析师高估或低估，Error 为正代表分析师高估，反之为低估），去掉绝对值符号，见式（5.9）。

$$Error_{ijt} = \frac{FEPS_{ijt} - REPS_{jt}}{Price_{jt}} \tag{5.9}$$

其中，$FEPS_{ijt}$（Forecast EPS）为分析师 i 对公司 j 期末每股收益的预测值，以所有分析师在同一时间段内对同一公司预测的均值计算；$REPS_{jt}$（Reported EPS）为公司 j 在 t 期年报中公布的每股收益；$Price_{jt}$ 为公司 j 在 t 年初的股票价格。

解释变量为审计利润调整幅度（Auditadjustment），计算公式为式（5.10）：

$$Auditadjustment_{jt} = \frac{(TP_{jt} - Pre\_TP_{jt})/Shares\ Outstanding_{jt}}{Price_{jt-1}} \tag{5.10}$$

其中，Pre_TP_{jt} 和 TP_{jt} 分别表示公司 j 在 t 年的审计调整前后利润，

① 在 t 期的前三个季度（1~9 月）中，亦有分析师对上市公司 EPS 的预测值，但由于前三个季度距期末较远，不确定因素较多，故本书只选取 10~12 月的 EPS 预测值作为 12 月 31 日之前的研究对象。

Shares $Outstanding_{jt}$ 为发行在外的普通股股数，用以获得每股形式的利润。Audit-adjustment 为正，代表审计上调，反之为审计下调；为 0 时，则未调整利润。

调节变量。加入分析师在校友、同事或团队以及上市公司调研网络中的位置重要性程度（分别包括度数中心度、接近中心度和中介中心度三个分项指标）①作为调节变量，衡量社会资本对分析师私有信息获取程度的影响（具体指标的名称见变量定义表 5.1）。各变量的具体计算方法见第四章第二节。

控制变量。如图 5.2 所示，按照影响因素对分析师预测误差度的影响途径，描述如下：

一方面，对于影响年报盈余披露值的因素，首先，考虑公司基础业绩中的审计前盈余。盈余预测误差度（Error）会受到审计前盈余（E_pre）的影响［等式（5.7）］。审计前盈余是公司基础业绩最直接的反映，由于上述变量均以“额度/股数/股价”计算，此处亦按此计算：E_pre_{jt} = ［Pre_TP_{jt}/Shares $Outstanding_{jt}$］/ $price_{jt-1}$。其中 Pre_TP_{jt}，为审计前的盈余，由年报披露盈余加/减审计调整额度得到，除以发行在外的普通股股数得到每股盈余，再除以年初股价，使不同公司之间具有可比性。

在公司基础业绩构成要素中，添加了公司规模（Size）、资产负债率（Leverage）、市账比（MTB）、股票收益波动率（Std_Ret）常用的表征财务状况的指标（Behn et al.，2008）。企业发生亏损或各年的盈余波动性较大时，亦会增加分析师的预测难度（Dichev and Tang，2009；Hope，2003），加入亏损哑变量（Loss）和盈余波动性（EarnVol）。参照 Eames 和 Glover（2003），加入盈余可预测性（Predictability），以营业利润占利润总额的百分比绝对值衡量。Kross 等（1990）提出，公司扩张速度越快，则越容易引起分析师的关注，跟踪的分析师相应也就越多，盈余预测准确度越高的可能性也就越大，加入公司扩张速度（Growth）作为 Error 的控制变量，公司扩张速度用股本增长百分比度量。特别地，我国国有和非国有企业对于业绩的期望存在差异，分析师获取的管理层信息可能有所不

① 第四章的节点网络参数计算中，共计算了度数中心度、接近中心度、中介中心度、聚类系数与结构洞系数五种。在本章及后续两章的分析中，选取三项中心度（度数、接近、中介）作为衡量金融分析师社会资本网络特征的主要指标，未将聚类系数与结构洞系数纳入实证分析的原因主要为：对于聚类系数，由于其与接近中心度类似，都是衡量节点在网络中与其他节点亲疏关系的指标；而对于结构洞系数，由于中介中心度亦能在一定程度上表征节点占据结构洞的程度，因此这两类指标与三项中心度指标存在一定的重合性，故而在实证中主要选取了目前社会网络分析中比较成体系的三项中心度指标作为金融分析师社会资本网络特征的代理变量。

同，加入是否国有（SOE）作为控制变量。

另一方面，影响分析师盈余预测值的因素有以下四点：

第一，分析师获取信息的显性渠道。除了从财务报表中获取的定期信息外，分析师亦可通过管理层不定期发布的盈余预测收集信息。对于管理层预测（管理层业绩预告），由于其属于自愿性行为，并非每个公司都会发布盈余预测，设置管理层盈余预测引导（Guidance）哑变量，控制管理层业绩预告带来的引导作用。

第二，分析师可能的隐性渠道。Dugar 和 Nathan（1995）发现，当分析师所任职券商担任过所追踪公司的承销商时，会发布有偏预测。券商作为上市公司 IPO 或者增发配股的承销商时，会掌握更多的公司内部信息，加入主承销商关系（Underwriter）控制变量。

第三，与分析师经验、能力相关的要素。对于从业经验（Experience），若分析师连续多年跟踪某个公司，对其了解程度会远胜于新入行的分析师，可能会得到更准确的预测。此外，时间越接近年报公布日，盈余预测误差度（Error）会有变小的趋势（Brown et al.，1987），故添加预测日距年报公布日的间隔（Lnhorizon）作为控制变量。

第四，模型中均添加了年份（Year）和行业（Industry）哑变量，控制年份和行业的固定效应。行业划分依据是 2012 年证监会公布的行业分类，除制造业行业细分到二级子行业外，其余行业皆采用一级行业代码。

对所有连续型的变量做了上下各 1%的缩尾（winsorize）处理。变量定义见表 5.1。

表 5.1　变量定义

变量名称	变量定义
	被解释变量
$Error_{i,j,t}$	分析师 i 对 t 期公司 j 的一致性预测误差度 $Error_{i,j,t}=\frac{FEPS_{i,j,t}-REPS_{j,t}}{Price_{j,t-1}}$
	解释变量
$Auditadjustment_{j,t}$	审计利润调整幅度 $Auditadjustment_{j,t}=\frac{(TP_{j,t}-Pre\_TP_{j,t})/Shares\ Outstanding_{j,t}}{Price_{j,t-1}}$，0 为无调整
	调节变量
$Saa\_c\_degree_{i,t}$	分析师 i 在 t 年当年的同业校友网络度数中心度，计算方法见式（4.2）
$Saa\_c\_close_{i,t}$	分析师 i 在 t 年当年的同业校友网络接近中心度，计算方法见式（4.5）

续表

变量名称	变量定义
	调节变量
$Saa\_c\_between_{i,t}$	分析师 i 在 t 年当年的同业校友网络中介中心度，计算方法见式（4.8）
$Sam\_c\_degree_{i,t}$	分析师 i 在 t 年当年的高管校友网络度数中心度，计算方法见式（4.2）
$Sam\_c\_close_{i,t}$	分析师 i 在 t 年当年的高管校友网络接近中心度，计算方法见式（4.5）
$Sam\_c\_between_{i,t}$	分析师 i 在 t 年当年的高管校友网络中介中心度，计算方法见式（4.8）
$Fab\_c\_degree_{i,t}$	分析师 i 在 t 年当年的同事网络度数中心度，计算方法见式（4.2）
$Fab\_c\_close_{i,t}$	分析师 i 在 t 年当年的同事网络接近中心度，计算方法见式（4.5）
$Fab\_c\_between_{i,t}$	分析师 i 在 t 年当年的同事网络中介中心度，计算方法见式（4.8）
$Fat\_c\_degree_{i,t}$	分析师 i 在 t 年当年的团队网络度数中心度，计算方法见式（4.2）
$Fat\_c\_close_{i,t}$	分析师 i 在 t 年当年的团队网络接近中心度，计算方法见式（4.5）
$Fat\_c\_between_{i,t}$	分析师 i 在 t 年当年的团队网络中介中心度，计算方法见式（4.8）
$Was\_c\_degree_{i,t}$	分析师 i 在 t 年当年的调研网络度数中心度，计算方法见式（4.2）
$Was\_c\_close_{i,t}$	分析师 i 在 t 年当年的调研网络接近中心度，计算方法见式（4.5）
$Was\_c\_between_{i,t}$	分析师 i 在 t 年当年的调研网络中介中心度，计算方法见式（4.8）
	控制变量
$E\_pre_{j,t}$	审计前的每股盈余 $E\_pre_{j,t}=[Total\ Profit\_before_{j,t}/Shares\ Outstanding_{j,t}]/Price_{j,t-1}$ $Total\ Profit\_before_{j,t}$ 为报告盈余加/减审计调整额度，$Shares\ Outstanding_{j,t}$ 为公司 j 在 t 年发行在外的普通股股数，$Price_{j,t-1}$ 为公司 j 在 t 年年初的股价
$Size_{j,t}$	企业规模＝上市公司年初年末总市值均值的自然对数
$Leverage_{j,t}$	企业杠杆率＝公司 j 在 t 年年末负债除以总资产
$MTB_{j,t}$	公司 j 在 t 年的市账比＝t 年末的股票市场价值除以股票账面价值
$EarnVol_{j,t}$	盈余波动率＝上市公司 j 前五年净资产收益率的标准差
$Std\_Ret_{j,t}$	股票收益波动性＝公司 j 在 t 年的股票周收益率的标准差
$Loss_{j,t}$	亏损哑变量，若公司 j 在 t 年扣除非经常性损益后的亏损为 1，否则为 0
$Predictability_{j,t}$	盈余可预测性＝营业利润占利润总额的百分比的绝对值
$Growth_{j,t}$	企业成长性＝（总股本$_{年末}$－总股本$_{年初}$）/总股本$_{年初}$
$SOE_{j,t}$	哑变量，1 为国有企业，0 为非国有企业
$Lnanalystfollow_{j,t}$	跟踪分析师人数，同一报告期对同一公司做出盈余预测的总人数（取对数）
$Guidance_{j,t}$	管理层盈余预测哑变量，若 t 年中发布过公司盈余预测报告为 1，否则为 0
$Underwriter_{j,t}$	承销商哑变量，跟踪公司 j 的分析师所在的券商是否曾在三年内做过公司 j 的 IPO 或增发配股的主承销商，若为 1，否则为 0
$Experience_{i,j,t}$	分析师经验，分析师 i 截至 t 年已跟踪公司 j 的年数

续表

变量名称	变量定义
	控制变量
$Lnhorizon_{i,j,t}$	分析师 i 预测发布日到 j 公司 t 年年报公布日之间的时间间隔（由于时间间隔可能为 0 天，故计算中采用间隔天数加 1 后取对数的方式）
Year	年份哑变量
Industry	行业哑变量，依据证监会 2012 年行业分类

2. 模型构建

假设 1 实证模型如式（5.11）所示，解释变量为上市公司 i 第 t 期盈余受到的审计调整幅度。被解释变量为分析师对上市公司 t 期 EPS 的一致性预测的误差度，其余为控制变量。$Error_{i,j,t}$ 与 $Auditadjustment_{j,t}$ 之间的回归系数可反映分析师获取上市公司内部盈余（未经审计的盈余）信息的程度。

$$\begin{aligned} Error_{i,j,t} = {} & \alpha_0 + \alpha_1 Auditadjustment_{j,t} + \alpha_2 E\_pre_{j,t} + \alpha_3 Size_{j,t} + \\ & \alpha_4 Leverage_{j,t} + \alpha_5 MTB_{j,t} + \alpha_6 EarnVol_{j,t} + \alpha_7 Std\_ret_{j,t} + \\ & \alpha_8 Loss_{j,t} + \alpha_9 Predictability_{j,t} + \alpha_{10} Growth_{j,t} + \alpha_{11} SOE_{j,t} + \\ & \alpha_{12} LnAnalyst_{j,t} + \alpha_{13} Guidance_{j,t} + \alpha_{14} Underwriter_{j,t} + \\ & \alpha_{15} Experience_{i,j,t} + \alpha_{16} LnHorizon_{i,j,t} + \epsilon_{i,j,t} \end{aligned} \tag{5.11}$$

对于假设 2，加入分析师校友社会资本的网络参数变量 $Schoolmate\_social\_capital_{i,t}$，构建校友社会资本 $Schoolmate\_social\_capital_{i,t}$ 与审计调整 $Auditadjustment_{j,t}$ 的交乘项，由于被解释变量 $Error_{i,j,t}$ 与 $Auditadjustment_{j,t}$ 之间的回归系数反映了分析师获取内部盈余信息的程度，则交乘项系数反映了社会资本对分析师获取内部盈余信息的影响。见式（5.12）。

在假设 2a 中，$Schoolmate\_social\_capital_{i,t}$ 由分析师同业校友网络的三项中心度指标（分析师同业校友网络度数中心度 $Saa\_c\_degree_{i,t}$、分析师同业校友网络接近中心度 $Saa\_c\_close_{i,t}$ 与分析师同业校友网络中介中心度 $Saa\_c\_between_{i,t}$）衡量；假设 2b 中，$Schoolmate\_social\_capital_{i,t}$ 则由分析师高管校友网络的三项参数（分析师高管校友网络度数中心度 $Sam\_c\_degree_{i,t}$、分析师高管校友网络接近中心度 $Sam\_c\_close_{i,t}$ 与分析师高管校友网络中介中心度 $Sam\_c\_between_{i,t}$）参与回归。

$$
\begin{aligned}
Error_{i,j,t} = {} & \beta_0 + \beta_1 Auditadjustment_{j,t} + \beta_2 Schoolmate\_social\_capital_{i,t} + \\
& \beta_3 Auditadjustment \times Schoolmate\_social\_captial_{i,j,t} + \\
& \beta_4 E\_pre_{j,t} + \beta_5 Size_{j,t} + \beta_6 Leverage_{j,t} + \beta_7 MTB_{j,t} + \\
& \beta_8 EarnVol_{j,t} + \beta_9 Std\_ret_{j,t} + \beta_{10} Loss_{j,t} + \beta_{11} Predictability_{j,t} + \\
& \beta_{12} Growth_{j,t} + \beta_{13} SOE_{j,t} + \beta_{14} LnAnalyst_{j,t} + \beta_{15} Guidance_{j,t} + \\
& \beta_{16} Underwriter_{j,t} + \beta_{17} Experience_{i,j,t} + \beta_{18} LnHorizon_{i,j,t} + \varepsilon_{i,j,t}
\end{aligned} \tag{5.12}
$$

对于假设3，加入分析师同事社会资本的网络参数变量 $Fellow\_social\_capital_{i,t}$，构建式（5.13）。具体地，$Fellow\_social\_capital_{i,t}$ 由分析师同事网络的三项中心度指标（分析师同事网络度数中心度 $Fab\_c\_degree_{i,t}$、分析师同事网络接近中心度 $Fab\_c\_close_{i,t}$ 与分析师同事网络中介中心度 $Fab\_c\_between_{i,t}$）衡量。

$$
\begin{aligned}
Error_{i,j,t} = {} & \gamma_0 + \gamma_1 Auditadjustment_{j,t} + \gamma_2 Fellow\_social\_capital_{i,t} + \\
& \gamma_3 Auditadjustment \times Fellow\_social\_captial_{i,j,t} + \gamma_4 E\_pre_{j,t} + \\
& \gamma_5 Size_{j,t} + \gamma_6 Leverage_{j,t} + \gamma_7 MTB_{j,t} + \gamma_8 EarnVol_{j,t} + \\
& \gamma_9 Std\_ret_{j,t} + \gamma_{10} Loss_{j,t} + \gamma_{11} Predictability_{j,t} + \gamma_{12} Growth_{j,t} + \\
& \gamma_{13} SOE_{j,t} + \gamma_{14} LnAnalyst_{j,t} + \gamma_{15} Guidance_{j,t} + \\
& \gamma_{16} Underwriter_{j,t} + \gamma_{17} Experience_{i,j,t} + \gamma_{18} LnHorizon_{i,j,t} + \sigma_{i,j,t}
\end{aligned} \tag{5.13}
$$

对于假设4，加入分析师团队社会资本的网络参数变量 $Team\_social\_capital_{i,t}$，构建式（5.14）。在具体的回归中，$Team\_social\_capital_{i,t}$ 由分析师团队网络的三项中心度指标（分析师团队网络度数中心度 $Fat\_c\_degree_{i,t}$、分析师团队网络接近中心度 $Fat\_c\_close_{i,t}$ 与分析师团队网络中介中心度 $Fat\_c\_between_{i,t}$）衡量。

$$
\begin{aligned}
Error_{i,j,t} = {} & \gamma_0 + \gamma_1 Auditadjustment_{j,t} + \gamma_2 Team\_social\_capital_{i,t} + \\
& \gamma_3 Auditadjustment \times Fellow\_social\_captial_{i,j,t} + \gamma_4 E\_pre_{j,t} + \\
& \gamma_5 Size_{j,t} + \gamma_6 Leverage_{j,t} + \gamma_7 MTB_{j,t} + \gamma_8 EarnVol_{j,t} + \\
& \gamma_9 Std\_ret_{j,t} + \gamma_{10} Loss_{j,t} + \gamma_{11} Predictability_{j,t} + \gamma_{12} Growth_{j,t} + \\
& \gamma_{13} SOE_{j,t} + \gamma_{14} LnAnalyst_{j,t} + \gamma_{15} Guidance_{j,t} + \\
& \gamma_{16} Underwriter_{j,t} + \gamma_{17} Experience_{i,j,t} + \gamma_{18} LnHorizon_{i,j,t} + \varphi_{i,j,t}
\end{aligned} \tag{5.14}
$$

对于假设5，则是加入分析师的关联上市公司社会资本（以分析师赴上市公司实地调网络来测算）的网络参数变量 $Listedcompany\_social\_capital_{i,t}$，构建式

(5.15)。同样地，在具体的回归中，$Listedcompany\_social\_capital_{i,t}$ 由分析师调研网络的三项中心度指标（分析师调研网络度数中心度 $Was\_c\_degree_{i,t}$、分析师调研网络接近中心度 $Was\_c\_close_{i,t}$ 与分析师调研网络中介中心度 $Was\_c\_between_{i,t}$）衡量。

$$\begin{aligned} Error_{i,j,t} = {} & \mu_0 + \mu_1 Auditadjustmen_{j,t} + \mu_2 Listedcompany\_social\_capital_{i,t} + \\ & \mu_3 Auditadjustment \times Listedcompany\_social\_captial_{i,j,t} + \\ & \mu_4 E\_pre_{j,t} + \mu_5 Size_{j,t} + \mu_6 Leverage_{j,t} + \mu_7 MTB_{j,t} + \mu_8 EarnVol_{j,t} + \\ & \mu_9 Std\_ret_{j,t} + \mu_{10} Loss_{j,t} + \mu_{11} Predictability_{j,t} + \mu_{12} Growth_{j,t} + \\ & \mu_{13} SOE_{j,t} + \mu_{14} LnAnalyst_{j,t} + \mu_{15} Guidance_{j,t} + \\ & \mu_{16} Underwriter_{j,t} + \mu_{17} Experience_{i,j,t} + \mu_{18} LnHorizon_{i,j,t} + \tau_{i,j,t} \end{aligned} \tag{5.15}$$

三、样本结构与数据来源

表 5.2 的 Panel A 为样本的年份分布，由于审计调整数据的年份限制（自 2006 年起由审计师向中注协报备审计调整额度，2012 年之后，暂停了此项要求），本章的样本分布在 2006~2012 年，并且呈现逐年递增的趋势。

在样本的行业分布方面（Panel B），制造业企业（行业代码首位为 C）占了总样本量的 57.62%。而在非制造业中，金融行业（代码为 J）以及批发和零售行业（代码为 F）的企业所占比例较大，分别为 7.57%和 6.28%。

表 5.2　样本分布

Panel A：样本分布（按年份）								
年份	2006	2007	2008	2009	2010	2011	2012	合计
样本量	2044	4555	7303	10868	10330	12083	31505	78688
占比（%）	2.60	5.79	9.28	13.81	13.13	15.36	40.04	100.00

Panel B：样本分布（按行业）			
行业代码	行业名称	样本量	占比（%）
A	农、林、牧、渔业	1253	1.59
B	采矿业	4422	5.62
C1	食品、烟酒茶、纺织、皮革	5850	7.43

续表

行业代码	行业名称	样本量	占比（%）
Panel B：样本分布（按行业）			
C2	木材、家具、造纸、印刷、化工、医药	15012	19.08
C3	金属、非金属、机械、运输及电子设备	24106	30.63
C4	仪表仪器、废弃利用、设备修理、其他	381	0.48
D	电力、热力、燃气及水生产和供应业	1407	1.79
E	建筑业	1297	1.65
F	批发和零售业	4943	6.28
G	交通运输、仓储和邮政业	3845	4.89
H	住宿和餐饮业	352	0.45
I	信息传输、软件和信息技术服务业	2767	3.52
J	金融业	5958	7.57
K	房地产业	3853	4.90
L	租赁和商务服务业	934	1.19
M	科学研究和技术服务业	185	0.24
N	水利、环境和公共设施管理业	942	1.20
Q	卫生和社会工作	344	0.44
R	文化、体育和娱乐业	632	0.80
S	综合	205	0.26
合计		78688	100.00

分析师相关数据来自 CNRDS 分析师预测数据库，部分控制变量来自 CSMAR 和 Wind 数据库。审计利润调整幅度由中注协提供的上市公司被审计前利润和年报披露利润的差值计算获得。剔除了分析师姓名缺失、盈余预测缺失、审计调整额度缺失以及其他控制变量数值缺失样本，得到 78688 个公司—分析师—年份样本（因 CNRDS 中的分析师教育背景未涵盖所有发布盈余预测的分析师，故分析师校友网络的数据量少于 78688，回归时按其实际量 41156 进行计算；同时，因 CNRDS 中分析师赴上市公司调研的数据披露起始时间为 2007 年，且并非每一位发布预测的分析师都会对公司进行实地调研，故分析师调研网的数据量同样少于 78688，回归时亦按其实际量 31576 计算）。

第四节　实证检验

一、描述性统计

表 5.3 为变量的描述统计表。分析师预测误差度的均值为-0.001，最小值为-0.069。审计利润调整的均值为-0.001（审计下调的情况较多），最大值为 0.021，最小值为-0.034。平均每位分析师拥有 45 位同业校友、557 位高管校友，同时拥有 57 位同事、2.8 位团队成员，平均每年调研企业近 20 家。此外，每个公司平均被 29 个分析师跟踪（$=e^{3.382}$），且约有 2.2%的上市公司与分析师所在券商近三年存在主承销商关系。

表 5.3　描述性统计

Variable	N	Mean	Median	Std.	Max	Min	Q1	Q3
（1）$Error_{i,j,t}$	78688	-0.001	0.000	0.016	0.059	-0.069	-0.005	0.004
（2）$Auditadjustment_{j,t}$	78688	-0.001	0.000	0.005	0.021	-0.034	0.000	0.000
（3）$Saa\_c\_degree_{i,t}$	41156	45.907	32.000	39.381	196.000	0.000	14.000	73.000
（4）$Saa\_c\_close_{i,t}$	41156	0.363	0.370	0.074	0.480	0.000	0.329	0.415
（5）$Saa\_c\_between_{i,t}$	41156	0.002	0.000	0.003	0.015	0.000	0.000	0.003
（6）$Sam\_c\_degree_{i,t}$	41156	557.613	553.000	283.926	1067.000	0.000	348.000	760.000
（7）$Sam\_c\_close_{i,t}$	41156	0.692	0.711	0.159	0.915	0.000	0.628	0.800
（8）$Sam\_c\_between_{i,t}$	41156	0.000	0.000	0.000	0.002	0.000	0.000	0.001
（9）$Fab\_c\_degree_{i,t}$	78688	54.198	53.000	26.732	160.000	8.000	32.000	66.000
（10）$Fab\_c\_close_{i,t}$	78688	0.189	0.206	0.073	0.332	0.006	0.168	0.232
（11）$Fab\_c\_between_{i,t}$	78688	0.002	0.000	0.006	0.031	0.000	0.000	0.000
（12）$Fat\_c\_degree_{i,t}$	78688	2.819	2.000	2.552	18.000	0.000	1.000	4.000
（13）$Fat\_c\_close_{i,t}$	78688	0.003	0.002	0.002	0.017	0.000	0.001	0.003
（14）$Fat\_c\_between_{i,t}$	78688	0.000	0.000	0.000	0.002	0.000	0.000	0.000
（15）$Was\_c\_degree_{i,t}$	31576	19.816	15.000	17.770	147.000	1.000	6.000	27.000
（16）$Was\_c\_close_{i,t}$	31576	0.206	0.259	0.110	0.384	0.004	0.102	0.289

续表

Variable	N	Mean	Median	Std.	Max	Min	Q1	Q3
(17) $Was\_c\_between_{i,t}$	31576	0.002	0.000	0.003	0.015	0.000	0.000	0.001
(18) $E\_pre_{j,t}$	78688	0.100	0.068	0.110	0.775	-0.057	0.038	0.121
(19) $Size_{j,t}$	78688	16.245	16.019	1.231	19.664	13.891	15.322	17.014
(20) $Leverage_{j,t}$	78688	0.476	0.483	0.223	0.943	0.050	0.307	0.633
(21) $Mtb_{j,t}$	78688	1.963	1.482	1.744	10.135	0.069	0.757	2.556
(22) $EarnVol_{j,t}$	78688	0.060	0.038	0.075	0.564	0.004	0.023	0.069
(23) $Std\_ret_{j,t}$	78688	0.058	0.054	0.019	0.162	0.025	0.044	0.067
(24) $Loss_{j,t}$	78688	0.041	0.000	0.198	1.000	0.000	0.000	0.000
(25) $Predictability_{j,t}$	78688	0.933	0.970	0.169	1.818	0.214	0.906	0.996
(26) $Growth_{j,t}$	78688	0.235	0.000	0.382	2.200	-0.002	0.000	0.333
(27) $SOE_{j,t}$	78688	0.539	1.000	0.498	1.000	0.000	0.000	1.000
(28) $Lnanalystfollow_{j,t}$	78688	3.382	3.526	0.688	4.394	1.099	3.045	3.871
(29) $Guidance_{j,t}$	78688	0.077	0.000	0.266	1.000	0.000	0.000	0.000
(30) $Underwriter_{j,t}$	78688	0.022	0.000	0.145	1.000	0.000	0.000	0.000
(31) $Experience_{i,j,t}$	78688	1.958	1.000	1.513	9.000	1.000	1.000	2.000
(32) $Lnhorizon_{i,j,t}$	78688	4.893	4.949	0.255	5.278	2.890	4.745	5.075

二、相关分析

由于涉及变量较多，以下分两张表［见表5.4（a）、表5.4（b）］分别展示被解释变量与解释变量及调节变量之间的相关系数及被解释变量与控制变量之间的相关系数。分析师盈余预测误差度Error和审计调整幅度Auditadjustment的Pearson相关系数为-0.038，显著负相关。说明审计调整幅度越大，分析师的盈余预测与最终年报公布盈余之间的差值越大，且二者方向相反，即审计上调对应分析师低估误差、审计下调对应分析师高估误差，支持假设1。公司规模越大、杠杆率越高、跟踪分析师越多、分析师从业时间越长，分析师的高估偏差越小。而分析师对于盈余波动性越大、企业成长性越高、预测时间窗越长以及国有企业的预测偏乐观性较严重。被解释变量（Error）与大部分控制变量相关，与已有研究一致。

表 5.4（a） 相关系数表（1）

变量名	(1)	(2)	(3)	(4)	(5)	(6)	(7)	(8)	(9)	(10)	(11)	(12)	(13)	(14)	(15)	(16)	(17)
(1) $Error_{i,j,t}$	1.000																
(2) $Auditadjustment_{j,t}$	**-0.038**	1.000															
(3) $Saa\_c\_degree_{i,t}$	**-0.010**	0.001	1.000														
(4) $Saa\_c\_close_{i,t}$	0.006	-0.005	**0.747**	1.000													
(5) $Saa\_c\_between_{i,t}$	**-0.032**	-0.007	**0.482**	**0.330**	1.000												
(6) $Sam\_c\_degree_{i,t}$	-0.002	-0.002	**0.752**	**0.706**	**0.201**	1.000											
(7) $Sam\_c\_close_{i,t}$	**-0.014**	-0.007	**0.608**	**0.562**	**0.334**	**0.797**	1.000										
(8) $Sam\_c\_between_{i,t}$	**-0.025**	**-0.019**	**0.398**	**0.292**	**0.564**	**0.238**	**0.520**	1.000									
(9) $Fab\_c\_degree_{i,t}$	**-0.021**	-0.008	**0.176**	**0.178**	**0.034**	**0.255**	**0.162**	**0.023**	1.000								
(10) $Fab\_c\_close_{i,t}$	**-0.029**	**0.039**	**0.110**	**0.129**	**-0.023**	**0.187**	**0.056**	**-0.070**	**0.468**	1.000							
(11) $Fab\_c\_between_{i,t}$	-0.006	0.008	**-0.043**	**-0.017**	**0.022**	-0.002	**0.023**	0.001	**0.490**	**0.235**	1.000						
(12) $Fat\_c\_degree_{i,t}$	**0.026**	-0.001	**0.064**	**0.083**	**-0.021**	**0.114**	**0.042**	**-0.017**	**0.289**	**0.128**	**0.106**	1.000					
(13) $Fat\_c\_close_{i,t}$	**0.015**	-0.004	**-0.018**	**-0.016**	**0.018**	**-0.057**	**-0.033**	**0.071**	**0.271**	**0.138**	**0.098**	**0.683**	1.000				
(14) $Fat\_c\_between_{i,t}$	**-0.017**	0.002	**-0.035**	**-0.028**	**-0.033**	**-0.059**	**-0.052**	**0.009**	**0.081**	**0.085**	**0.084**	**0.442**	**0.538**	1.000			
(15) $Was\_c\_degree_{i,t}$	**0.028**	**0.018**	**0.086**	**0.129**	**-0.118**	**0.180**	**0.022**	**-0.162**	**-0.060**	**0.036**	**-0.138**	**0.055**	**-0.068**	0.004	1.000		
(16) $Was\_c\_close_{i,t}$	**0.015**	0.011	**0.229**	**0.252**	**-0.120**	**0.435**	**0.126**	**-0.313**	**0.120**	**0.013**	**-0.047**	**0.089**	**-0.145**	**-0.111**	**0.626**	1.000	
(17) $Was\_c\_between_{i,t}$	0.007	0.011	**0.024**	**0.033**	**-0.067**	-0.001	-0.011	**0.026**	**-0.130**	0.004	**-0.041**	**0.063**	**0.072**	**0.222**	**0.439**	**0.146**	1.000

注：加粗表示在10%及以下（5%、1%）置信水平下显著。

表 5.4（b） 相关系数表（2）

Variables	(1)	(2)	(3)	(4)	(5)	(6)	(7)	(8)	(9)	(10)	(11)	(12)	(13)	(14)	(15)	(16)
(1) $Error_{i,j,t}$	1.000															
(2) $E\_pre_{j,t}$	**-0.286**	1.000														
(3) $Size_{j,t}$	**-0.134**	**0.203**	1.000													
(4) $Leverage_{j,t}$	**-0.055**	**0.192**	**0.383**	1.000												
(5) $Mtb_{j,t}$	**0.019**	**-0.123**	**-0.124**	**-0.575**	1.000											
(6) $EarnVol_{j,t}$	**0.047**	**-0.016**	**0.053**	**0.146**	-0.001	1.000										
(7) $Std\_ret_{j,t}$	**0.064**	**-0.009**	**-0.179**	**0.010**	**0.141**	**0.111**	1.000									
(8) $Loss_{j,t}$	**0.269**	**-0.196**	**-0.067**	**0.123**	**-0.123**	**0.155**	**0.017**	1.000								
(9) $Predictability_{j,t}$	**0.018**	**0.064**	**0.124**	**0.035**	0.005	-0.004	-0.004	**0.196**	1.000							
(10) $Growth_{j,t}$	**0.065**	**-0.132**	**-0.119**	**-0.157**	**0.153**	**-0.020**	**0.192**	**-0.072**	**-0.062**	1.000						
(11) $SOE_{j,t}$	**0.049**	-0.003	**-0.181**	**-0.151**	**0.150**	**-0.085**	**-0.050**	**-0.080**	**-0.036**	**0.178**	1.000					
(12) $Lnanalystfollowing_{j,t}$	**-0.119**	**0.074**	**0.539**	**0.096**	**0.023**	**-0.080**	**-0.285**	**-0.179**	**0.080**	**-0.026**	**0.020**	1.000				
(13) $Guidance_{j,t}$	**-0.025**	**0.065**	**-0.024**	**0.048**	**0.085**	**0.049**	**0.287**	**0.021**	0.001	**0.016**	**-0.011**	**-0.092**	1.000			
(14) $Underwriter_{j,t}$	-0.005	**0.019**	**-0.012**	**-0.024**	**-0.012**	-0.008	0.003	**-0.015**	**-0.014**	**0.043**	**0.040**	**-0.014**	-0.004	1.000		
(15) $Experience_{i,j,t}$	**-0.053**	-0.004	**0.229**	**0.110**	**-0.081**	**-0.018**	**-0.176**	0.008	**0.039**	**-0.103**	**-0.068**	**0.197**	**-0.055**	0.003	1.000	
(16) $Lnhorizon_{i,j,t}$	**0.070**	**-0.033**	**0.054**	**0.033**	**-0.067**	0.002	**-0.057**	**0.020**	**0.015**	**-0.011**	-0.001	**0.021**	**-0.103**	0.005	**0.062**	1.000

注：加粗表示在 10%及以下（5%、1%）置信水平下显著。

三、回归结果

1. 私有信息的度量：分析师盈余预测误差度与审计调整的关系（假设 1）

公司会根据以往及当年的业绩情况制定本年希望的预期收益，并将信息传递给分析师。管理层为了薪酬实现、晋升或其他需求，会尽可能地达到预期（甚至不惜盈余操纵），形成公司内部的年度财务报告，交由审计师审计。审计师可能因能力与经验的欠缺，不可能查出所有盈余操纵；也可能受到管理层胁迫或收买而对盈余操纵行为妥协（可能不调整利润），但只要存在审计利润调整（平均 2/3 公司），管理层预期盈余即与审计后财报披露值产生差距。

分析师盈余预测误差是预测值与审计后年报公布盈余的差距。当预测值受管理层内部信息引导而与公司预期盈余相似时，一方面，若公司的年报公布盈余未受调整（即调整幅度为 0，年报盈余与预期盈余相同），则分析师误差会相应较小或为 0。另一方面，若公司的年报公布盈余受到调整（与预期盈余产生差距，该差距即为调整幅度），分析师预测值会与年报公布盈余的差距拉大，预测误差度上升。此时，分为两种情况，一是审计师上调了公司盈余，年报公布盈余大于公司内部期末盈余；分析师此前依托内部盈余信息得出的预测值会低于年报盈余，呈现低估偏差。二是审计师下调盈余，年报盈余小于内部盈余，分析师之前基于内部盈余做出的预测则会高于年报盈余，出现高估偏差。综上所述，审计上调对应分析师低估偏差，审计下调对应分析师高估偏差，统计上表现为分析师预测误差度与审计调整负相关。这与表 5.5 中的结果吻合（$Auditadjustment_{j,t}$ 的回归系数为-0.199），说明分析师预测传递了未经审计的预期盈余这一内部信息，且内部信息的利用率在 19%左右。

负债比例（$Leverage_{j,t}$）、股价波动性（$Std\_ret_{j,t}$）、企业亏损（$Loss_{j,t}$）、预测间隔期（$Lnhorizon_{j,t}$）等与被解释变量盈余预测误差度（$Error_{i,j,t}$）正相关。公司负债比例越高、股价波动幅度增大、公司亏损、预测期距年报公布日较远等引发分析师盈余预测误差度（特别是高估误差）上升，说明分析师容易做出偏乐观预测，特别是预测复杂程度增加时，往往选择“唱涨”，失于审慎。而公司成长性（$Growth_{j,t}$）、分析师跟踪人数（$Lnanalystfollowing_{j,t}$）、管理层盈余预测（$Guidance_{j,t}$）系数与盈余预测误差度（$Error_{j,t}$）负相关。即公司成长性越高、分析师跟踪人数越多、管理层盈余预测引导均会降低分析师乐观误差，与已有结论一致。

表 5.5　假设 1 结果

	(1)	(2)
	$Error_{i,j,t}$	$Error_{i,j,t}$
$Auditadjustment_{j,t}$	-0.197*** (0.018)	-0.199*** (0.018)
$E\_pre_{j,t}$	-0.031*** (0.001)	-0.030*** (0.001)
$Size_{j,t}$	-0.000*** (0.000)	-0.001*** (0.000)
$Leverage_{j,t}$	-0.002*** (0.000)	-0.001*** (0.000)
$Mtb_{j,t}$	-0.000* (0.000)	0.000*** (0.000)
$EarnVol_{j,t}$	0.007*** (0.001)	0.005*** (0.001)
$Std\_ret_{j,t}$	0.040*** (0.003)	0.037*** (0.004)
$Loss_{j,t}$	0.017*** (0.000)	0.017*** (0.000)
$Predictability_{j,t}$	0.000 (0.000)	-0.001** (0.000)
$Growth_{j,t}$	0.001*** (0.000)	0.001*** (0.000)
$SOE_{j,t}$	0.001*** (0.000)	-0.000 (0.000)
$Lnanalystfollowing_{j,t}$	-0.000*** (0.000)	-0.001*** (0.000)
$Guidance_{j,t}$	-0.001*** (0.000)	-0.001*** (0.000)
$Underwriter_{j,t}$	0.001* (0.000)	0.001** (0.000)
$Experience_{i,j,t}$	-0.000*** (0.000)	-0.000*** (0.000)

续表

	(1)	(2)
	$Error_{i,j,t}$	$Error_{i,j,t}$
$Lnhorizon_{i,j,t}$	0.004*** (0.000)	0.003*** (0.000)
Industry F. E.	No	Yes
Year F. E.	No	Yes
# obs.	78688	78688
Adjusted R^2	0.135	0.153

注：括号中为标准误，***、**和*分别表示在1%、5%和10%的置信水平下显著。

2. 校友社会资本对分析师私有信息获取的影响（假设2）

为探究校友社会资本对分析师私有信息获取的影响，分别加入不同的校友网络参数，对模型进行回归分析。

表5.6为同业校友网络位置对分析师私有信息获取影响的回归结果。由表中可以看出，列（1）至列（3）中审计调整与分析师同业校友网络度数中心度的交乘项 $Au\times Saa\_c\_degree_{i,j,t}$、审计调整与分析师同业校友网络接近中心度的交乘项 $Au\times Saa\_c\_close_{i,j,t}$、审计调整与分析师同业校友网络中介中心度的交乘项 $Au\times Saa\_c\_between_{i,j,t}$ 的系数均在1%的水平上显著为负，回归系数分别为-0.002、-0.478与-13.433。即分析师同业校友网络的度数中心度/接近中心度/中介中心度越高，或者说分析师在同业校友网络中的位置越重要，审计调整与分析师盈余预测误差度的负相关关系越强，私有信息获取的程度越大，假设2a得证。

表5.6　假设2a结果

	(1)	(2)	(3)
	$Error_{i,j,t}$	$Error_{i,j,t}$	$Error_{i,j,t}$
$Auditadjustment_{j,t}$	-0.370*** (0.036)	-0.330*** (0.036)	-0.364*** (0.036)
$Saa\_c\_degree_{i,t}$	-0.000*** (0.000)		
$Au\times Saa\_c\_degree_{i,j,t}$	**-0.002***** **(0.000)**		

续表

	(1)	(2)	(3)
	$Error_{i,j,t}$	$Error_{i,j,t}$	$Error_{i,j,t}$
$Saa\_c\_close_{i,t}$		-0.001 (0.001)	
$Au \times Saa\_c\_close_{i,j,t}$		**-0.478***** **(0.038)**	
$Saa\_c\_between_{i,t}$			-0.096*** (0.024)
$Au \times Saa\_c\_between_{i,j,t}$			**-13.433***** **(3.035)**
$E\_pre_{j,t}$	-0.034*** (0.001)	-0.035*** (0.001)	-0.034*** (0.001)
$Size_{j,t}$	-0.001*** (0.000)	-0.001*** (0.000)	-0.001*** (0.000)
$Leverage_{j,t}$	-0.001 (0.001)	-0.001 (0.001)	-0.001* (0.001)
$Mtb_{j,t}$	0.000*** (0.000)	0.000*** (0.000)	0.000*** (0.000)
$EarnVol_{j,t}$	0.002 (0.001)	0.002* (0.001)	0.001 (0.001)
$Std\_ret_{j,t}$	0.030*** (0.006)	0.030*** (0.006)	0.031*** (0.006)
$Loss_{j,t}$	0.017*** (0.000)	0.017*** (0.000)	0.017*** (0.000)
$Predictability_{j,t}$	-0.001** (0.000)	-0.001** (0.000)	-0.001** (0.000)
$Growth_{j,t}$	0.001*** (0.000)	0.001*** (0.000)	0.001*** (0.000)
$SOE_{j,t}$	0.001*** (0.000)	0.001*** (0.000)	0.001*** (0.000)
$Lnanalystfollowing_{j,t}$	-0.001*** (0.000)	-0.001*** (0.000)	-0.001*** (0.000)

续表

	(1)	(2)	(3)
	$Error_{i,j,t}$	$Error_{i,j,t}$	$Error_{i,j,t}$
$Guidance_{j,t}$	-0.001*** (0.000)	-0.001*** (0.000)	-0.001*** (0.000)
$Underwriter_{j,t}$	-0.000 (0.000)	-0.000 (0.000)	-0.000 (0.000)
$Experience_{i,j,t}$	-0.000*** (0.000)	-0.000*** (0.000)	-0.000*** (0.000)
$Lnhorizon_{i,j,t}$	0.004*** (0.000)	0.004*** (0.000)	0.004*** (0.000)
Industry F. E.	Yes	Yes	Yes
Year F. E.	Yes	Yes	Yes
# obs.	41156	41156	41156
Adjusted R^2	0.169	0.171	0.168

注：括号中为标准误，***、**和*分别表示在1%、5%和10%的置信水平下显著。

表5.7为分析师高管校友网络位置对其私有信息获取影响的回归结果。从表中可以看出，列（1）至列（3）中审计调整与分析师高管网络度数中心度的交乘项 $Au \times Sam\_c\_degree_{i,j,t}$、审计调整与分析师高管校友网络接近中心度的交乘项 $Au \times Sam\_c\_close_{i,j,t}$、审计调整与分析师高管校友网络中介中心度的交乘项 $Au \times Sam\_c\_between_{i,j,t}$ 的系数均在1%的水平下显著为负。分析师高管校友网络的度数中心度/接近中心度/中介中心度与审计调整的交乘项系数显著为负反映了分析师高管校友网络中位置的重要性程度会加剧审计调整与盈余预测误差度的负相关关系。即分析师在同业校友网络中的位置越重要，越能加剧审计调整与分析师盈余预测误差度的负相关关系越强，即私有信息获取的程度越大，假设2b得证。

表5.7 假设2b结果

	(1)	(2)	(3)
	$Error_{i,j,t}$	$Error_{i,j,t}$	$Error_{i,j,t}$
$Auditadjustment_{j,t}$	-0.364*** (0.036)	-0.319*** (0.036)	-0.333*** (0.036)

续表

	(1)	(2)	(3)
	$Error_{i,j,t}$	$Error_{i,j,t}$	$Error_{i,j,t}$
$Sam\_c\_degree_{i,t}$	-0.000** (0.000)		
$Au \times Sam\_c\_degree_{i,j,t}$	**-0.000***** **(0.000)**		
$Sam\_c\_close_{i,t}$		-0.000 (0.000)	
$Au \times Sam\_c\_close_{i,j,t}$		**-0.254***** **(0.020)**	
$Sam\_c\_between_{i,t}$			-0.171 (0.161)
$Au \times Sam\_c\_between_{i,j,t}$			**-155.984***** **(15.366)**
$E\_pre_{j,t}$	-0.035*** (0.001)	-0.036*** (0.001)	-0.035*** (0.001)
$Size_{j,t}$	-0.001*** (0.000)	-0.001*** (0.000)	-0.001*** (0.000)
$Leverage_{j,t}$	-0.001 (0.001)	-0.001 (0.001)	-0.001* (0.001)
$Mtb_{j,t}$	0.000*** (0.000)	0.000*** (0.000)	0.000*** (0.000)
$EarnVol_{j,t}$	0.002 (0.001)	0.002* (0.001)	0.002 (0.001)
$Std\_ret_{j,t}$	0.030*** (0.006)	0.030*** (0.006)	0.031*** (0.006)
$Loss_{j,t}$	0.017*** (0.000)	0.017*** (0.000)	0.017*** (0.000)
$Predictability_{j,t}$	-0.001** (0.000)	-0.001** (0.000)	-0.001** (0.000)
$Growth_{j,t}$	0.001*** (0.000)	0.001*** (0.000)	0.001*** (0.000)

续表

	(1)	(2)	(3)
	$Error_{i,j,t}$	$Error_{i,j,t}$	$Error_{i,j,t}$
$SOE_{j,t}$	0.001 *** (0.000)	0.001 *** (0.000)	0.001 *** (0.000)
$Lnanalystfollowing_{j,t}$	-0.001 *** (0.000)	-0.001 *** (0.000)	-0.001 *** (0.000)
$Guidance_{j,t}$	-0.001 *** (0.000)	-0.001 *** (0.000)	-0.001 *** (0.000)
$Underwriter_{j,t}$	-0.000 (0.000)	-0.000 (0.000)	-0.000 (0.000)
$Experience_{i,j,t}$	-0.000 *** (0.000)	-0.000 *** (0.000)	-0.000 *** (0.000)
$Lnhorizon_{i,j,t}$	0.004 *** (0.000)	0.004 *** (0.000)	0.004 *** (0.000)
Industry F. E.	Yes	Yes	Yes
Year F. E.	Yes	Yes	Yes
# obs.	41156	41156	41156
Adjusted R^2	0.170	0.171	0.170

注：括号中为标准误，***、**和*分别表示在1%、5%和10%的置信水平下显著。

3. 同事/团队社会资本对分析师私有信息获取的影响（假设3、假设4）

为探究同事社会资本对分析师私有信息获取的影响，分别在假设1的基础上加入一般同事和团队社会资本的衡量变量，对模型进行回归分析。

表5.8为同事网络位置对分析师私有信息获取影响的回归结果。由表中可以看出，列（1）至列（3）中审计调整与分析师同事网络度数中心度的交乘项 $Au \times Fab\_c\_degree_{i,j,t}$、审计调整与分析师同事网络接近中心度的交乘项 $Au \times Fab\_c\_close_{i,j,t}$、审计调整与分析师同事网络中介中心度的交乘项 $Au \times Fab\_c\_between_{i,j,t}$ 的系数均在1%的水平下显著为负。即分析师同事网络的度数中心度/接近中心度/中介中心度越高，或分析师在同事网络中的位置越重要，审计调整与分析师盈余预测误差度的负相关关系越强，私有信息获取的程度越大，假设3得证。

表 5.8 假设 3 结果

	(1)	(2)	(3)
	$Error_{i,j,t}$	$Error_{i,j,t}$	$Error_{i,j,t}$
$Auditadjustment_{j,t}$	-0.153*** (0.018)	-0.154*** (0.018)	-0.198*** (0.018)
$Fab\_c\_degree_{i,t}$	0.000 (0.000)		
$Au×Fab\_c\_degree_{i,j,t}$	**-0.004***** **(0.000)**		
$Fab\_c\_close_{i,t}$		0.002** (0.001)	
$Au×Fab\_c\_close_{i,j,t}$		**-1.210***** **(0.054)**	
$Fab\_c\_between_{i,t}$			-0.011 (0.010)
$Au×Fab\_c\_between_{i,j,t}$			**-13.062***** **(1.897)**
$E\_pre_{j,t}$	-0.032*** (0.001)	-0.032*** (0.001)	-0.030*** (0.001)
$Size_{j,t}$	-0.001*** (0.000)	-0.001*** (0.000)	-0.001*** (0.000)
$Leverage_{j,t}$	-0.001*** (0.000)	-0.001*** (0.000)	-0.001*** (0.000)
$Mtb_{j,t}$	0.000*** (0.000)	0.000*** (0.000)	0.000*** (0.000)
$EarnVol_{j,t}$	0.006*** (0.001)	0.006*** (0.001)	0.005*** (0.001)
$Std\_ret_{j,t}$	0.036*** (0.004)	0.036*** (0.004)	0.036*** (0.004)
$Loss_{j,t}$	0.017*** (0.000)	0.017*** (0.000)	0.017*** (0.000)
$Predictability_{j,t}$	-0.001* (0.000)	-0.001* (0.000)	-0.001** (0.000)

续表

	(1)	(2)	(3)
	$Error_{i,j,t}$	$Error_{i,j,t}$	$Error_{i,j,t}$
$Growth_{j,t}$	0.001*** (0.000)	0.001*** (0.000)	0.001*** (0.000)
$SOE_{j,t}$	-0.000 (0.000)	-0.000 (0.000)	-0.000 (0.000)
$Lnanalystfollowing_{j,t}$	-0.001*** (0.000)	-0.001*** (0.000)	-0.001*** (0.000)
$Guidance_{j,t}$	-0.001*** (0.000)	-0.001*** (0.000)	-0.001*** (0.000)
$Underwriter_{j,t}$	0.001** (0.000)	0.001** (0.000)	0.001** (0.000)
$Experience_{i,j,t}$	-0.000*** (0.000)	-0.000*** (0.000)	-0.000*** (0.000)
$Lnhorizon_{i,j,t}$	0.003*** (0.000)	0.003*** (0.000)	0.003*** (0.000)
Industry F. E.	Yes	Yes	Yes
Year F. E.	Yes	Yes	Yes
# obs.	78688	78688	78688
Adjusted R^2	0.158	0.158	0.153

注：括号中为标准误，***、** 和 * 分别表示在 1%、5%和 10%的置信水平下显著。

表 5.9 为分析师团队网络位置对其私有信息获取影响的回归结果。由表中可以看出，列（1）至列（3）中审计调整与分析师团队网络度数中心度的交乘项 $Au\times Fat\_c\_degree_{i,j,t}$、审计调整与分析师团队网络接近中心度的交乘项 $Au\times Fat\_c\_close_{i,j,t}$、审计调整与分析师团队网络中介中心度的交乘项 $Au\times Fat\_c\_between_{i,j,t}$ 的系数均在 1%的水平下显著为负。分析师团队网络的度数中心度/接近中心度/中介中心度与审计调整的交乘项系数显著为负，反映了分析师在其所处团队网络中位置的重要性程度会加剧审计调整与盈余预测误差度的负相关关系。即分析师在团队网络中的位置越重要，审计调整与分析师盈余预测误差度的负相关关系越强，获取私有信息的程度将会增大，假设 4 得证。

表 5.9 假设 4 结果

	(1)	(2)	(3)
	$Error_{i,j,t}$	$Error_{i,j,t}$	$Error_{i,j,t}$
$Auditadjustment_{j,t}$	-0.171*** (0.018)	-0.143*** (0.018)	-0.198*** (0.018)
$Fat\_c\_degree_{i,t}$	0.000*** (0.000)		
$Au \times Fat\_c\_degree_{i,j,t}$	**-0.046***** **(0.003)**		
$Fat\_c\_close_{i,t}$		0.056*** (0.020)	
$Au \times Fat\_c\_close_{i,j,t}$		**-40.958***** **(2.183)**	
$Fat\_c\_between_{i,t}$			-1.324*** (0.420)
$Au \times Fat\_c\_between_{i,j,t}$			**-397.664***** **(76.531)**
$E\_pre_{j,t}$	-0.032*** (0.001)	-0.032*** (0.001)	-0.030*** (0.001)
$Size_{j,t}$	-0.001*** (0.000)	-0.001*** (0.000)	-0.001*** (0.000)
$Leverage_{j,t}$	-0.001*** (0.000)	-0.001*** (0.000)	-0.001*** (0.000)
$Mtb_{j,t}$	0.000*** (0.000)	0.000*** (0.000)	0.000*** (0.000)
$EarnVol_{j,t}$	0.006*** (0.001)	0.006*** (0.001)	0.005*** (0.001)
$Std\_ret_{j,t}$	0.036*** (0.004)	0.037*** (0.004)	0.037*** (0.004)
$Loss_{j,t}$	0.017*** (0.000)	0.017*** (0.000)	0.017*** (0.000)
$Predictability_{j,t}$	-0.001* (0.000)	-0.001** (0.000)	-0.001** (0.000)
$Growth_{j,t}$	0.001*** (0.000)	0.001*** (0.000)	0.001*** (0.000)
$SOE_{j,t}$	-0.000 (0.000)	-0.000 (0.000)	-0.000 (0.000)

续表

	(1)	(2)	(3)
	$Error_{i,j,t}$	$Error_{i,j,t}$	$Error_{i,j,t}$
$Lnanalystfollowing_{j,t}$	-0.001*** (0.000)	-0.001*** (0.000)	-0.001*** (0.000)
$Guidance_{j,t}$	-0.001*** (0.000)	-0.001*** (0.000)	-0.001*** (0.000)
$Underwriter_{j,t}$	0.001** (0.000)	0.001** (0.000)	0.001** (0.000)
$Experience_{i,j,t}$	-0.000*** (0.000)	-0.000*** (0.000)	-0.000*** (0.000)
$Lnhorizon_{i,j,t}$	0.003*** (0.000)	0.003*** (0.000)	0.003*** (0.000)
Industry F. E.	Yes	Yes	Yes
Year F. E.	Yes	Yes	Yes
# obs.	78688	78688	78688
Adjusted R^2	0.156	0.157	0.153

注：括号中为标准误，***、**和*分别表示在1%、5%和10%的置信水平下显著。

4. 关联上市公司社会资本对分析师私有信息获取的影响（假设5）

为探究关联上市公司社会资本对分析师私有信息获取的影响，在假设1的基础上加入分析师赴上市公司调研网络的相关参数。

表5.10为调研网络位置对分析师私有信息获取影响的回归结果。由表可以看出，列（1）至列（3）中审计调整与分析师调研网络度数中心度的交乘项 $Au\times Was\_c\_degree_{i,j,t}$、审计调整与分析师调研网络接近中心度的交乘项 $Au\times Was\_c\_close_{i,j,t}$、审计调整与分析师调研网络中介中心度的交乘项 $Au\times Was\_c\_between_{i,j,t}$ 的系数均在1%的水平下显著为负。即分析师调研网络的度数中心度/接近中心度/中介中心度越高（分析师在调研网络中的位置越重要），审计调整与分析师盈余预测误差度的负相关关系会愈发增强，反映出分析师获得了更多的私有信息，假设5得证。

从上述结果可以看出，身份认同型的社会资本（校友、同事、团队）与相对资源权力认同型的社会资本（赴上市公司调研）均在分析师获取信息方面发挥了作用，体现出社会资本信息机制的内核。

表 5.10 假设 5 结果

	(1)	(2)	(3)
	$Error_{i,j,t}$	$Error_{i,j,t}$	$Error_{i,j,t}$
$Auditadjustment_{j,t}$	−0.540*** (0.057)	−0.536*** (0.057)	−0.553*** (0.057)
$Was\_c\_degree_{i,t}$	−0.000 (0.000)		
$Au\times Was\_c\_degree_{i,j,t}$	**−0.010***** **(0.001)**		
$Was\_c\_close_{i,t}$		−0.003* (0.002)	
$Au\times Was\_c\_close_{i,j,t}$		**−0.904***** **(0.075)**	
$Was\_c\_between_{i,t}$			0.009 (0.025)
$Au\times Was\_c\_between_{i,j,t}$			**−41.823***** **(3.563)**
$E\_pre_{j,t}$	−0.039*** (0.001)	−0.039*** (0.001)	−0.038*** (0.001)
$Size_{j,t}$	−0.001*** (0.000)	−0.001*** (0.000)	−0.001*** (0.000)
$Leverage_{j,t}$	−0.004*** (0.001)	−0.004*** (0.001)	−0.004*** (0.001)
$Mtb_{j,t}$	−0.000 (0.000)	−0.000 (0.000)	−0.000 (0.000)
$EarnVol_{j,t}$	0.010*** (0.001)	0.010*** (0.001)	0.010*** (0.001)
$Std\_ret_{j,t}$	0.047*** (0.008)	0.047*** (0.008)	0.048*** (0.008)
$Loss_{j,t}$	0.017*** (0.000)	0.017*** (0.000)	0.017*** (0.000)
$Predictability_{j,t}$	−0.001*** (0.001)	−0.001*** (0.001)	−0.001*** (0.001)

续表

	(1)	(2)	(3)
	$Error_{i,j,t}$	$Error_{i,j,t}$	$Error_{i,j,t}$
$Growth_{j,t}$	-0.000 (0.000)	-0.000 (0.000)	-0.000 (0.000)
$SOE_{j,t}$	0.001*** (0.000)	0.001*** (0.000)	0.001*** (0.000)
$Lnanalystfollowing_{j,t}$	-0.001*** (0.000)	-0.001*** (0.000)	-0.001*** (0.000)
$Guidance_{j,t}$	-0.001*** (0.000)	-0.001*** (0.000)	-0.001*** (0.000)
$Underwriter_{j,t}$	0.001 (0.001)	0.001 (0.001)	0.001 (0.001)
$Experience_{i,j,t}$	-0.000** (0.000)	-0.000** (0.000)	-0.000** (0.000)
$Lnhorizon_{i,j,t}$	0.004*** (0.000)	0.004*** (0.000)	0.004*** (0.000)
Industry F. E.	Yes	Yes	Yes
Year F. E.	Yes	Yes	Yes
# obs.	31576	31576	31576
Adjusted R^2	0.177	0.176	0.176

注：括号中为标准误，***、**和*分别表示在1%、5%和10%的置信水平下显著。

第五节　稳健性检验

一、累积社会资本对分析师私有信息获取的影响

主检验中使用了第四章计算出的t年当年校友网络、同事网络以及调研网络参数。然而，社会资本在时间上具有一定的累积性，存在一些之前年份构建的社会关系，如对于卖方分析师，其中不乏转行做私募基金经理或者买方分析师的案

例，故而在 t 年还以卖方分析师的身份发布研究报告的个体，可能在 t+1 年转行，从而不再出现在样本中。但这些证券从业者大多仍活跃在资本市场的前沿，仍与当期活跃分析师有着千丝万缕的联系与频繁的信息交流。可能也会为分析师私有信息的获取带来帮助，为此，使用第四章构建的 t 年累积校友网络、同事网络以及调研网络计算出的度数中心度、接近中心度与中介中心度对假设 2 至假设 4 的模型进行重新计算。

1. 累积校友社会资本对分析师私有信息获取的影响

表 5.11 为累积同业校友网络位置对分析师私有信息获取影响的回归结果。由表中可以看出，列（1）至列（3）中审计调整与分析师累积同业校友网络度数中心度的交乘项 $Au \times Saa\_a\_degree_{i,j,t}$、审计调整与分析师累积同业校友网络接近中心度的交乘项 $Au \times Saa\_a\_close_{i,j,t}$、审计调整与分析师累积同业校友网络中介中心度的交乘项 $Au \times Saa\_a\_between_{i,j,t}$ 的系数均在 1%的水平下显著为负。即分析师累积同业校友网络的度数中心度/接近中心度/中介中心度越高，审计调整与分析师盈余预测误差度的负相关关系越强，私有信息获取的程度越大，与假设 2a 的结论一致。

表 5.11 累积校友社会资本对分析师私有信息获取的影响

	(1)	(2)	(3)
	$Error_{i,j,t}$	$Error_{i,j,t}$	$Error_{i,j,t}$
$Auditadjustment_{j,t}$	-0.372*** (0.036)	-0.329*** (0.036)	-0.364*** (0.036)
$Saa\_a\_degree_{i,t}$	-0.000*** (0.000)		
$Au \times Saa\_a\_degree_{i,j,t}$	**-0.001***** **(0.000)**		
$Saa\_a\_close_{i,t}$		-0.001 (0.001)	
$Au \times Saa\_a\_close_{i,j,t}$		**-0.469***** **(0.037)**	
$Saa\_a\_between_{i,t}$			-0.142*** (0.034)

续表

	(1)	(2)	(3)
	$Error_{i,j,t}$	$Error_{i,j,t}$	$Error_{i,j,t}$
Au×Saa_a_between$_{i,j,t}$			**−18.002*** (4.040)**
$E\_pre_{j,t}$	−0.034*** (0.001)	−0.035*** (0.001)	−0.034*** (0.001)
$Size_{j,t}$	−0.001*** (0.000)	−0.001*** (0.000)	−0.001*** (0.000)
$Leverage_{j,t}$	−0.001 (0.001)	−0.001 (0.001)	−0.001* (0.001)
$Mtb_{j,t}$	0.000*** (0.000)	0.000*** (0.000)	0.000*** (0.000)
$EarnVol_{j,t}$	0.002 (0.001)	0.002* (0.001)	0.001 (0.001)
$Std\_ret_{j,t}$	0.030*** (0.006)	0.030*** (0.006)	0.031*** (0.006)
$Loss_{j,t}$	0.017*** (0.000)	0.017*** (0.000)	0.017*** (0.000)
$Predictability_{j,t}$	−0.001** (0.000)	−0.001** (0.000)	−0.001** (0.000)
$Growth_{j,t}$	0.001*** (0.000)	0.001*** (0.000)	0.001*** (0.000)
$SOE_{j,t}$	0.001*** (0.000)	0.001*** (0.000)	0.001*** (0.000)
$Lnanalystfollowing_{j,t}$	−0.001*** (0.000)	−0.001*** (0.000)	−0.001*** (0.000)
$Guidance_{j,t}$	−0.001*** (0.000)	−0.001*** (0.000)	−0.001*** (0.000)
$Underwriter_{j,t}$	−0.000 (0.000)	−0.000 (0.000)	−0.000 (0.000)
$Experience_{i,j,t}$	−0.000*** (0.000)	−0.000*** (0.000)	−0.000*** (0.000)

续表

	(1)	(2)	(3)
	$Error_{i,j,t}$	$Error_{i,j,t}$	$Error_{i,j,t}$
$Lnhorizon_{i,j,t}$	0.004*** (0.000)	0.004*** (0.000)	0.004*** (0.000)
Industry F. E.	Yes	Yes	Yes
Year F. E.	Yes	Yes	Yes
# obs.	41156	41156	41156
Adjusted R^2	0.169	0.171	0.168

注：括号中为标准误，***、**和*分别表示在1%、5%和10%的置信水平下显著。

2. 累积同事社会资本对分析师私有信息获取的影响

表5.12为累积同事网络位置对分析师私有信息获取影响的回归结果。由表可以看出，列（1）至列（3）中审计调整与分析师累积同事网络度数中心度的交乘项 $Au \times Fab\_a\_degree_{i,j,t}$、审计调整与分析师累积同事网络接近中心度的交乘项 $Au \times Fab\_a\_close_{i,j,t}$、审计调整与分析师累积同事网络中介中心度的交乘项 $Au \times Fab\_a\_between_{i,j,t}$ 的系数均在1%的水平下显著为负。即分析师累积同事网络的度数中心度/接近中心度/中介中心度越高，审计调整与分析师盈余预测误差度的负相关关系越强，私有信息获取的程度越大，与假设3的结论一致。

表5.12　累积同事社会资本对分析师私有信息获取的影响

	(1)	(2)	(3)
	$Error_{i,j,t}$	$Error_{i,j,t}$	$Error_{i,j,t}$
$Auditadjustment_{j,t}$	-0.179*** (0.018)	-0.147*** (0.018)	-0.189*** (0.018)
$Fab\_a\_degree_{i,t}$	0.000** (0.000)		
$Au \times Fab\_a\_degree_{i,j,t}$	**-0.001***** **(0.000)**		
$Fab\_a\_close_{i,t}$		0.009*** (0.001)	

续表

	(1)	(2)	(3)
	$Error_{i,j,t}$	$Error_{i,j,t}$	$Error_{i,j,t}$
Au×Fab_a_close$_{i,j,t}$		**−0.629***** **(0.026)**	
Fab_a_between$_{i,t}$			0.053** (0.026)
Au×Fab_a_between$_{i,j,t}$			**−41.644***** **(3.800)**
E_pre$_{j,t}$	−0.032*** (0.001)	−0.033*** (0.001)	−0.031*** (0.001)
Size$_{j,t}$	−0.001*** (0.000)	−0.001*** (0.000)	−0.001*** (0.000)
Leverage$_{j,t}$	−0.001*** (0.000)	−0.001*** (0.000)	−0.001*** (0.000)
Mtb$_{j,t}$	0.000*** (0.000)	0.000*** (0.000)	0.000*** (0.000)
EarnVol$_{j,t}$	0.006*** (0.001)	0.006*** (0.001)	0.005*** (0.001)
Std_ret$_{j,t}$	0.036*** (0.004)	0.036*** (0.004)	0.036*** (0.004)
Loss$_{j,t}$	0.017*** (0.000)	0.017*** (0.000)	0.017*** (0.000)
Predictability$_{j,t}$	−0.001** (0.000)	−0.001* (0.000)	−0.001** (0.000)
Growth$_{j,t}$	0.001*** (0.000)	0.001*** (0.000)	0.001*** (0.000)
SOE$_{j,t}$	−0.000 (0.000)	−0.000 (0.000)	−0.000 (0.000)
Lnanalystfollowing$_{j,t}$	−0.001*** (0.000)	−0.001*** (0.000)	−0.001*** (0.000)
Guidance$_{j,t}$	−0.001*** (0.000)	−0.001*** (0.000)	−0.001*** (0.000)

续表

	(1)	(2)	(3)
	$Error_{i,j,t}$	$Error_{i,j,t}$	$Error_{i,j,t}$
$Underwriter_{j,t}$	0.001**	0.001**	0.001**
	(0.000)	(0.000)	(0.000)
$Experience_{i,j,t}$	−0.000***	−0.000***	−0.000***
	(0.000)	(0.000)	(0.000)
$Lnhorizon_{i,j,t}$	0.003***	0.003***	0.003***
	(0.000)	(0.000)	(0.000)
Industry F. E.	Yes	Yes	Yes
Year F. E.	Yes	Yes	Yes
# obs.	78688	78688	78688
Adjusted R^2	0.156	0.159	0.154

注：括号中为标准误，***、**和*分别表示在1%、5%和10%的置信水平下显著。

表5.13为累积团队网络位置对分析师私有信息获取影响的回归结果。由表可以看出，列（1）至列（3）中审计调整与分析师累积团队网络度数中心度的交乘项$Au \times Fat_a_degree_{i,j,t}$、审计调整与分析师累积团队网络接近中心度的交乘项$Au \times Fat_a_close_{i,j,t}$、审计调整与分析师累积团队网络中介中心度的交乘项$Au \times Fat_a_between_{i,j,t}$的系数均在1%的水平下显著为负。即分析师累积团队网络的度数中心度/接近中心度/中介中心度越高，审计调整与分析师盈余预测误差度的负相关关系越强，私有信息获取的程度越大，与假设4的结论一致。

表5.13　累积团队社会资本对分析师私有信息获取的影响

	(1)	(2)	(3)
	$Error_{i,j,t}$	$Error_{i,j,t}$	$Error_{i,j,t}$
$Auditadjustment_{j,t}$	−0.179***	−0.194***	−0.198***
	(0.018)	(0.018)	(0.018)
$Fat\_a\_degree_{i,t}$	0.000**		
	(0.000)		
$Au \times Fat\_a\_degree_{i,j,t}$	**−0.026*****		
	(0.002)		

续表

	(1)	(2)	(3)
	$Error_{i,j,t}$	$Error_{i,j,t}$	$Error_{i,j,t}$
$Fat\_a\_close_{i,t}$		0.008*** (0.003)	
$Au\times Fat\_a\_close_{i,j,t}$		**-2.927***** **(0.197)**	
$Fat\_a\_between_{i,t}$			0.039** (0.019)
$Au\times Fat\_a\_between_{i,j,t}$			**-25.009***** **(3.133)**
$E\_pre_{j,t}$	-0.031*** (0.001)	-0.031*** (0.001)	-0.031*** (0.001)
$Size_{j,t}$	-0.001*** (0.000)	-0.001*** (0.000)	-0.001*** (0.000)
$Leverage_{j,t}$	-0.001*** (0.000)	-0.001*** (0.000)	-0.001*** (0.000)
$Mtb_{j,t}$	0.000*** (0.000)	0.000*** (0.000)	0.000*** (0.000)
$EarnVol_{j,t}$	0.006*** (0.001)	0.006*** (0.001)	0.006*** (0.001)
$Std\_ret_{j,t}$	0.036*** (0.004)	0.036*** (0.004)	0.036*** (0.004)
$Loss_{j,t}$	0.017*** (0.000)	0.017*** (0.000)	0.017*** (0.000)
$Predictability_{j,t}$	-0.001* (0.000)	-0.001** (0.000)	-0.001** (0.000)
$Growth_{j,t}$	0.001*** (0.000)	0.001*** (0.000)	0.001*** (0.000)
$SOE_{j,t}$	-0.000 (0.000)	-0.000 (0.000)	-0.000 (0.000)
$Lnanalystfollowing_{j,t}$	-0.001*** (0.000)	-0.001*** (0.000)	-0.001*** (0.000)

续表

	(1)	(2)	(3)
	$Error_{i,j,t}$	$Error_{i,j,t}$	$Error_{i,j,t}$
$Guidance_{j,t}$	-0.001***	-0.001***	-0.001***
	(0.000)	(0.000)	(0.000)
$Underwriter_{j,t}$	0.001**	0.001**	0.001**
	(0.000)	(0.000)	(0.000)
$Experience_{i,j,t}$	-0.000***	-0.000***	-0.000***
	(0.000)	(0.000)	(0.000)
$Lnhorizon_{i,j,t}$	0.003***	0.003***	0.003***
	(0.000)	(0.000)	(0.000)
Industry F. E.	Yes	Yes	Yes
Year F. E.	Yes	Yes	Yes
# obs.	78688	78688	78688
Adjusted R^2	0.156	0.155	0.153

注：括号中为标准误，***、**和*分别表示在1%、5%和10%的置信水平下显著。

3. 累积上市公司社会资本对分析师私有信息获取的影响

表5.14为累积调研网络位置对分析师私有信息获取影响的回归结果。从表中可以看出，列（1）至列（3）中审计调整与分析师累积调研网络度数中心度的交乘项$Au \times Was_a_degree_{i,j,t}$、审计调整与分析师累积调研网络接近中心度的交乘项$Au \times Was_a_close_{i,j,t}$、审计调整与分析师累积调研网络中介中心度的交乘项$Au \times Was_a_between_{i,j,t}$的系数均在1%的水平下显著为负。即分析师累积调研网络的度数中心度/接近中心度/中介中心度越高，审计调整与分析师盈余预测误差度的负相关关系越强，私有信息获取的程度越大，与假设5的结论一致。

表5.14 累积调研社会资本对分析师私有信息获取的影响

	(1)	(2)	(3)
	$Error_{i,j,t}$	$Error_{i,j,t}$	$Error_{i,j,t}$
$Auditadjustment_{j,t}$	-0.599***	-0.534***	-0.594***
	(0.055)	(0.055)	(0.055)

续表

	(1)	(2)	(3)
	$Error_{i,j,t}$	$Error_{i,j,t}$	$Error_{i,j,t}$
$Was\_a\_degree_{i,t}$	0.000** (0.000)	—	—
$Au \times Was\_a\_degree_{i,j,t}$	**-0.005*** (0.000)**	—	—
$Was\_a\_close_{i,t}$	—	0.007*** (0.002)	—
$Au \times Was\_a\_close_{i,j,t}$	—	**-0.825*** (0.046)**	—
$Was\_a\_between_{i,t}$	—	—	0.039* (0.023)
$Au \times Was\_a\_between_{i,j,t}$	—	—	**-38.593*** (3.248)**
$E\_pre_{j,t}$	-0.043*** (0.001)	-0.044*** (0.001)	-0.042*** (0.001)
$Size_{j,t}$	-0.001*** (0.000)	-0.001*** (0.000)	-0.001*** (0.000)
$Leverage_{j,t}$	-0.004*** (0.001)	-0.004*** (0.001)	-0.004*** (0.001)
$Mtb_{j,t}$	-0.000 (0.000)	-0.000 (0.000)	-0.000 (0.000)
$EarnVol_{j,t}$	0.008*** (0.001)	0.008*** (0.001)	0.008*** (0.001)
$Std\_ret_{j,t}$	0.039*** (0.007)	0.040*** (0.007)	0.041*** (0.007)
$Loss_{j,t}$	0.016*** (0.000)	0.016*** (0.000)	0.016*** (0.000)
$Predictability_{j,t}$	-0.002*** (0.000)	-0.002*** (0.000)	-0.002*** (0.000)
$Growth_{j,t}$	0.000 (0.000)	0.000 (0.000)	0.000 (0.000)

续表

	(1)	(2)	(3)
	$Error_{i,j,t}$	$Error_{i,j,t}$	$Error_{i,j,t}$
$SOE_{j,t}$	0.001***	0.001***	0.001***
	(0.000)	(0.000)	(0.000)
$Lnanalystfollowing_{j,t}$	-0.001***	-0.001***	-0.001***
	(0.000)	(0.000)	(0.000)
$Guidance_{j,t}$	-0.002***	-0.002***	-0.002***
	(0.000)	(0.000)	(0.000)
$Underwriter_{j,t}$	0.000	0.000	0.000
	(0.001)	(0.001)	(0.001)
$Experience_{i,j,t}$	-0.000***	-0.000***	-0.000***
	(0.000)	(0.000)	(0.000)
$Lnhorizon_{i,j,t}$	0.003***	0.003***	0.003***
	(0.000)	(0.000)	(0.000)
Industry F. E.	Yes	Yes	Yes
Year F. E.	Yes	Yes	Yes
# obs.	42152	42152	42152
Adjusted R^2	0.174	0.176	0.172

注：括号中为标准误，***、**和*分别表示在1%、5%和10%的置信水平下显著。

二、剔除信息不对称的影响

引起审计调整与分析师盈余预测误差同步反向变动的因素除了分析师获得了私有信息之外，还可能受到信息不对称因素的影响。一方面，信息不对称程度越高，企业越可能进行盈余操纵，因此也越可能在此后的审计期中受到审计师的调整；另一方面，信息不对称程度越高，分析师预测的误差度也就越高（Atiase and Bamber，1994；Barry and Brown，1985；Deangelo，1981）。故信息不对称程度也可能是造成分析师盈余误差与审计调整存在同步关联性的因素之一。研究分析师对私有信息的获取程度，需剔除信息不对称的影响。

信息不对称的衡量方式有多种，在本书中，采用来源于公司外部股票市场数据的知情交易概率（Probability of informed trading，PIN 模型）来衡量信息不对称程度（Easley et al.，1996），如式（5.16）所示。

$$PIN = \frac{\alpha\mu}{\alpha\mu + \varepsilon_b + \varepsilon_s} \tag{5.16}$$

PIN 值计算涉及五个参数，表示为参数向量 $\theta = (\alpha, \delta, \varepsilon_b, \varepsilon_s, \mu)$，其中 α 和 δ 决定每个交易日信息事件的三种状态（无消息，好消息，坏消息）。参数 ε_b、ε_s 和 μ 为买入和卖出的到达率。Esaley 等提供了一个估计参数向量的极大似然估计方法，从观察到的买入和卖出数据中来估计模型的五个参数。

设 B 和 S 分别代表每天买入和卖出交易次数，任意一个交易日的极大似然估计函数如式（5.17）所示：

$$\begin{aligned} L(B, S \mid \theta) = & (1-\alpha)e^{-\varepsilon_b}\frac{\varepsilon_b^B}{B!}e^{-\varepsilon_s}\frac{\varepsilon_s^S}{S!} + \\ & \alpha\delta e^{-\varepsilon_b}\frac{\varepsilon_b^B}{B!}e^{-(\mu+\varepsilon_s)}\frac{(\mu+\varepsilon_s)^S}{S!} + \\ & \alpha(1-\delta)e^{-(\mu+\varepsilon_b)}\frac{(\mu+\varepsilon_b)^B}{B!}e^{-\varepsilon_s}\frac{\varepsilon_s^S}{S!} \end{aligned} \tag{5.17}$$

进而，基于每日买入和卖出次数的高频数据，通过最大化似然函数的方式来估计参数向量的五个参数，进而求得知情交易概率 PIN。

确定了信息不对称的衡量方式后，运用残差回归的方式，分两步剔除信息不对称程度的影响。

第一步，表 5.15 中，$IA_{i,t}$ 代表信息不对称（Information Asymmetry）变量，即知情交易概率（PIN）。表 5.15 中，以分析师预测误差 $Error_{i,j,t}$ 为被解释变量，信息不对称变量及其与审计调整的交乘项为解释变量进行回归，以此衡量信息不对称程度对分析师预测误差的影响及其对预测误差与审计调整关系的调节效应；得到的模型残差为剔除了信息不对称影响后的因子。

第二步，以上一步得到的残差为被解释变量，与审计调整变量 $Auditadjustment_{j,t}$、审计调整与网络参数的交乘项及其他控制变量回归。

表 5.15 排除信息不对称程度的影响

	$Error_{i,j,t}$
$IA_{i,t}$	-0.028***
	(0.005)

续表

	$Error_{i,j,t}$
$AD\times IA_{i,t}$	-2.188*** (0.234)
# obs.	11745
Adjusted R^2	0.010

注：括号中为标准误，***、**和*分别表示在1%、5%和10%的置信水平下显著。

1. 剔除信息不对称因素后校友社会资本对分析师私有信息的影响

对于分析师同业校友社会资本，从表5.16中可知，$Auditadjustment_{j,t}$与残差项间$Residuals_{i,j,t}$的回归系数仍然显著为负，与假设1的回归结果保持了一致。说明信息不对称并非造成分析师预测误差与审计调整同步反向变动的唯一原因，存在分析师获取私有信息的可能性。同时，审计调整与分析师同业校友网络中心度的交乘项$Au\times Saa_c_degree_{i,j,t}$、审计调整与分析师同业校友网络接近中心度的交乘项$Au\times Saa_c_close_{i,j,t}$、审计调整与分析师同业校友网络中介中心度的交乘项$Au\times Saa_c_between_{i,j,t}$的系数依然在1%的水平下显著为负，与假设2a的检验结果保持一致。说明剔除信息不对称因素之后，同业校友网络位置的重要性程度对分析师私有信息的获取依然保持了影响力。

表5.16　剔除信息不对称因素后同业校友社会资本对分析师私有信息的影响

	$Residuals_{i,j,t}$	$Residuals_{i,j,t}$	$Residuals_{i,j,t}$
$Auditadjustment_{j,t}$	-0.046*** (0.004)	-0.016*** (0.003)	-0.046*** (0.004)
$Saa\_c\_degree_{i,t}$	-0.000 (0.000)		
$Au\times Saa\_c\_degree_{i,j,t}$	**-0.002***** **(0.000)**		
$Saa\_c\_close_{i,t}$		0.000 (0.000)	
$Au\times Saa\_c\_close_{i,j,t}$		**-0.476***** **(0.007)**	

续表

	$Residuals_{i,j,t}$	$Residuals_{i,j,t}$	$Residuals_{i,j,t}$
$Saa\_c\_between_{i,t}$			-0.014** (0.005)
$Au\times Saa\_c\_between_{i,j,t}$			**-14.465***** **(0.488)**
$E\_pre_{j,t}$	0.002*** (0.000)	0.001*** (0.000)	0.002*** (0.000)
$Size_{j,t}$	-0.071*** (0.026)	-0.056*** (0.021)	-0.091*** (0.027)
$Leverage_{j,t}$	-0.193 (0.169)	-0.425*** (0.138)	-0.072 (0.176)
$Mtb_{j,t}$	-0.210*** (0.015)	-0.212*** (0.012)	-0.202*** (0.015)
$EarnVol_{j,t}$	0.457 (0.322)	0.975*** (0.264)	0.190 (0.336)
$Std\_ret_{j,t}$	0.994*** (0.142)	0.775*** (0.116)	0.960*** (0.148)
$Loss_{j,t}$	0.001*** (0.000)	0.000*** (0.000)	0.001*** (0.000)
$Predictability_{j,t}$	-0.476*** (0.112)	-0.127 (0.092)	-0.600*** (0.117)
$Growth_{j,t}$	0.067 (0.058)	-0.040 (0.048)	0.181*** (0.061)
$SOE_{j,t}$	0.000*** (0.000)	0.000*** (0.000)	0.000*** (0.000)
$Lnanalystfollowing_{j,t}$	-0.150*** (0.039)	-0.113*** (0.032)	-0.171*** (0.041)
$Guidance_{j,t}$	-0.081* (0.048)	-0.037 (0.040)	-0.098* (0.051)
$Underwriter_{j,t}$	-0.065 (0.166)	-0.026 (0.136)	-0.042 (0.173)

续表

	$Residuals_{i,j,t}$	$Residuals_{i,j,t}$	$Residuals_{i,j,t}$
$Experience_{i,j,t}$	-0.025 (0.016)	-0.021 (0.013)	-0.045*** (0.016)
$Lnhorizon_{i,j,t}$	-0.075 (0.073)	-0.133** (0.060)	-0.013 (0.076)
Industry F. E.	Yes	Yes	Yes
Year F. E.	Yes	Yes	Yes
# obs.	4918	4918	4918
Adjusted R^2	0.432	0.620	0.383

注：括号中为标准误，***、**和*分别表示在1%、5%和10%的置信水平下显著。

同样地，对于分析师高管校友社会资本，从表5.17中可知，审计调整与分析师高管校友网络中心度的交乘项 $Au \times Sam\_c\_degree_{i,j,t}$、审计调整与分析师高管校友网络接近中心度的交乘项 $Au \times Sam\_c\_close_{i,j,t}$、审计调整与分析师高管校友网络中介中心度的交乘项 $Au \times Sam\_c\_between_{i,j,t}$ 的系数依然在1%的水平下显著为负，与假设2b的检验结果保持一致。说明剔除信息不对称因素之后，高管校友网络位置的重要性程度对分析师私有信息依然有影响。

表5.17 剔除信息不对称因素后高管校友社会资本对分析师私有信息的影响

	(1)	(2)	(3)
	$Residuals_{i,j,t}$	$Residuals_{i,j,t}$	$Residuals_{i,j,t}$
$Auditadjustment_{j,t}$	-0.038*** (0.004)	-0.006** (0.003)	-0.030*** (0.004)
$Sam\_c\_degree_{i,t}$	0.000 (0.000)		
$Au \times Sam\_c\_degree_{i,j,t}$	**-0.000***** **(0.000)**		
$Sam\_c\_close_{i,t}$		0.000 (0.000)	
$Au \times Sam\_c\_close_{i,j,t}$		**-0.247***** **(0.003)**	

续表

	(1)	(2)	(3)
	$Residuals_{i,j,t}$	$Residuals_{i,j,t}$	$Residuals_{i,j,t}$
$Sam\_c\_between_{i,t}$			-0.096*** (0.029)
$Au\times Sam\_c\_between_{i,j,t}$			**-113.576***** **(2.197)**
$E\_pre_{j,t}$	0.001*** (0.000)	0.001*** (0.000)	0.001*** (0.000)
$Size_{j,t}$	-0.067*** (0.024)	-0.052** (0.020)	-0.084*** (0.024)
$Leverage_{j,t}$	-0.371** (0.158)	-0.470*** (0.132)	-0.371** (0.154)
$Mtb_{j,t}$	-0.219*** (0.014)	-0.210*** (0.012)	-0.211*** (0.013)
$EarnVol_{j,t}$	0.641** (0.301)	0.871*** (0.252)	0.435 (0.293)
$Std\_ret_{j,t}$	0.905*** (0.132)	0.725*** (0.111)	0.903*** (0.129)
$Loss_{j,t}$	0.001*** (0.000)	0.000*** (0.000)	0.001*** (0.000)
$Predictability_{j,t}$	-0.310*** (0.105)	-0.143 (0.088)	-0.513*** (0.102)
$Growth_{j,t}$	-0.022 (0.055)	-0.039 (0.046)	0.112** (0.053)
$SOE_{j,t}$	0.000*** (0.000)	0.000*** (0.000)	0.000*** (0.000)
$Lnanalystfollowing_{j,t}$	-0.111*** (0.037)	-0.107*** (0.031)	-0.100*** (0.036)
$Guidance_{j,t}$	-0.060 (0.045)	-0.052 (0.038)	-0.091** (0.044)
$Underwriter_{j,t}$	-0.095 (0.155)	0.018 (0.129)	0.076 (0.151)

续表

	(1)	(2)	(3)
	$Residuals_{i,j,t}$	$Residuals_{i,j,t}$	$Residuals_{i,j,t}$
$Experience_{i,j,t}$	−0.013 (0.015)	−0.017 (0.012)	−0.037** (0.014)
$Lnhorizon_{i,j,t}$	−0.126* (0.068)	−0.104* (0.057)	−0.002 (0.066)
Industry F. E.	Yes	Yes	Yes
Year F. E.	Yes	Yes	Yes
# obs.	4918	4918	4918
Adjusted R^2	0.505	0.654	0.530

注：括号中为标准误，***、**和*分别表示在1%、5%和10%的置信水平下显著。

2. 剔除信息不对称因素后同事社会资本对分析师私有信息的影响

对于分析师同事社会资本，从表5.18中可知，审计调整与分析师同事网络中心度的交乘项 $Au \times Fab\_c\_degree_{i,j,t}$、审计调整与分析师同事网络接近中心度的交乘项 $Au \times Fab\_c\_close_{i,j,t}$、审计调整与分析师同事网络中介中心度的交乘项 $Au \times Fab\_c\_between_{i,j,t}$ 的系数依然在1%的水平下显著为负，与假设3的检验结果保持一致。说明剔除信息不对称因素之后，同事网络位置的重要性程度对分析师私有信息获取依然保持了影响力。

表5.18 剔除信息不对称因素后同事社会资本对分析师私有信息的影响

	(1)	(2)	(3)
	$Residuals_{i,j,t}$	$Residuals_{i,j,t}$	$Residuals_{i,j,t}$
$Auditadjustment_{j,t}$	−0.012*** (0.002)	−0.009*** (0.002)	−0.041*** (0.002)
$Fab\_c\_degree_{i,t}$	−0.000*** (0.000)		
$\mathbf{Au \times Fab\_c\_degree_{i,j,t}}$	**−0.003***** **(0.000)**		
$Fab\_c\_close_{i,t}$		−0.001*** (0.000)	

续表

	(1)	(2)	(3)
	$Residuals_{i,j,t}$	$Residuals_{i,j,t}$	$Residuals_{i,j,t}$
$Au \times Fab\_c\_close_{i,j,t}$		**−0.974***** **(0.011)**	
$Fab\_c\_between_{i,t}$			−0.002 (0.003)
$Au \times Fab\_c\_between_{i,j,t}$			**−7.361***** **(0.444)**
$E\_pre_{j,t}$	0.001*** (0.000)	0.001*** (0.000)	0.003*** (0.000)
$Size_{j,t}$	−0.069*** (0.017)	−0.058*** (0.016)	−0.083*** (0.021)
$Leverage_{j,t}$	−0.199* (0.103)	−0.360*** (0.100)	0.235* (0.128)
$Mtb_{j,t}$	−0.179*** (0.009)	−0.179*** (0.009)	−0.161*** (0.011)
$EarnVol_{j,t}$	0.649*** (0.202)	0.684*** (0.197)	−0.293 (0.253)
$Std\_ret_{j,t}$	0.700*** (0.088)	0.436*** (0.085)	0.593*** (0.110)
$Loss_{j,t}$	0.001*** (0.000)	0.000*** (0.000)	0.001*** (0.000)
$Predictability_{j,t}$	−0.188*** (0.069)	−0.108 (0.067)	−0.418*** (0.086)
$Growth_{j,t}$	0.009 (0.036)	−0.034 (0.035)	0.175*** (0.045)
$SOE_{j,t}$	0.000*** (0.000)	0.000** (0.000)	0.000*** (0.000)
$Lnanalystfollowing_{j,t}$	−0.055** (0.024)	−0.077*** (0.023)	−0.213*** (0.030)
$Guidance_{j,t}$	−0.232*** (0.030)	−0.206*** (0.029)	−0.242*** (0.038)

续表

	(1)	(2)	(3)
	$Residuals_{i,j,t}$	$Residuals_{i,j,t}$	$Residuals_{i,j,t}$
$Underwriter_{j,t}$	-0.099 (0.098)	-0.042 (0.095)	-0.297** (0.123)
$Experience_{i,j,t}$	-0.005 (0.011)	0.006 (0.010)	-0.024* (0.013)
$Lnhorizon_{i,j,t}$	-0.207*** (0.046)	-0.201*** (0.045)	-0.101* (0.058)
Industry F. E.	Yes	Yes	Yes
Year F. E.	Yes	Yes	Yes
# obs.	11790	11790	11790
Adjusted R^2	0.526	0.552	0.257

注：括号中为标准误，***、**和*分别表示在1%、5%和10%的置信水平下显著。

对于分析师团队社会资本，从表5.19中可知，审计调整与分析师团队网络中心度的交乘项$Au \times Fat_c_degree_{i,j,t}$、审计调整与分析师团队网络接近中心度的交乘项$Au \times Fat_c_close_{i,j,t}$、审计调整与分析师团队网络中介中心度的交乘项$Au \times Fat_c_between_{i,j,t}$的系数依然在1%的水平下显著为负，与假设4的检验结果保持一致，即在剔除信息不对称因素之后，团队网络位置的重要性程度对分析师私有信息获取依然保持了影响力。

表5.19 剔除信息不对称因素后团队社会资本对分析师私有信息的影响

	(1)	(2)	(3)
	$Residuals_{i,j,t}$	$Residuals_{i,j,t}$	$Residuals_{i,j,t}$
$Auditadjustment_{j,t}$	-0.026*** (0.002)	-0.019*** (0.002)	-0.041*** (0.002)
$Fat\_c\_degree_{i,t}$	-0.000*** (0.000)		
$Au \times Fat\_c\_degree_{i,j,t}$	**-0.033***** (**0.001**)		

续表

	(1)	(2)	(3)
	$Residuals_{i,j,t}$	$Residuals_{i,j,t}$	$Residuals_{i,j,t}$
$Fat\_c\_close_{i,t}$		-0.028*** (0.004)	
$Au \times Fat\_c\_close_{i,j,t}$		**-21.634***** **(0.409)**	
$Fat\_c\_between_{i,t}$			-0.108 (0.078)
$Au \times Fat\_c\_between_{i,j,t}$			**-182.390***** **(16.656)**
$E\_pre_{j,t}$	0.002*** (0.000)	0.002*** (0.000)	0.003*** (0.000)
$Size_{j,t}$	-0.075*** (0.019)	-0.101*** (0.019)	-0.085*** (0.021)
$Leverage_{j,t}$	0.028 (0.116)	0.035 (0.117)	0.223* (0.129)
$Mtb_{j,t}$	-0.172*** (0.010)	-0.168*** (0.010)	-0.166*** (0.011)
$EarnVol_{j,t}$	0.434* (0.230)	0.553** (0.231)	-0.149 (0.255)
$Std\_ret_{j,t}$	0.642*** (0.100)	0.652*** (0.100)	0.629*** (0.111)
$Loss_{j,t}$	0.001*** (0.000)	0.001*** (0.000)	0.001*** (0.000)
$Predictability_{j,t}$	-0.365*** (0.078)	-0.367*** (0.078)	-0.464*** (0.086)
$Growth_{j,t}$	0.073* (0.041)	0.116*** (0.041)	0.191*** (0.046)
$SOE_{j,t}$	0.000*** (0.000)	0.000*** (0.000)	0.000*** (0.000)
$Lnanalystfollowing_{j,t}$	-0.142*** (0.027)	-0.086*** (0.027)	-0.205*** (0.030)

续表

	(1)	(2)	(3)
	$Residuals_{i,j,t}$	$Residuals_{i,j,t}$	$Residuals_{i,j,t}$
$Guidance_{j,t}$	-0.205***	-0.208***	-0.254***
	(0.034)	(0.035)	(0.038)
$Underwriter_{j,t}$	-0.170	-0.192*	-0.313**
	(0.111)	(0.112)	(0.124)
$Experience_{i,j,t}$	-0.020*	-0.023*	-0.025*
	(0.012)	(0.012)	(0.013)
$Lnhorizon_{i,j,t}$	-0.128**	-0.122**	-0.089
	(0.052)	(0.052)	(0.058)
Industry F.E.	Yes	Yes	Yes
Year F.E.	Yes	Yes	Yes
# obs.	11790	11790	11790
Adjusted R^2	0.389	0.386	0.247

注：括号中为标准误，***、**和*分别表示在1%、5%和10%的置信水平下显著。

3. 剔除信息不对称因素后关联上市公司社会资本对分析师私有信息的影响

对于分析师的关联上市公司社会资本，从表5.20中可知，审计调整与分析师调研网络中心度的交乘项 $Au \times Was\_c\_degree_{i,j,t}$、审计调整与分析师调研网络接近中心度的交乘项 $Au \times Was\_c\_close_{i,j,t}$、审计调整与分析师调研网络中介中心度的交乘项 $Au \times Was\_c\_between_{i,j,t}$ 的系数依然在1%的水平下显著为负，与假设5的检验结果保持一致，意味着剔除信息不对称因素之后，调研网络位置的重要性程度对分析师私有信息获取依然保持了影响力。

表5.20 剔除信息不对称因素后关联上市公司社会资本对分析师私有信息的影响

	(1)	(2)	(3)
	$Residuals_{i,j,t}$	$Residuals_{i,j,t}$	$Residuals_{i,j,t}$
$Auditadjustment_{j,t}$	-0.067***	-0.041***	-0.092***
	(0.005)	(0.005)	(0.005)
$Was\_c\_degree_{i,t}$	-0.000***		
	(0.000)		

续表

	(1)	(2)	(3)
	$Residuals_{i,j,t}$	$Residuals_{i,j,t}$	$Residuals_{i,j,t}$
$Au \times Was\_c\_degree_{i,j,t}$	**-0.011*** (0.000)**		
$Was\_c\_close_{i,t}$		-0.003*** (0.000)	
$Au \times Was\_c\_close_{i,j,t}$		**-1.558*** (0.037)**	
$Was\_c\_between_{i,t}$			-0.009* (0.005)
$Au \times Was\_c\_between_{i,j,t}$			**-11.705*** (0.708)**
$E\_pre_{j,t}$	0.001*** (0.000)	0.001*** (0.000)	0.002*** (0.000)
$Size_{j,t}$	0.001 (0.027)	-0.026 (0.026)	-0.002 (0.031)
$Leverage_{j,t}$	-0.366** (0.178)	-0.557*** (0.170)	0.024 (0.203)
$Mtb_{j,t}$	-0.155*** (0.014)	-0.161*** (0.014)	-0.136*** (0.017)
$EarnVol_{j,t}$	0.205 (0.308)	0.544* (0.293)	-0.230 (0.352)
$Std\_ret_{j,t}$	0.432*** (0.160)	0.479*** (0.152)	0.698*** (0.182)
$Loss_{j,t}$	0.001*** (0.000)	0.001*** (0.000)	0.001*** (0.000)
$Predictability_{j,t}$	-0.734*** (0.115)	-0.700*** (0.109)	-0.773*** (0.131)
$Growth_{j,t}$	0.194*** (0.061)	0.147** (0.059)	0.293*** (0.070)
$SOE_{j,t}$	0.000*** (0.000)	0.000*** (0.000)	0.000*** (0.000)

续表

	(1)	(2)	(3)
	$Residuals_{i,j,t}$	$Residuals_{i,j,t}$	$Residuals_{i,j,t}$
$Lnanalystfollowing_{j,t}$	-0.174***	-0.166***	-0.223***
	(0.040)	(0.038)	(0.046)
$Guidance_{j,t}$	-0.087*	-0.097**	-0.044
	(0.049)	(0.047)	(0.056)
$Underwriter_{j,t}$	0.004	-0.058	-0.181
	(0.145)	(0.138)	(0.166)
$Experience_{i,j,t}$	-0.018	0.003	-0.032*
	(0.017)	(0.016)	(0.019)
$Lnhorizon_{i,j,t}$	-0.245***	-0.208***	-0.174**
	(0.075)	(0.071)	(0.086)
Industry F. E.	Yes	Yes	Yes
Year F. E.	Yes	Yes	Yes
# obs.	3198	3198	3198
Adjusted R^2	0.471	0.522	0.309

注：括号中为标准误，***、**和*分别表示在1%、5%和10%的置信水平下显著。

三、剔除公共信息的影响

分析师获取信息的形式有公开和私下两种方式，分析师预测误差度与审计调整之间的关联不一定全为内部信息的引导所致，亦可能来源于公开信息（如管理层盈余预测）的影响。为排除公开信息引导致使盈余预测误差与审计调整产生同步性的可能性，以管理层预测（$Guidance_{j,t}$）作为公共信息的代理变量，采用如下步骤检验剔除公共信息因素后社会资本与分析师私有信息的影响。

第一步，运用回归残差剔除公共信息的影响。由于公共信息可能直接对分析师盈余误差产生影响，也可能对分析师盈余误差与审计调整的关系产生调节效应（通过公共信息与审计调整的交乘项可以观测），故需要排除公共信息的直接影响及调节效应两方面的因素，如表5.21所示。运用上文中残差回归的方式，以分析师盈余误差 $Error_{i,t}$ 作为被解释变量，以公开信息的代理变量—管理层盈余预测（$Guidance_{j,t}$）及其与审计调整的交乘项 $AD\_Guidance_{j,t}$ 作为解释变量进行回归，得到残差项 $Residuals_{i,j,t}$。此时的残差项为排除了公共信息的直接影响及其调节效应后的数值；继而以残差项 $Residuals_{i,j,t}$ 作为新模型的被解释变量，以审计调整为被解释，纳入其余控制变量。

第二步，以上一步得到的残差为被解释变量，与审计调整变量 $Auditadjustment_{j,t}$、审计调整与网络参数的交乘项及其他控制变量回归。

表 5.21 剔除公共信息的影响

	$Error_{i,j,t}$
$Guidance_{j,t}$	-0.001*** (0.000)
$AD\_Guidance_{j,t}$	-0.242*** (0.024)
#obs.	78864
Adjusted R^2	0.002

注：括号中为标准误，***、**和*分别表示在1%、5%和10%的置信水平下显著。

1. 剔除公共信息因素后校友社会资本对分析师私有信息的影响

对于分析师同业校友社会资本，从表 5.22 中可知，$Auditadjustment_{j,t}$ 与残差项间 $Residuals_{i,j,t}$ 的回归系数仍然显著为负。说明排除了公共信息的影响之后，审计调整与分析师预测误差度依然存在同步反向变动关系，进一步证明私有信息的存在性。

同时，审计调整与分析师同业校友网络中心度的交乘项 $Au \times Saa\_c\_degree_{i,j,t}$、审计调整与分析师同业校友网络接近中心度的交乘项 $Au \times Saa\_c\_close_{i,j,t}$、审计调整与分析师同业校友网络中介中心度的交乘项 $Au \times Saa\_c\_between_{i,j,t}$ 的系数依然在1%的水平下显著为负，与假设 2a 的检验结果保持一致。说明剔除公共信息引导的因素之后，同业校友网络位置的重要性程度对分析师私有信息获取依然保持了影响力。

表 5.22 剔除公共信息因素后同业校友社会资本对分析师私有信息的影响

	(1)	(2)	(3)
	$Residuals_{i,j,t}$	$Residuals_{i,j,t}$	$Residuals_{i,j,t}$
$Auditadjustment_{j,t}$	-0.017*** (0.001)	-0.009*** (0.001)	-0.013*** (0.001)

续表

	(1)	(2)	(3)
	$Residuals_{i,j,t}$	$Residuals_{i,j,t}$	$Residuals_{i,j,t}$
$Saa\_c\_degree_{i,t}$	-0.000*** (0.000)		
$Au×Saa\_c\_degree_{i,j,t}$	**-0.036***** **(0.000)**		
$Saa\_c\_close_{i,t}$		-0.000*** (0.000)	
$Au×Saa\_c\_close_{i,j,t}$		**-0.098***** **(0.001)**	
$Saa\_c\_between_{i,t}$			-0.004*** (0.001)
$Au×Saa\_c\_between_{i,j,t}$			**-5.212***** **(0.107)**
$E\_pre_{j,t}$	0.293*** (0.027)	0.099*** (0.026)	0.310*** (0.027)
$Size_{j,t}$	-0.021*** (0.003)	-0.013*** (0.003)	-0.022*** (0.003)
$Leverage_{j,t}$	0.071*** (0.018)	0.081*** (0.017)	0.062*** (0.018)
$Mtb_{j,t}$	0.009*** (0.002)	0.011*** (0.002)	0.009*** (0.002)
$EarnVol_{j,t}$	-0.043 (0.036)	-0.000 (0.034)	-0.046 (0.035)
$Std\_ret_{j,t}$	-0.083*** (0.022)	-0.086*** (0.021)	-0.077*** (0.022)
$Loss_{j,t}$	0.000*** (0.000)	0.000*** (0.000)	0.000*** (0.000)
$Predictability_{j,t}$	-0.046*** (0.016)	-0.025 (0.015)	-0.045*** (0.016)
$Growth_{j,t}$	0.004 (0.007)	0.006 (0.007)	0.006 (0.007)

续表

	(1)	(2)	(3)
	$Residuals_{i,j,t}$	$Residuals_{i,j,t}$	$Residuals_{i,j,t}$
$SOE_{j,t}$	-0.000***	-0.000***	-0.000***
	(0.000)	(0.000)	(0.000)
$Lnanalystfollowing_{j,t}$	-0.012**	-0.009*	-0.012**
	(0.005)	(0.005)	(0.005)
$Guidance_{j,t}$	-1.181***	-1.184***	-1.184***
	(0.010)	(0.010)	(0.010)
$Underwriter_{j,t}$	-0.041**	-0.034**	-0.044**
	(0.018)	(0.017)	(0.017)
$Experience_{i,j,t}$	0.001	0.001	0.001
	(0.002)	(0.002)	(0.002)
$Lnhorizon_{i,j,t}$	-0.036***	-0.040***	-0.027***
	(0.010)	(0.010)	(0.010)
Industry F. E.	Yes	Yes	Yes
Year F. E.	Yes	Yes	Yes
#obs.	41262	41262	41262
Adjusted R^2	0.299	0.359	0.309

注：括号中为标准误，***、**和*分别表示在1%、5%和10%的置信水平下显著。

同样地，对于分析师高管校友社会资本，从表5.23中可知，审计调整与分析师高管校友网络中心度的交乘项 $Au\times Sam\_c\_degree_{i,j,t}$、审计调整与分析师高管校友网络接近中心度的交乘项 $Au\times Sam\_c\_close_{i,j,t}$、审计调整与分析师高管校友网络中介中心度的交乘项 $Au\times Sam\_c\_between_{i,j,t}$ 的系数依然在1%的水平下显著为负，与假设2b的检验结果保持一致。说明剔除公共信息引导的因素之后，高管校友网络位置的重要性程度对分析师私有信息依然有作用。

表5.23 剔除公共信息因素后高管校友社会资本对分析师私有信息的影响

	(1)	(2)	(3)
	$Residuals_{i,j,t}$	$Residuals_{i,j,t}$	$Residuals_{i,j,t}$
$Auditadjustment_{j,t}$	-0.016***	-0.006***	-0.005***
	(0.001)	(0.001)	(0.001)

续表

	(1)	(2)	(3)
	$Residuals_{i,j,t}$	$Residuals_{i,j,t}$	$Residuals_{i,j,t}$
$Sam\_c\_degree_{i,t}$	−0.000** (0.000)		
$Au \times Sam\_c\_degree_{i,j,t}$	**−0.041***** **(0.000)**		
$Sam\_c\_close_{i,t}$		−0.000 (0.000)	
$Au \times Sam\_c\_close_{i,j,t}$		**−0.055***** **(0.001)**	
$Sam\_c\_between_{i,t}$			−0.040*** (0.005)
$Au \times Sam\_c\_between_{i,j,t}$			**−45.366***** **(0.511)**
$E\_pre_{j,t}$	0.239*** (0.027)	0.063** (0.026)	0.129*** (0.026)
$Size_{j,t}$	−0.019*** (0.003)	−0.012*** (0.003)	−0.015*** (0.003)
$Leverage_{j,t}$	0.078*** (0.018)	0.076*** (0.017)	0.050*** (0.017)
$Mtb_{j,t}$	0.010*** (0.002)	0.011*** (0.002)	0.009*** (0.002)
$EarnVol_{j,t}$	−0.036 (0.035)	0.004 (0.034)	0.001 (0.033)
$Std\_ret_{j,t}$	−0.082*** (0.022)	−0.086*** (0.021)	−0.076*** (0.020)
$Loss_{j,t}$	0.000*** (0.000)	0.000*** (0.000)	0.000*** (0.000)
$Predictability_{j,t}$	−0.041** (0.016)	−0.023 (0.015)	−0.032** (0.015)
$Growth_{j,t}$	0.002 (0.007)	0.005 (0.007)	0.007 (0.007)

续表

	(1)	(2)	(3)
	$Residuals_{i,j,t}$	$Residuals_{i,j,t}$	$Residuals_{i,j,t}$
$SOE_{j,t}$	-0.000***	-0.000***	-0.000***
	(0.000)	(0.000)	(0.000)
$Lnanalystfollowing_{j,t}$	-0.011**	-0.008	-0.006
	(0.005)	(0.005)	(0.005)
$Guidance_{j,t}$	-1.184***	-1.187***	-1.182***
	(0.010)	(0.010)	(0.010)
$Underwriter_{j,t}$	-0.039**	-0.033**	-0.041**
	(0.017)	(0.017)	(0.016)
$Experience_{i,j,t}$	0.002	0.002	0.002
	(0.002)	(0.002)	(0.002)
$Lnhorizon_{i,j,t}$	-0.035***	-0.041***	-0.033***
	(0.010)	(0.010)	(0.009)
Industry F. E.	Yes	Yes	Yes
Year F. E.	Yes	Yes	Yes
#obs.	41262	41262	41262
Adjusted R^2	0.308	0.375	0.387

注：括号中为标准误，***、**和*分别表示在1%、5%和10%的置信水平下显著。

2. 剔除公共信息因素后同事社会资本对分析师私有信息的影响

对于分析师同事社会资本，从表5.24中可知，审计调整与分析师同事网络中心度的交乘项 $Au \times Fab\_c\_degree_{i,j,t}$、审计调整与分析师同事网络接近中心度的交乘项 $Au \times Fab\_c\_close_{i,j,t}$、审计调整与分析师同事网络中介中心度的交乘项 $Au \times Fab\_c\_between_{i,j,t}$ 的系数依然在1%的水平下显著为负，与假设3的检验结果保持一致。说明剔除公共信息引导的因素之后，同事网络位置的重要性程度对分析师私有信息获取仍旧发挥了影响。

表5.24　剔除公共信息因素后同事社会资本对分析师私有信息的影响

	(1)	(2)	(3)
	$Residuals_{i,j,t}$	$Residuals_{i,j,t}$	$Residuals_{i,j,t}$
$Auditadjustment_{j,t}$	-0.005***	-0.005***	-0.012***
	(0.001)	(0.001)	(0.001)

续表

	(1)	(2)	(3)
	$Residuals_{i,j,t}$	$Residuals_{i,j,t}$	$Residuals_{i,j,t}$
Fab_ c_ $degree_{i,t}$	-0.000*** (0.000)		
Au×Fab_ c_ $degree_{i,j,t}$	**-0.056***** **(0.000)**		
Fab_ c_ $close_{i,t}$		-0.000*** (0.000)	
Au×Fab_ c_ $close_{i,j,t}$		**-0.178***** **(0.002)**	
Fab_ c_ $between_{i,t}$			-0.001*** (0.000)
Au×Fab_ c_ $between_{i,j,t}$			**-1.660***** **(0.072)**
E_ $pre_{j,t}$	0.282*** (0.020)	0.291*** (0.020)	0.572*** (0.021)
$Size_{j,t}$	-0.019*** (0.003)	-0.020*** (0.003)	-0.032*** (0.003)
$Leverage_{j,t}$	0.076*** (0.014)	0.078*** (0.014)	0.080*** (0.015)
$Mtb_{j,t}$	0.011*** (0.002)	0.012*** (0.002)	0.009*** (0.002)
$EarnVol_{j,t}$	-0.073*** (0.027)	-0.081*** (0.027)	-0.143*** (0.028)
Std_ $ret_{j,t}$	-0.057*** (0.016)	-0.061*** (0.016)	-0.047*** (0.017)
$Loss_{j,t}$	0.000*** (0.000)	0.000*** (0.000)	0.000*** (0.000)
$Predictability_{j,t}$	-0.023* (0.012)	-0.026** (0.012)	-0.041*** (0.013)
$Growth_{j,t}$	0.004 (0.006)	0.003 (0.006)	0.001 (0.006)

续表

	(1)	(2)	(3)
	$Residuals_{i,j,t}$	$Residuals_{i,j,t}$	$Residuals_{i,j,t}$
$SOE_{j,t}$	-0.000***	-0.000***	-0.000***
	(0.000)	(0.000)	(0.000)
$Lnanalystfollowing_{j,t}$	-0.006	-0.005	-0.010**
	(0.004)	(0.004)	(0.004)
$Guidance_{j,t}$	-1.196***	-1.193***	-1.198***
	(0.007)	(0.007)	(0.008)
$Underwriter_{j,t}$	-0.033**	-0.035**	-0.043***
	(0.014)	(0.014)	(0.015)
$Experience_{i,j,t}$	0.003*	0.002	0.002
	(0.001)	(0.001)	(0.002)
$Lnhorizon_{i,j,t}$	-0.026***	-0.031***	-0.022***
	(0.008)	(0.008)	(0.008)
Industry F. E.	Yes	Yes	Yes
Year F. E.	Yes	Yes	Yes
#obs.	78993	78993	78993
Adjusted R^2	0.345	0.340	0.276

注：括号中为标准误，***、**和*分别表示在1%、5%和10%的置信水平下显著。

对于分析师团队社会资本，从表5.25中可知，审计调整与分析师团队网络中心度的交乘项 $Au \times Fat\_c\_degree_{i,j,t}$、审计调整与分析师团队网络接近中心度的交乘项 $Au \times Fat\_c\_close_{i,j,t}$、审计调整与分析师团队网络中介中心度的交乘项 $Au \times Fat\_c\_between_{i,j,t}$ 的系数依然在1%的水平下显著为负，与假设4的检验结果保持一致。说明剔除公共信息引导的因素之后，团队网络位置的重要性程度对分析师私有信息获取的影响依然存在。

表5.25 剔除公共信息因素后团队社会资本对分析师私有信息的影响

	(1)	(2)	(3)
	$Residuals_{i,j,t}$	$Residuals_{i,j,t}$	$Residuals_{i,j,t}$
$Auditadjustment_{j,t}$	-0.007***	-0.003***	-0.012***
	(0.001)	(0.001)	(0.001)

续表

	(1)	(2)	(3)
	$Residuals_{i,j,t}$	$Residuals_{i,j,t}$	$Residuals_{i,j,t}$
$Fat\_\ c\_\ degree_{i,t}$	-0.000***		
	(0.000)		
$Au \times Fat\_\ c\_\ degree_{i,j,t}$	**-0.765***		
	(0.000)		
$Fat\_\ c\_\ close_{i,t}$		-0.010***	
		(0.001)	
$Au \times Fat\_\ c\_\ close_{i,j,t}$		**-6.931***	
		(0.080)	
$Fat\_\ c\_\ between_{i,t}$			-0.065***
			(0.016)
$Au \times Fat\_\ c\_\ between_{i,j,t}$			**-73.808***
			(2.923)
$E\_\ pre_{j,t}$	0.392***	0.338***	0.576***
	(0.020)	(0.020)	(0.021)
$Size_{j,t}$	-0.024***	-0.024***	-0.031***
	(0.003)	(0.003)	(0.003)
$Leverage_{j,t}$	0.082***	0.070***	0.076***
	(0.014)	(0.014)	(0.015)
$Mtb_{j,t}$	0.011***	0.011***	0.009***
	(0.002)	(0.002)	(0.002)
$EarnVol_{j,t}$	-0.090***	-0.083***	-0.140***
	(0.028)	(0.027)	(0.028)
$Std\_\ ret_{j,t}$	-0.058***	-0.055***	-0.046***
	(0.016)	(0.016)	(0.017)
$Loss_{j,t}$	0.000***	0.000***	0.000***
	(0.000)	(0.000)	(0.000)
$Predictability_{j,t}$	-0.029**	-0.033***	-0.040***
	(0.012)	(0.012)	(0.013)
$Growth_{j,t}$	0.002	0.004	0.002
	(0.006)	(0.006)	(0.006)

续表

	(1)	(2)	(3)
	$Residuals_{i,j,t}$	$Residuals_{i,j,t}$	$Residuals_{i,j,t}$
$SOE_{j,t}$	-0.000***	-0.000***	-0.000***
	(0.000)	(0.000)	(0.000)
$Lnanalystfollowing_{j,t}$	-0.007*	-0.002	-0.010**
	(0.004)	(0.004)	(0.004)
$Guidance_{j,t}$	-1.191***	-1.185***	-1.198***
	(0.007)	(0.007)	(0.008)
$Underwriter_{j,t}$	-0.033**	-0.030**	-0.044***
	(0.014)	(0.014)	(0.015)
$Experience_{i,j,t}$	0.002	0.001	0.001
	(0.001)	(0.001)	(0.002)
$Lnhorizon_{i,j,t}$	-0.026***	-0.023***	-0.021**
	(0.008)	(0.008)	(0.008)
Industry F.E.	Yes	Yes	Yes
Year F.E.	Yes	Yes	Yes
#obs.	78993	78993	78993
Adjusted R^2	0.321	0.334	0.277

注：括号中为标准误，***、**和*分别表示在1%、5%和10%的置信水平下显著。

3. 剔除公共信息因素后关联上市公司社会资本对分析师私有信息的影响

对于分析师关联上市公司社会资本，从表5.26中可知，审计调整与分析师调研网络中心度的交乘项Au×Was_ c_ $degree_{i,j,t}$、审计调整与分析师调研网络接近中心度的交乘项Au×Was_ c_ $close_{i,j,t}$、审计调整与分析师调研网络中介中心度的交乘项Au×Was_ c_ $between_{i,j,t}$的系数依然在1%的水平下显著为负，与假设5的检验结果保持一致。说明剔除公共信息引导的因素之后，调研网络位置的重要性对分析师私有信息获取继续发挥了作用。

表5.26 剔除公共信息因素后关联上市公司社会资本对分析师私有信息的影响

	(1)	(2)	(3)
	$Residuals_{i,j,t}$	$Residuals_{i,j,t}$	$Residuals_{i,j,t}$
$Auditadjustment_{j,t}$	-0.040***	-0.039***	-0.040***
	(0.002)	(0.002)	(0.002)

续表

	(1)	(2)	(3)
	$Residuals_{i,j,t}$	$Residuals_{i,j,t}$	$Residuals_{i,j,t}$
$Was\_c\_degree_{i,t}$	-0.000** (0.000)		
$Au\times Was\_c\_degree_{i,j,t}$	**-0.054*** (0.000)**		
$Was\_c\_close_{i,t}$		-0.000 (0.000)	
$Au\times Was\_c\_close_{i,j,t}$		**-0.047*** (0.002)**	
$Was\_c\_between_{i,t}$			-0.005*** (0.001)
$Au\times Was\_c\_between_{i,j,t}$			**-3.987*** (0.110)**
$E\_pre_{j,t}$	0.385*** (0.030)	0.396*** (0.031)	0.437*** (0.030)
$Size_{j,t}$	-0.013*** (0.004)	-0.014*** (0.004)	-0.016*** (0.004)
$Leverage_{j,t}$	0.058*** (0.019)	0.056*** (0.019)	0.051*** (0.019)
$Mtb_{j,t}$	0.010*** (0.002)	0.009*** (0.002)	0.009*** (0.002)
$EarnVol_{j,t}$	-0.042 (0.039)	-0.039 (0.039)	-0.035 (0.039)
$Std\_ret_{j,t}$	-0.040* (0.024)	-0.039* (0.024)	-0.033 (0.023)
$Loss_{j,t}$	0.000*** (0.000)	0.000*** (0.000)	0.000*** (0.000)
$Predictability_{j,t}$	-0.031* (0.016)	-0.033** (0.016)	-0.036** (0.016)
$Growth_{j,t}$	0.023*** (0.007)	0.023*** (0.007)	0.023*** (0.007)

续表

	(1)	(2)	(3)
	$Residuals_{i,j,t}$	$Residuals_{i,j,t}$	$Residuals_{i,j,t}$
$SOE_{j,t}$	-0.000***	-0.000***	-0.000***
	(0.000)	(0.000)	(0.000)
$Lnanalystfollowing_{j,t}$	-0.014**	-0.014***	-0.012**
	(0.005)	(0.005)	(0.005)
$Guidance_{j,t}$	-1.149***	-1.150***	-1.147***
	(0.012)	(0.012)	(0.012)
$Underwriter_{j,t}$	-0.035*	-0.034*	-0.033*
	(0.018)	(0.018)	(0.018)
$Experience_{i,j,t}$	0.002	0.002	0.002
	(0.002)	(0.002)	(0.002)
$Lnhorizon_{i,j,t}$	-0.011	-0.012	-0.010
	(0.010)	(0.010)	(0.010)
Industry F. E.	Yes	Yes	Yes
Year F. E.	Yes	Yes	Yes
#obs.	31623	31623	31623
Adjusted R^2	0.283	0.279	0.299

注：括号中为标准误，***、**和*分别表示在1%、5%和10%的置信水平下显著。

第六节 进一步讨论

一、社会资本对分析师盈余预测准确度的影响

以审计调整和分析师盈余预测误差度之间的负相关性来度量分析师获取公司未经审计的盈余这一内部信息的程度，加入金融分析师社会资本参数后，假设1~5的结果显示，分析师的校友、同事、团队以及关联上市公司社会资本均能加剧审计调整与盈余预测误差度之间的负向关系，即社会资本促进了分析师获取私

有信息的程度。

得到该结论后，可以自然地推测出：在社会资本的帮助下，获取了更多私有信息的分析师，其盈余预测将会更准确。然而，实务中的情况可能并不尽然，因为可能存在分析师出于一些考虑，有意发布偏高或者偏低预测的情况。如对于假设 2a 的检验结果（见表 5.6）中显示，分析师同业校友网络程度中心度（$Saa\_c\_degree_{i,t}$）及中介中心度（$Saa\_c\_between_{i,t}$）均与分析师盈余预测误差度（$Error_{i,j,t}$）显著负相关。即分析师在同业校友网络中的中心度越高，其预测误差越负向偏离年报值（低估）。说明当分析师在校友网络中处于重要位置时，其预测存在保守倾向。其余几个主假设的回归结果亦显示，分析师社会网络参数并未对盈余预测误差度的减小有直接贡献。其实，从证券行业目前的分析师市场评价可以了解到，盈余预测准确度并未成为评价分析师能力优劣的硬性指标。因此，相比于获取私有信息后用于提升公开研究报告中的预测准确度，分析师可能更倾向于运用有偏的盈余预测引导投资者（特别是中小投资者）。而对于获取的私有信息，则更可能通过私人渠道传递给较少部分的投资者（如中信证券首席医药行业分析师张明芳通过微信群和朋友圈向其服务的客户发布丽珠集团尚未披露的股权激励信息）。在第六章中，会着重讨论两类社会资本对分析师投资评级及盈余预测有偏倾向的影响。

二、五类社会资本促进分析师私有信息获取程度的对比分析

假设 2~假设 5 中讨论了五类社会资本的 3 类网络中心度参数对分析师私有获取程度的影响。其结果反映在表 5.6 至表 5.10 中。首先，在未加入社会资本变量的模型中（见表 5.5），审计调整与分析师盈余预测误差度的负相关系数为 -0.199，即分析师获取内部盈余信息的程度约为 20%。

从表 5.6 至表 5.10 的数据可知，加入不同种类（同业校友/高管校友/同事/团队/关联上市公司）的 3 类网络中心度参数后，审计调整与分析师盈余预测误差度的负相关系数得到了不同程度的加深（距离 -1 更近）。表 5.27 总结了分别加入五类网络的 3 类网络中心度参数后，分析师获取企业内部盈余信息的程度及审计调整与盈余预测的负相关系数情况（括号中）。

表 5.27　加入金融分析师社会资本网络参数后审计调整与预测误差度之间的关系

	度数中心度	接近中心度	中介中心度
同业校友社会资本	-0.370（37.00%）	-0.330（33.00%）	-0.364（36.40%）
高管校友社会资本	-0.364（36.40%）	-0.319（31.90%）	-0.333（33.30%）
同事社会资本	-0.153（15.30%）	-0.154（15.40%）	-0.198（19.80%）
团队社会资本	-0.171（17.10%）	-0.143（14.30%）	-0.198（19.80%）
关联上市公司（调研）社会资本	-0.540（54.00%）	-0.536（53.60%）	-0.553（55.30%）

图 5.5 清晰地展示了五类社会资本对分析师私有信息获取影响的差异。从图中可知，关联上市公司（与分析师有调研关系的上市公司）社会资本对分析师获取私有信息的帮助最大，进一步说明实地调研是分析师获取内部信息的重要途径，相对资源权力认同下所形成的调研网络为信息传递提供了动机和渠道。其次，两类校友网络（同业校友网络和高管校友网络）对分析师私有信息获取的影响相似，且为仅次于调研网络的第二大信息传递渠道，进一步说明了校友社会网络由于其具备规模广和信任程度高的优势，亦能成为信息传递的有效载体。最后，同事和团队社会资本对分析师私有信息获取亦有一定的促进作用（且影响程度相似），但其影响程度相对较低，在较大程度上可解释为同事及团队成员之间的信息同质化程度较高。根据强弱关系理论，信息传递更容易发生在平时交集较少的弱关系群体中。

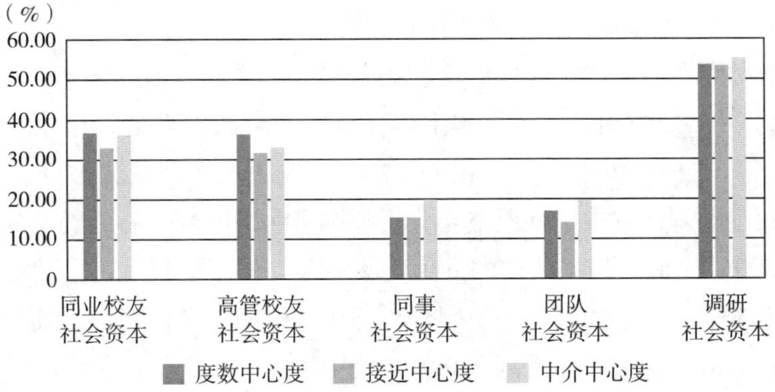

图 5.5　五类社会资本促进分析师私有信息获取程度的对比

三、调研网络中区分审计上调与审计下调样本

审计师对于盈余的调整有上调和下调两种不同情况。通常来说，盈余被审计师下调的公司，在一定程度上存在虚增利润的问题，且更需要分析师的协助，发布公司的利好消息。因此，在盈余被下调的公司中，分析师更可能在管理层的授意或引导下，发布不实消息。在审计之后，虚增的利润被调回（可能只是部分调回），对比年报公布的盈余，分析师在审计之前的盈余预测就会呈现出高估的现象。

在此，在分析师与高管的互动关系网络（调研网络）中，区分审计上下调的子样本。重新计算模型，结果如表 5.28 所示。在列（1）的上调样本中，盈余预测误差与审计调整额度没有显著相关关系。而在列（2）的下调样本中，二者则显著负相关，即分析师在预测被审计下调盈余的公司时更容易出现偏离企业真实价值的情况，且盈余预测与年报披露值的偏差度表现出与审计前后的企业盈余变动的趋势相一致的现象，说明虚增利润的公司更倾向于提供内部信息，引导分析师发布失实预测。由于不同样本之间的回归系数无法直接比较，在此运用似无相关估计法（Seemingly Unrelated Regression Estimation，SURE），进行组间系数差异检验，组间差异的 p 值在 1%的水平下显著，说明二者有显著差异。

同时，对于分析师的上市公司社会资本的影响，分别在上调样本和下调样本中加入审计调整与分析师调研网络度数中心度的交乘项 $Au \times Was\_c\_degree_{i,j,t}$、审计调整与分析师调研网络的接近中心度的交乘项 $Au \times Was\_c\_close_{i,j,t}$、审计调整与分析师调研网络的中介中心度的交乘项 $Au \times Was\_c\_between_{i,j,t}$。

由表 5.28 可以看出，下调样本中审计调整与分析师调研网络度数中心度的交乘项 $Au \times Was\_c\_degree_{i,j,t}$ 的回归系数在 1%的水平上显著为负（-0.012），且绝对值大于上调样本中审计调整与分析师调研网络度数中心度的交乘项的回归系数（-0.003）。似无相关估计的 p 值在 1%的水平上显著为正，即上调样本的系数显著大于下调样本的系数。说明分析师在调研网络中位置的重要性程度对分析师获取私有信息的影响在受到下调的公司中发挥了更大的作用。

表 5.28 区分审计上下调后调研网络度数中心度对分析师私有信息的影响

	(1) Upward	(2) Downward	(3) Up vs. down
	$Error_{i,j,t}$	$Error_{i,j,t}$	Mean diff. (p value)
$Auditadjustment_{j,t}$	0.095 (0.086)	-0.836*** (0.060)	78.55*** (0.000)
$Was\_c\_degree_{i,t}$	0.000** (0.000)	-0.000*** (0.000)	23.96*** (0.000)
$Au\times Was\_c\_degree_{i,j,t}$	**-0.003**** **(0.002)**	**-0.012***** **(0.001)**	**13.40***** **(0.000)**
$E\_pre_{j,t}$	-0.029*** (0.004)	-0.048*** (0.003)	17.83*** (0.000)
$Size_{j,t}$	-0.001** (0.000)	0.001*** (0.000)	20.82*** (0.000)
$Leverage_{j,t}$	0.000 (0.001)	-0.007*** (0.001)	23.93*** (0.000)
$Mtb_{j,t}$	0.000 (0.000)	-0.001*** (0.000)	36.64*** (0.000)
$EarnVol_{j,t}$	0.019*** (0.005)	-0.001 (0.002)	14.92*** (0.000)
$Std\_ret_{j,t}$	0.007 (0.016)	0.052*** (0.013)	4.99** (0.026)
$Loss_{j,t}$	0.026*** (0.002)	0.015*** (0.001)	25.98*** (0.000)
$Predictability_{j,t}$	-0.001 (0.002)	0.001 (0.001)	1.33 (0.249)
$Growth_{j,t}$	0.001 (0.000)	-0.001** (0.000)	6.49** (0.010)
$SOE_{j,t}$	-0.001** (0.000)	0.001*** (0.000)	13.38*** (0.000)
$Lnanalystfollowing_{j,t}$	-0.003*** (0.000)	0.000 (0.000)	25.41*** (0.000)
$Guidance_{j,t}$	-0.002** (0.001)	-0.001 (0.001)	0.70 (0.403)

续表

	(1) Upward	(2) Downward	(3) Up vs. down
	$Error_{i,j,t}$	$Error_{i,j,t}$	Mean diff. (p value)
$Underwriter_{j,t}$	0.001	0.001***	0.57
	(0.001)	(0.000)	(0.449)
$Experience_{i,j,t}$	0.000	-0.000***	6.43**
	(0.000)	(0.000)	(0.011)
$Lnhorizon_{i,j,t}$	0.002***	0.001**	2.55
	(0.001)	(0.000)	(0.110)
Industry F. E.	Yes	Yes	
Year F. E.	Yes	Yes	
#obs.	5967	12108	
Adjusted R^2	0.316	0.190	

注：括号中为标准误，***、**和*分别表示在1%、5%和10%的置信水平下显著。

从表5.29可以看出，下调样本中审计调整与分析师调研网络接近中心度的交乘项 $Au\times Was\_c\_close_{i,j,t}$ 的回归系数在1%的水平上显著为负（-1.124），且绝对值大于上调样本中审计调整与分析师调研网络度数中心度的交乘项的回归系数（-0.145）。似无相关估计的p值在1%的水平上显著为正，即上调样本的系数显著大于下调样本的系数。说明分析师在调研网络中位置的重要性程度对分析师获取私有信息的影响在受到下调的公司中发挥了更大的作用。

表5.29　区分审计上下调后调研网络接近中心度对分析师私有信息的影响

	(1) Upward	(2) Downward	(3) Up vs. down
	$Error_{i,j,t}$	$Error_{i,j,t}$	Mean diff. (p value)
$Auditadjustment_{j,t}$	0.093	-0.846***	76.67***
	(0.088)	(0.062)	(0.000)
$Was\_c\_close_{i,t}$	-0.003	0.003	21.97***
	(0.003)	(0.003)	(0.000)
$Au\times Was\_c\_close_{i,j,t}$	**-0.145**	**-1.124*****	**17.68*****
	(0.176)	**(0.112)**	**(0.000)**
$E\_pre_{j,t}$	-0.028***	-0.048***	2.19
	(0.004)	(0.003)	(0.139)

续表

	(1) Upward	(2) Downward	(3) Up vs. down
	$Error_{i,j,t}$	$Error_{i,j,t}$	Mean diff. (p value)
$Size_{j,t}$	-0.001**	0.001***	20.46***
	(0.000)	(0.000)	(0.000)
$Leverage_{j,t}$	0.000	-0.008***	23.79***
	(0.001)	(0.001)	(0.000)
$Mtb_{j,t}$	0.000	-0.001***	38.77***
	(0.000)	(0.000)	(0.000)
$EarnVol_{j,t}$	0.019***	-0.001	14.44***
	(0.005)	(0.002)	(0.000)
$Std\_ ret_{j,t}$	0.009	0.053***	4.76**
	(0.016)	(0.013)	(0.029)
$Loss_{j,t}$	0.026***	0.015***	26.00***
	(0.002)	(0.001)	(0.000)
$Predictability_{j,t}$	-0.001	0.001	1.36
	(0.002)	(0.001)	(0.243)
$Growth_{j,t}$	0.001	-0.001**	6.57**
	(0.000)	(0.000)	(0.010)
$SOE_{j,t}$	-0.001**	0.001***	13.70***
	(0.000)	(0.000)	(0.000)
$Lnanalystfollowing_{j,t}$	-0.002***	0.000	24.63***
	(0.000)	(0.000)	(0.000)
$Guidance_{j,t}$	-0.002**	-0.001	0.69
	(0.001)	(0.001)	(0.406)
$Underwriter_{j,t}$	0.001	0.002***	0.65
	(0.001)	(0.000)	(0.420)
$Experience_{i,j,t}$	0.000	-0.000***	5.80**
	(0.000)	(0.000)	(0.016)
$Lnhorizon_{i,j,t}$	0.002***	0.001**	2.53
	(0.001)	(0.000)	(0.111)
Industry F. E.	Yes	Yes	
Year F. E.	Yes	Yes	
#obs.	5967	12108	
Adjusted R^2	0.315	0.187	

注：括号中为标准误，***、**和*分别表示在1%、5%和10%的置信水平下显著。

从表 5.30 可以看出，下调样本中审计调整与分析师调研网络中介中心度的交乘项 $Au \times Was\_c\_between_{i,j,t}$ 的回归系数在 1%的水平上显著为负（-36.421），且绝对值大于上调样本中审计调整与分析师调研网络度数中心度的交乘项的回归系数（-28.625）。同时，似无相关估计的 p 值在 1%的水平上显著为正，即上调样本的系数显著大于下调样本的系数。说明分析师在调研网络中位置的重要性程度对分析师获取私有信息的影响在受到下调的公司中发挥了更大的作用。

表 5.30　区分审计上下调后调研网络中介中心度对分析师私有信息的影响

	（1）Upward	（2）Downward	（3）Up vs. down
	$Error_{i,j,t}$	$Error_{i,j,t}$	Mean diff.（p value）
$Auditadjustment_{j,t}$	0.085 （0.087）	-0.793*** （0.058）	71.05*** （0.000）
$Was\_c\_between_{i,t}$	0.070 （0.059）	-0.021 （0.044）	0.32 （0.573）
$Au \times Was\_c\_between_{i,j,t}$	**-28.625**** **（11.220）**	**-36.421***** **（8.089）**	**10.01***** **（0.002）**
$E\_pre_{j,t}$	-0.029*** （0.004）	-0.043*** （0.003）	1.55 （0.214）
$Size_{j,t}$	-0.001** （0.000）	0.001*** （0.000）	22.36*** （0.000）
$Leverage_{j,t}$	0.000 （0.001）	-0.008*** （0.001）	25.01*** （0.000）
$Mtb_{j,t}$	0.000 （0.000）	-0.001*** （0.000）	39.25*** （0.000）
$EarnVol_{j,t}$	0.020*** （0.005）	-0.001 （0.002）	16.61*** （0.000）
$Std\_ret_{j,t}$	0.010 （0.016）	0.056*** （0.013）	5.16** （0.023）
$Loss_{j,t}$	0.026*** （0.002）	0.015*** （0.001）	23.68*** （0.000）
$Predictability_{j,t}$	-0.001 （0.002）	0.001 （0.001）	1.00 （0.317）

续表

	(1) Upward	(2) Downward	(3) Up vs. down
	$Error_{i,j,t}$	$Error_{i,j,t}$	Mean diff. (p value)
$Growth_{j,t}$	0.001	-0.001***	7.88***
	(0.000)	(0.000)	(0.005)
$SOE_{j,t}$	-0.001**	0.001***	15.56***
	(0.000)	(0.000)	(0.000)
$Lnanalystfollowing_{j,t}$	-0.002***	-0.000	21.39***
	(0.000)	(0.000)	(0.000)
$Guidance_{j,t}$	-0.002*	-0.001	0.56
	(0.001)	(0.001)	(0.453)
$Underwriter_{j,t}$	0.001	0.002***	1.16
	(0.001)	(0.001)	(0.281)
$Experience_{i,j,t}$	0.000	-0.000***	6.06**
	(0.000)	(0.000)	(0.014)
$Lnhorizon_{i,j,t}$	0.003***	0.001**	3.29*
	(0.001)	(0.000)	(0.070)
Industry F. E.	Yes	Yes	
Year F. E.	Yes	Yes	
#obs.	5967	12108	
Adjusted R^2	0.312	0.178	

注：括号中为标准误，***、**和*分别表示在1%、5%和10%的置信水平下显著。

第七节 小 结

本章探究了分析师私有信息获取及社会资本在其中发挥的作用。主要结论如下：

（1）分析师盈余预测中包含企业内部信息，而非完全通过独立分析向市场传递公司价值相关信息。通过审计调整作为判别标准，在t年非审计期，审计调整尚未发生，分析师预测值不受审计调整的影响，但其误差度的计算却因需要运用经审计的年报披露数据，可能会受到审计调整影响。若分析师的盈余预测传递了部分或全部公司非公开的预期盈余（可能会在之后的审计期内被调整），则表现为分析师在非审计期的盈余预测误差度与审计调整幅度负相关，实证结果证实了二者的负相关关系。

（2）在证实了分析师私有信息获取的基础上，通过加入分析师同业校友、高管校友、同事、团队以及调研网络参数，得出分析师在其职业网络中位置的重要性程度影响其私有信息的获取程度。分析师在各类社会网络中的中心程度越高，其私有信息获取程度也越高。剔除信息不对称与公共信息引导因素后结论依然稳健。

本书运用审计调整与分析师盈余预测的关系作为分析师私有信息获取的判别依据，用实证的方法证明了分析师盈余预测部分受管理层内部信息指引及自身社会资本影响。我国分析师应提升自己对于企业财务状况的判别能力和独立性，为市场提供更多反映企业真实价值的信息。本书对分析师迎合管理层发布有偏预测的问题提供了一种判别思路，为监管部门规范分析师与管理层的行为提供了实证支持。

第六章 金融分析师社会资本对投资评级的影响：执业过程视角

第五章讨论了分析师工作的起始活动——信息收集及社会资本在其中所起的作用，得出了金融分析师社会资本对其私有信息获取具有促进作用的结论。然而，第五章中的数据结果显示，尽管社会资本促进了分析师私有信息的获取程度，但是并未对分析师的盈余预测准确度产生显著且方向一致的影响。造成分析师“知而不准”的原因可能有多种，大体可分为客观性和主观性两类。对于客观性原因，可解释为分析师所获取的私有信息种类繁多，可能涉及一些影响股价涨跌的公司战略性内部信息（如中信证券首席医药行业分析师张明芳在微信群和朋友圈中发布丽珠集团尚未披露的股权激励信息），并非所有能用于盈余预测，因此并非私有信息的获取一定能使盈余预测更准确。对于主观性原因，受到较多关注的议题为分析师有意的偏乐观倾向。分析师的投资评级及盈余预测中均能反映出其是否存在偏乐观倾向。本章由第五章分析师执业活动的起点（信息获取）转入对执业活动的过程中投资评级及盈余预测的关注（见图 6.1），并剖析了两类社会资本对分析师投资评级的影响。

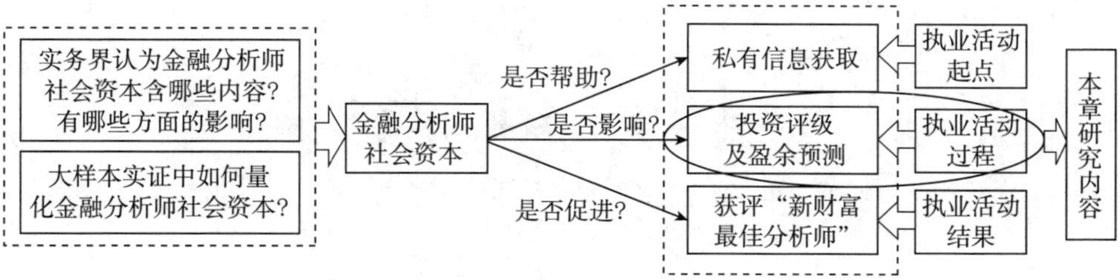

图 6.1　第六章内容在研究问题中所处位置

具体地，本章重点关注分析师执业过程中的投资评级（分析师对所研究的股票做出的买入/卖出等投资建议）受两类社会资本影响的路径（见图6.2）：其一，上市公司关联社会资本对投资评级偏乐观倾向的促进作用（可解读为人情主导机制）；其二，同业校友社会资本对投资评级偏乐观性倾向的抑制作用（可理解为声誉主导机制）。此外，剖析了分析师在这两种冲突的机制下如何权衡与抉择。稳健性检验中，探究了上述社会资本对分析师盈余预测乐观性偏差的影响，与投资评级的结果相一致。

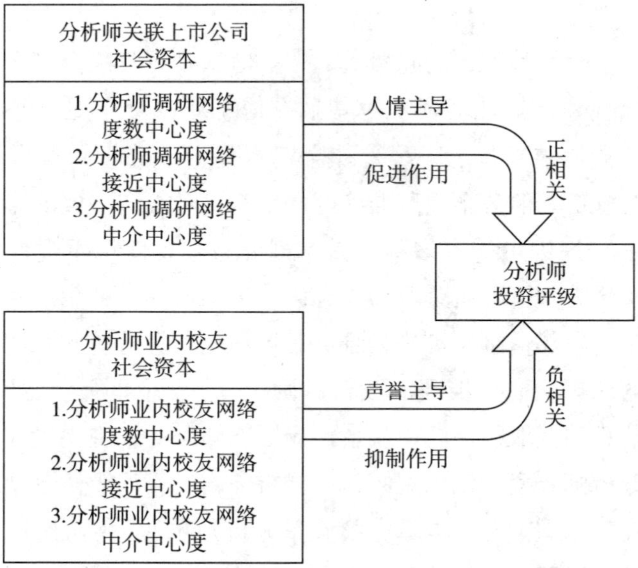

图6.2　两类社会资本影响分析师投资评级的两条路径

第一节　研究背景

2014年6月22日至2015年4月30日，安硕信息的高管和东方证券两位分析师联手打造虚假概念，运用诱导和夸大性的语言，向128家基金、券商、私募等机构的1279名人员累计发送邮件1.1万余封，向投资者极力推荐安硕信息的股票，致使股价从30元飙升至474元又下跌至34.8元，股民遭受巨大损失。中国证监会随后展开调查，于2016年12月15日对安硕信息高管及东方证券两位分析师下达了行政处罚决定书（证监会〔2016〕138号、139号），对安硕信息（含其两位高管）及东方证券两位分析师分别处以总额为110万元、35万元的罚金。

依托丰富的信息来源渠道（如历史财务数据、与上市公司管理层直接沟通、参与公司电话会议、同行提供的信息等（Bowen et al.，2002），分析师对宏观经济、行业与企业展开深度研究（O'brien，1988）。在声誉构建与业绩回报的双重激励下，被视为资本市场重要信息中介的卖方分析师理应向投资者提供企业价值相关信息（Schipper，1991；储一昀和仓勇涛，2008），即披露符合公司真实价值的盈余预测。然而，为了获取私人利益，分析师会尽力与上市公司管理层（以下简称"管理层"）保持良好关系，甚至可能放弃自身中立判断，迎合、妥协甚至主动与管理层合谋（如上述安硕信息高管与东方证券分析师联手造假案件）。这导致分析师提供的信息或许未能全面反映企业真实价值（Chen and Jiang，2005），而是向市场释放了符合上市公司要求的有偏投资评级或盈余预测（Ke and Yu，2006；王晶晶等，2012），进行"盈余引导游戏"（Earnings-guidance game）（Richardson，2004）。

第二节 理论分析与假设提出

一、分析师投资评级与盈余预测的偏乐观倾向

分析师出于多种动机或影响因素，具有发布乐观性盈余预测或投资评级的倾向。现有研究从诸多角度剖析了分析师偏乐观预测的原因及影响因素，现总结如下：

1. 投资评级/盈余预测偏乐观倾向的动机

（1）维护所在券商利益。包括承销关系（管总平等，2013）、券商投资关系、证券交易经纪收入等。对于承销关系，分析师对所承销公司的评级更为乐观（周佰成等，2010）。无论是新股上市还是后期的定向增发，股票承销商分析师均会在一定的时间窗内表现出乐观性偏差，为标的公司的股票进行托市（刘洋和李

星汉，2015；潘越等，2011）。对于券商投资关系，分析师会对具有券商股权投资背景的IPO企业表现出额外的“乐观倾向”（胡娜等，2014），也会对所属券商重仓持有的股票更加乐观（曹胜和朱红军，2011）。对于交易经纪收入，分析师通过发布乐观性盈利预测提升了标的股票换手率（褚剑等，2019），交易量的提升带来了更多的佣金收入。经纪业务收入占营业总收入比重越高的证券公司，其分析师越倾向于发布乐观评级（康健，2013）。分析师也会维护与公司内部投资银行部门的关系而发布偏乐观预测和评级（吴超鹏等，2013）。

（2）获得职业发展。对标的股票发布乐观性盈利预测的分析师更可能被评为明星分析师（褚剑等，2019）；分析师为提高自己的声誉会披露迎合投资者先验信念的有偏信息（邱世远，2008；游家兴等，2013）。

（3）维持与机构投资者的关系。分析师为维护其与机构投资者的关系，会倾向于发布乐观预测或评级（吴超鹏等，2013）。许汝俊（2018）发现，券商所属分析师对其基金分仓客户所持重仓股的高评级倾向非常明显。特别地，基金公司的佣金分仓与关联分析师对基金重仓股的乐观盈余预测呈显著正相关关系（李钻和施先旺，2016）。姜波和周铭山（2015）、施先旺和李钻（2017）亦得到了类似的结果。此外，朱卫东等（2016）从压力、机会和合理化解释三方面出发，对机构投资者与分析师乐观性评级的正相关关系做出了理论解释。

（4）维持与上市公司的关系。分析师发布乐观性评级或预测的一个重要原因是为了迎合管理层偏好，以获取私有信息（赵良玉等，2013）。研究表明，发布有偏的盈余预测以使其更容易得到管理层的内部信息（Ke and Yu，2006；吴超鹏等，2013）。同时，赴上市公司实地调研是分析师与上市公司良好关系的反映。分析师对上市公司的实地调研行为增加了其对标的公司预测的乐观度（谭松涛和崔小勇，2015），这一行为的动因来源于分析师与所调研公司达成的利益结盟（唐松莲和陈伟，2017）。Lim（2001）将分析师的预测与分析师讨好管理层的动机联系在了一起，研究得出分析师会在预测准确性和为讨好管理层而带来的预测偏差之间权衡的最佳策略是发布存在乐观偏差的预测。Lim（2001）的结果获得了Francis和Philbrick（1993）、Matsumoto（2002）、Richardson等（2004）及赵良玉等（2013）的实证支持。

此外，分析师在认知、分析与决策过程中可能会受到经验规则所带来的系统性偏差，导致其预测数据正向偏离实际值（周冬华和赵玉洁，2016）。

可见，增加所在券商的承销收入及经纪收入、维护与上市公司管理层及机构投资者的关系、获取自身的职业发展以及分析师自身的认知或行为偏差都是造成分析师做出偏乐观性预测或推荐的重要动机（Bradshaw，2011；曹胜和朱红军，2011；伍燕然等，2012；赵良玉等，2013）。

2. 投资评级/盈余预测偏乐观倾向的影响因素

除了上述分析师自身的动机外，一些外部的因素也可能引致分析师的乐观性预测。

（1）金融制度变动。褚剑等（2019）的研究发现，2010 年开始实施的融资融券制度所带来的活跃的融资交易会引致分析师的乐观性盈利预测，华鸣和孙谦（2018）也得到了类似的结论。李沁洋等（2018）从沪港通政策实施的角度出发，发现该政策的实施显著提高了分析师对沪股通标的公司预测的乐观偏差。卖空机制显著降低了分析师盈余预测的乐观性偏差（李丹等，2016）；而放松对卖空的管制则增大了股市行情下滑的风险。为稳固中小投资者信心，避免其离场导致佣金下滑，券商会促使分析师发布乐观性预测（王攀娜和罗宏，2017）。定向增发股票解禁时，机构投资者如有抛售获利的动机，则会向分析师施压以发布乐观的盈余预测（官峰等，2015）。

（2）市场参与者情绪。市场参与者的情绪波动会对其行为决策造成影响，已有研究探索了空气质量与分析师预测行为的关系，发现空气质量改善地区的分析师对公司盈余预测和投资评级会更为乐观（朱小能和刘鹏林，2018）。游家兴等（2013）从迎合理论的角度出发，指出分析师会迎合投资者的先验信念而故意发布有偏的信息。

（3）上市公司特征或管理层行为。朱朝晖等（2018）对上市公司财报中的“管理层讨论与分析”（MD&A）部分内容进行了文本分析，其结果表明，业绩较差的公司会策略性地安排管理层语调词的分布，这一语调分布策略影响分析师盈余预测的乐观性程度。林乐和谢德仁（2017）计算了上市公司管理层业绩说明会互动平台文本信息的语调值，发现管理层净正面语调提高了分析师荐股评级水平。华鸣和孙谦（2017）基于券商与上市公司之间的大股东股权质押业务，发现分析师对其所在券商有股权质押关系的上市公司会发布更乐观的预测。管理层过度自信也会引起分析师的乐观性预测（贾琬娇和杨楠，2017）。企业战略差异的增加会抑制分析师的乐观性预测（何玉润和徐云，2017；刘会芹和施先旺，2018）。市场情绪高涨时，卖方分析师的股票推荐和盈利预测行为都更加乐观（廖明情等，2016）。机构投资者的乐观情绪也会引发分析师的乐观性偏差（孔令飞和刘轶，2016)。张子健（2013）发现稳健的会计政策会抑制分析师的乐观性偏差。

（4）“羊群效应”。张玮倩和方军雄（2017）的研究得到，分析师超乐观盈利预测会对同伴分析师产生溢出效应。

（5）媒体及投资者关注。谭松涛等（2015）发现，媒体对上市公司关注度的提升能够显著降低分析师的预测乐观度。周开国等（2014）将媒体关注度对盈余预测准确度的影响归结为与其对分析师过度乐观倾向的纠偏上。

（6）分析师关联身份。具有独立董事身份的分析师对其在任上市公司的投资评级和盈余预测更为乐观（全怡等，2014)。

二、关联上市公司社会资本对投资评级偏乐观倾向的促进作用

由于其非直接盈利和服务多方的特性，分析师对内需要与本公司投资银行部门建立友好往来，对外则需同大客户（机构投资者）以及上市公司管理层维系良好关系。运用自身的信息中介身份与信息传播能力进行人情输送在所难免。通过上文对分析师偏乐观动机的整理可知，维护各方关系是驱动其发布乐观性预测的重要动因。而获取佣金收入与获取信息是其维护关系、发布乐观预测进行人情输送的两大缘由。

由于分析师的收入很大一部分来自客户委托券商投行部门进行股票上市或增发以及投资者在券商进行股票交易所产生的佣金。因此，对于佣金收入的获取，分析师需要维护与机构投资者（如基金经理）及其所在公司的内部投行部门之间的关系。研究结果证实了分析师基于维护上述两种关系的考虑，倾向于发布偏乐观的盈余预测和投资评级（吴超鹏等，2013)。特别地，经纪业务收入（佣金收入）占其营收比例高的券商，其分析师做出乐观评级的概率更高（康健，2013)。即使对亏损企业，迫于承销商关系以及机构持股的压力，分析师仍然会发布乐观性预测（管总平等，2013)。

分析师发布带有乐观性偏差的评级或预测的一个重要动因是为了迎合管理层偏好，以获取私有信息（赵良玉等，2013)。为维护与管理层的关系，分析师倾向于回避及拖延坏消息（Mcnichols and O’Brien，1997)，或发布带有乐观性偏差的预测（Ke and Yu，2006；吴超鹏等，2013)。特别地，分析师赴上市公司的实地调研行为可在一定程度上反映其与管理层构建了良好的关系，实地调研有助于形成分析师与上市公司的利益结盟，增大了分析师预测的乐观度（谭松涛和崔小

勇，2015；唐松莲和陈伟，2017）。

区别于具有明确合同条款的委托—代理契约，分析师赴上市公司实地调研中所反映出的与上市公司之间的关系被视为一种关系性契约（该契约强调合约双方的个人关系，是一种非正式契约）。在这一契约关系中，分析师希望获取更多、更真实的企业财务状况、经营成果和未来发展方向的信息为研究报告撰写提供素材或依据，而上市公司则希望通过分析师的研究报告传达其当下绩优、未来可期的乐观信号。以下从成本投入视角出发，对分析师人情导向下的乐观性倾向进行理论推导。

在分析师与上市公司之间通过实地调研达成的关系性契约中，双方均保持较强的弹性（分析师可选择调研与否，上市公司也可选择接待与否），契约中的交换行为亦无条款约束（分析师研究报告信号的情绪选择具有自由裁量权，同样上市对于提供信息的数量与质量具有自由裁量权），即这一契约关系在某种程度上是隐性的、非正式的和非约束性的。因此，私人裁决（本书中主要体现为自我履约协议及其中止）在这一契约关系中非常重要。

在分析师与上市公司通过实地调研建立起的关系性契约中，契约实施的主要机制是自我履约，即管理层向分析师提供真实可靠的深度信息，同时分析师向市场传递企业经营得当、前景良好的乐观信号。一份自我履约协议的设计是要让不履约的收益总是小于履约所带来的长期收益。

对于分析师而言，通过实地调研的方式建立起与上市公司之间的关系性契约需要花费大量时间、精力来分析行业现状，确定目标企业，通过公开信息了解企业经营状况，建立与企业高管的联系（可能需要物质与情感的投入），这些共同构成了分析师在实地调研契约关系中的专用性资产。

分析师与上市公司间关系性契约的行动顺序为：a. 分析师投入专用性资产；b. 上市公司投入一般性资产（场地、接待人员等）及专用性资产（内部信息）；c. 分析师撰写研究报告、发布盈余预测及荐股评级。

假设分析师构建及维护调研关系所投入的专用性资产为 R_a，单次分析师撰写的研报所获得的佣金回报为 B_a，存在以下两种情形：

（1）当 $0<R_a\leqslant B_a$ 时，分析师通过单次佣金回报即可弥补专用性资产成本。由于分析师和实地调研的企业存在行动的先后顺序，分析师先期投入专用性资产 R_a 用于构建和维系与上市公司之间的实地调研关系，形成了沉没成本及锁定效应，因此企业可能存在“敲竹杠行为”，以拒绝接受调研、拒绝提供信息或中止后续合

作为威胁，迫使分析师作出自我履约承诺，最终表现为分析师的乐观性倾向。

（2）当 $R_a > B_a$ 时，即单次佣金回报无法弥补专用性资产成本，专用性投资成本的收回需分摊到未来各期的收入中。

考虑一个简单的模型，即分析师两期契约收回专用性资产成本且专用性资产仅在第一期契约之前投入的情况，设贴现因子为 δ 且 $\delta B_a \geqslant R_a/2$。在每一期中，首先分析师行动（投入专用性资产），其次企业履约（提供信息），最后分析师履约（传递乐观信号）。

若分析师在两期都选择履约，则第一、二期分别可以得到的收益为：$B_a - R_a/2$，贴现因子为 δ（$\delta = \frac{1}{1+r}$，r 为折现率），则分析师的二期收益现值为：$\pi_{a2} = (B_a - R_a/2) + \delta(B_a - R_a/2) = (1+\delta)(B_a - R_a/2)$。

在第一期，如果分析师违约（如在研究报告中唱空上市公司），那么其将受到来自企业的私人裁决，即在第二期拒绝分析师的调研，分析师将损失第二期的收益 $\delta(B_a - R_a/2)$，此时分析师违约的净收益为：$\tilde{\pi}_{a2} = B_a - R_a/2$。

分析师的履约净收益与违约净收益之差为 $\Delta\pi_{a2} = \pi_{a2} - \tilde{\pi}_{a2} = \delta(B_a - R_2/2)$。由于 $\delta B_a \geqslant R_a/2$，则 $\Delta\pi_{a2} > 0$。

因此，分析师的履约收益大于违约收益，在上述两期契约的模型中，分析师具有自我履约的动机。

推广到 n 期契约的模型，且除首次契约前投入的专用性资产外，每一期契约之前都有一定的专用性资产追加投入。

总专用性资产 $R_a = R_{a1} + R_{a2} + \cdots + R_{an}$，其中 R_{an} 表示第 n 期契约的专用性资产投入，设首期投入 R_{a1} 较大，需要在 n 期中进行分摊。则每一期所要分摊的专用性资产投入成本为 $\frac{R_{a1}}{n} + R_{an}$，每一期的佣金回报仍为 B_a，$B_a > \frac{R_{a1}}{n} + R_{an}$，每一期的收益为 $B_a - \left(\frac{R_{a1}}{n} + R_{an}\right)$。

若分析师在各期都选择履约，则分析师的 n 期收益现值为：

$$\pi_{an} = \left[B_a - \left(\frac{R_{a1}}{n} + R_{an}\right)\right] + \delta\left[B_a - \left(\frac{R_{a1}}{n} + R_{an}\right)\right] + \delta^2\left[B_a - \left(\frac{R_{a1}}{n} + R_{an}\right)\right] + \cdots + \delta^{n-2}\left[B_a - \left(\frac{R_{a1}}{n} + R_{an}\right)\right] + \delta^{n-1}\left[B_a - \left(\frac{R_{a1}}{n} + R_{an}\right)\right]。$$

若分析师在第 n−1（n≥2）期违约，则分析师无法获得第 n 期的收益，此时分析师的违约收益为：

$$\tilde{\pi}_{an}=\left[B_a-\left(\frac{R_{a1}}{n}+R_{an}\right)\right]+\delta\left[B_a-\left(\frac{R_{a1}}{n}+R_{an}\right)\right]+\delta^2\left[B_a-\left(\frac{R_{a1}}{n}+R_{an}\right)\right]+\cdots+\delta^{n-2}\left[B_a-\left(\frac{R_{a1}}{n}+R_{an}\right)\right]。$$

分析师的履约净收益与违约净收益之差为 $\Delta\pi_{an}=\pi_{an}-\tilde{\pi}_{an}=\delta^{n-1}\left[B_a-\left(\frac{R_{a1}}{n}+R_{an}\right)\right]>0$，即分析师履约收益大于违约收益，分析师在 n 期均选择履约更可能收回其资产投入成本。

因此，无论是从自身成本收回还是受到企业的胁迫，分析师通常都会完成自我履约协议，即发布乐观信号。可以推测，当分析师处于与上市公司相关联的网络中（如分析师赴上市公司调研网络）的重要地位时，其维护前期人情投入成本的需求会上升，分析师可能会放弃中立地位，对标的股票做出高出其实际价值的投资评级。据此，提出以下假设：

H1：分析师在调研网络中的地位越重要，其人情维护动机越强，投资评级越高。

由于分析师执业过程中存在多方利益冲突，除了维护与上市公司管理层的良好关系之外，其推荐或预测亦要对投资者负一定责任，也存在一定的因素让分析师放弃盲目地乐观示好。上市公司的盈余操纵行为可能会造成未来的财务风险，严重者可能会形成大规模的财务造假案件，造成股价下跌，使投资者蒙受严重损失。已有研究从盈余质量的把控者——审计师的角度出发，验证了审计师对盈余质量把控失效后分析师的反映，证实了分析师对企业的盈余操纵行为有一定的警惕性。如异常审计收费可能产生审计师与客户的合谋行为，影响审计质量；而分析师跟踪人数会随异常审计费用的增加而显著减少，说明分析师能觉察到审计合谋可能带来的风险（李志刚等，2015）。分析师对声誉受损事务所审计的上市公司的分析效率有所下降。安然事件中，安达信声誉受损加剧了其余由安达信审计的财报不确定性，影响了分析师的行为和预测的准确度，分析师的行为由受感知到的审计质量调控（Cahan et al.，2012）。基于 2008~2012 年中国证监会公告的 5 起重大会计师事务所处罚案件展开研究，发现会计师事务所声誉受损后，证券分析师对其审计客户的盈余预测质量显著下降，表现为预测准确度显著下降，预测分歧度显著增大，悲观性倾向明显（石玉等，2014）。

通过上述分析，可知企业的盈余质量下降会削弱分析师的乐观性倾向。在此推测，盈余操纵水平高的公司，分析师社会资本的人情维护动机将减弱，假设如下：

H2：企业盈余操纵水平升高时，分析师的关联上市公司社会资本与投资评级的正向关系减弱。

三、同业校友社会资本对投资评级偏乐观倾向的抑制作用

中国的“圈子”文化常常使参与人对自己在圈内的“名声”或者“面子”十分看重。如明清时代的“晋商”“徽商”圈子中讲道义、重诚信的经商理念，无形中成为约束圈内成员的行为规范和行事准则（崔俊霞等，2017；杨峰和潘拥军，2017）。社会关系网络通过身份建立抵押提供了一种治理机制。社会关系网络内部成员一旦违约，如提供虚假信息等，则会被逐出“圈子”，丧失与内部成员未来进行互利交易的可能。2010 年 10 月 9 日，《经济观察报》刊文《中国投资界烙下校友印记：大学圈子自成体系》，引用了清华大学五道口金融学院校友李旭利的陈述：“在这个圈子里，你可以不说话，但如果说就绝对不能骗人，如果骗人，很快你就会搞臭名声”“五道口的同学沟通大家的防备心都是很低的，彼此之间更为信任，没有人会有意识地骗人”。

分析师社会网络中最为典型的圈子即为校友圈子。如第五章所提到的，资本市场中北大、清华、人大、中财大、上财、西南财大、厦大、武大等校友圈子均在业界享负盛名。出于对母校声誉与自身名声的维护，在同业校友网络[①]中位置越重要的分析师可能更倾向于做出中肯的推荐而非一味地乐观夸大。基于此，得到以下假设：

H3：分析师在同业校友网络中的地位越重要，其声誉维护动机越强，投资评级越保守。

除去在群体中的一般性声誉之外，分析师行业中还存在一些稀缺性的声誉，

① 在第五章中讨论校友社会资本对私有信息获取的影响时，本书关注了分析师同业校友与高管校友两种类型的校友网络。然而在第六章中，只讨论了同业校友社会资本对投资评级的影响，是由于相较于同业校友网络中分析师对于行业声誉的维护所带来的偏保守评级，分析师与高管的校友关系可能更多地掺杂人情因素，而第六章中人情、关系导向的社会资本则选择了拥有较多文献基础的分析师赴上市公司实地调研网络，因此未在第六章讨论分析师高管校友网络。

如投资者的认可以及“新财富最佳分析师”的称号。明星分析师的光环效应使其受到更多的公众关注，因不实预测带来声誉受损的风险会随之提升（王明伟等，2017），因此，声誉较高的分析师在盈余预测与投资评级方面均会表现出较低的乐观倾向［施先旺和李钻，2017；杨大楷等，2011；褚剑等（2019）］，分析师具有一定的声誉构建意识（胡奕明和金洪飞，2006）。分析师的“声誉激励效应”源于其受长期市场上“身份识别”问题的困扰（周铭山等，2015）。因此，分析师自身已获得的声誉对于其乐观性倾向具有抑制作用，可能会与社会资本的声誉机制发挥叠加效应。“明星分析师”（《新财富》最佳分析师）的身份常常被用来作为衡量分析师自身声誉的有效代理变量。张宗新和姚佩怡（2018）的研究也表明，明星分析师发布的研究报告观点更为谨慎。基于此，提出如下假设：

H4：拥有明星分析师身份时，分析师同业校友社会资本与投资评级负向关系增强。

第三节　研究设计

一、变量定义

被解释变量为分析师 i 对股票 j 的投资评级 $Recommend_{i,j,t}$。采用 CNRDS 数据库中的标准化荐股意见，将原始研究报告中的推荐评级表述标准化后的推荐评级表述，分为“买入”“增持”“中性”，“减持”和“卖出”，并依次赋值为 5（买入）、4（增持）、3（中性）、2（减持）、1（卖出）。数值越大，乐观性倾向越强；反之则为悲观倾向。

解释变量为分析师 i 在 t 年的同业校友网络（Saa_c）与调研网络（Was_c）的度数中心度（$Saa\_c\_degree_{i,t}$；$Was\_c\_degree_{i,t}$）、接近中心度（$Saa\_c\_close_{i,t}$；$Was\_c\_close_{i,t}$）、中介中心度（$Saa\_c\_between_{i,t}$；$Was\_c\_between_{i,t}$），计算公式见第四章。

控制变量。在公司基础业绩构成要素中，添加了公司规模（Size）、资产负债率（Leverage）、市账比（MTB）、股票收益波动率（Std_Ret）常用的表征财务状况的指标（Behn et al.，2008）。企业发生亏损或各年的盈余波动性较大时，亦会影响分析师的乐观倾向（Hope et al.，2003；Eames and Glover，2003），加入亏损哑变量（Loss）和盈余波动性（EarnVol）。

Dugar 等（1995）发现，当分析师所任职券商担任过所追踪公司的承销商时，会发布有偏预测。券商作为上市公司 IPO 或者增发配股的承销商时，会掌握更多的公司内部信息，加入主承销商关系（Underwriter）控制变量。此外，由于“羊群行为”也是分析师乐观性预测的重要原因（张玮倩和方军雄，2017），因此加入分析师跟踪人数作为控制变量（Lnanalystfollowing）。

亦有研究表明分析师会进行“盈余引导游戏”（Earnings-guidance game），即会计期初乐观预测，制造乐观气氛刺激投资者交易；会计期末临近再调低之前的预测，使公司年报公布的实际值达到或超过预测，维持投资者信心（Richardson et al.，2004），故添加预测日距年报公布日的间隔（Lnhorizon）作为控制变量。最后，纳入机构投资者持股比例（Instituteholding）以控制分析师维护机构投资者关系所引致的乐观性推荐（见表 6.1）。

表 6.1　变量定义

变量名称	变量定义
被解释变量	
$Recommend_{i,j,t}$	分析师 i 在 t 年的研究报告中对股票 j 的评级，采用 CNRDS 标准化荐股意见，将原始研究报告中的推荐评级表述标准化后的推荐评级表述，分为“买入”“增持”“中性”“减持”“卖出”，并依次赋值为 5（买入）、4（增持）、3（中性）、2（减持）、1（卖出）
解释变量	
$Saa\_c\_degree_{i,t}$	分析师 i 在 t 年当年的同业校友网络度数中心度，计算方法见式（4.2）
$Saa\_c\_close_{i,t}$	分析师 i 在 t 年当年的同业校友网络中介中心度，计算方法见式（4.8）
$Saa\_c\_between_{i,t}$	分析师 i 在 t 年当年的同业校友网络接近中心度，计算方法见式（4.5）
$Was\_c\_degree_{i,t}$	分析师 i 在 t 年当年的调研网络度数中心度，计算方法见式（4.2）
$Was\_c\_close_{i,t}$	分析师 i 在 t 年当年的调研网络接近中心度，计算方法见式（4.5）
$Was\_c\_between_{i,t}$	分析师 i 在 t 年当年的调研网络中介中心度，计算方法见式（4.8）
调节变量	
$Star_{i,t}$	分析师 i 是否在近三年当选“新财富最佳分析师”
$DA_{j,t}$	公司 j 在 t 年的可操纵性应计利润，运用 DD[①] 模型计算所得

续表

变量名称	变量定义
	控制变量
$Size_{j,t}$	企业规模=上市公司年初年末总市值均值的自然对数
$Leverage_{j,t}$	企业杠杆率=公司 j 在 t 年年末负债除以总资产
$MTB_{j,t}$	公司 j 在 t 年的市账比=t 年末的股票市场价值除以股票账面价值
$EarnVol_{j,t}$	盈余波动率=上市公司 j 前五年净资产收益率的标准差
$Loss_{j,t}$	亏损哑变量，若公司 j 在 t 年扣除非经常性损益后的亏损为 1，否则为 0
$Lnanalystfollowing_{j,t}$	跟踪分析师人数，同一报告期对同一公司做出盈余预测的总人数（取对数）
$Underwriter_{j,t}$	承销商哑变量，跟踪公司 j 的分析师所在的券商是否曾在三年内做过公司 j 的 IPO 或增发配股的主承销商，若为 1，否则为 0
$Lnhorizon_{i,j,t}$	分析师 i 预测发布日到 j 公司 t 年年报公布日之间的时间间隔（取对数）
$Instituteholding_{j,t}$	t-1 年年末公司 j 的机构投资者持股比例，计算方法为 t-1 年年末公司 j 的基金持股比例、券商持股比例、保险公司持股比例、社保基金持股比例、QFII 持股比例与其他机构持股比例的合计
Year	年份哑变量
Industry	行业哑变量，依据证监会 2012 年行业分类

注：①DD 模型由 Dechow 和 Dichev（2002，TAR）提出，其基本思想是正常的应计利润是过去、现在和未来现金流的函数，具体如下：$\frac{\Delta WC_{i,t}}{Asset_{i,t-1}}=\alpha_1\frac{1}{Asset_{i,t-1}}+\alpha_2\frac{CFO_{i,t-1}}{Asset_{i,t-1}}+\alpha_3\frac{CFO_{i,t}}{Asset_{i,t-1}}+\alpha_4\frac{CFO_{i,t+1}}{Asset_{i,t-1}}+\varepsilon_{i,t}$ 其中营运资本 $WC_{i,t}$=非现金流动资产-流动负债-折旧和摊销，$\Delta WC_{i,t}$ 的为 $WC_{i,t}$ 的变动；$CFO_{i,t}$ 是 t 年经营活动现金流量的净额；其他变量定义如上。$DA_{i,t}=\frac{\Delta WC_{i,t}}{Asset_{i,t-1}}-\left(\alpha_1\frac{1}{Asset_{i,t-1}}+\alpha_2\frac{CFO_{i,t-1}}{Asset_{i,t-1}}+\alpha_3\frac{CFO_{i,t}}{Asset_{i,t-1}}+\alpha_4\frac{CFO_{i,t+1}}{Asset_{i,t-1}}\right)$ 逐年逐行业运用最小二乘法法分别估计出上述五种模型各变量的回归系数 α，将回归系数 α 回代到模型中，计算出各年度公司样本的回归值，并以其年度对应的实际值减去回归值，得到异常值，即为操控性应计利润 DA。

二、模型构建

假设 1 的实证模型见式（6.1），模型中的解释变量为分析师 i 第 t 期的关联上市公司社会资本 $Listedcompany\_social\_capital_{i,t}$，分别用分析师 i 第 t 期的调研网络度数中心度 $Was\_c\_degree_{i,t}$、调研网络接近中心度 $Was\_c\_close_{i,t}$ 与调研网络中介中心度 $Was\_c\_between_{i,t}$ 衡量。被解释变量为分析师在 t 期发布的对上市公司股票的标准化投资评级，其余为控制变量。

$$\begin{aligned}Recommend_{i,j,t} = &\alpha_0+\alpha_1 Listedcompany\_social\_capital_{i,t}+\alpha_2 Size_{i,t}+\\&\alpha_3 Leverage_{j,t}+\alpha_4 MTB_{j,t}+\alpha_5 EarnVol_{j,t}+\alpha_6 Loss_{j,t}+\\&\alpha_7 Lnanalystfollowing_{j,t}+\alpha_8 Underwriter_{j,t}+\\&\alpha_9 LnHorizon_{i,j,t}+\alpha_{10} Instituteholding_{j,t}+Year+\\&Indutry+\epsilon_{i,j,t}\end{aligned} \tag{6.1}$$

假设 2 的实证模型见式（6.2），为验证上市公司盈余操纵程度对分析师关联上市公司社会资本与投资评级之间关系的调节作用，在式（6.1）的基础上加入上市公司盈余操纵程度的代理变量 $DA_{j,t}$ 及其与关联上市公司社会资本的交乘项 $Listedcompany\_social\_capital \times DA_{i,j,t}$。

在具体的回归中，交乘项 $Listedcompany\_social\_capital \times DA_{i,j,t}$ 由三项调研网络中心度参数与 $DA_{j,t}$ 的交乘项 $Was\_c\_degree \times DA_{i,j,t}$、$Was\_c\_close \times DA_{i,j,t}$ 及 $Was\_c\_between \times DA_{i,j,t}$ 作为代理变量。

$$\begin{aligned}Recommend_{i,j,t} = &\beta_0+\beta_1 Listedcompany\_social\_capital_{i,t}+\beta_2 DA_{j,t}+\\&\beta_3 Listedcompany\_social\_capital \times DA_{i,j,t}+\beta_4 Size_{j,t}+\\&\beta_5 Leverage_{j,t}+\beta_6 MTB_{j,t}+\beta_7 EarnVol_{j,t}+\beta_8 Loss_{j,t}+\\&\beta_9 Lnanalystfollowing_{j,t}+\beta_{10} Underwriter_{j,t}+\\&\beta_{11} LnHorizon_{i,j,t}+\beta_{12} Instituteholding_{j,t}+Year+\\&Indutry+\varepsilon_{i,j,t}\end{aligned} \tag{6.2}$$

假设 3 的实证模型见式（6.3），解释变量更换为分析师 i 第 t 期的同业校友社会资本 $Schoolmate\_social\_capital_{i,t}$，分别用分析师 i 第 t 期的同业校友网络度数中心度 $Saa\_c\_degree_{i,t}$、同业校友网络接近中心度 $Saa\_c\_close_{i,t}$ 与同业校友网络中介中心度 $Saa\_c\_between_{i,t}$ 衡量。被解释变量为分析师在 t 期发布的对上市公司股票的标准化投资评级，其余为控制变量。

$$\begin{aligned}Recommend_{i,j,t} = &\gamma_0+\gamma_1 Schoolmate\_social\_capital_{i,t}+\gamma_2 Size_{j,t}+\\&\gamma_3 Leverage_{j,t}+\gamma_4 MTB_{j,t}+\gamma_5 EarnVol_{j,t}+\gamma_6 Loss_{j,t}+\\&\gamma_7 Lnanalystfollowing_{j,t}+\gamma_8 Underwriter_{j,t}+\\&\gamma_9 LnHorizon_{i,j,t}+\gamma_{10} Instituteholding_{j,t}+Year+\\&Indutry+\sigma_{i,j,t}\end{aligned} \tag{6.3}$$

假设 4 的实证模型见式（6.4），为验证分析师自身声誉对分析师同业校友网络中心度与乐观性推荐的调节作用，在式（6.3）的基础上加入分析师行业声誉的代理变量 $Star_{i,t}$ 及其与同业校友社会资本的交乘项 $Schoolmate\_social\_capital \times Star_{i,t}$。

在后文的回归中，交乘项 Schoolmate_social_capital×$Star_{i,t}$ 具体的代理变量为三项同业校友网络中心度参数与 $Star_{i,t}$ 的交乘项 Saa_c_degree×$Star_{i,t}$、Saa_c_close×$Star_{i,t}$ 及 Saa_c_between×$Star_{i,t}$。

$$\begin{aligned}Recommend_{i,j,t} = {} & \mu_0+\mu_1 Schoolmate\_social\_capital_{i,t}+\mu_2 Star_{i,t}+\\ & \mu_3 Schoolmate\_social\_capital\times Star_{i,t}+\mu_4 Size_{j,t}+\\ & \mu_5 Leverage_{j,t}+\mu_6 MTB_{j,t}+\mu_7 EarnVol_{j,t}+\mu_8 Loss_{j,t}+\\ & \mu_9 Lnanalystfollowing_{j,t}+\mu_{10} Underwriter_{j,t}+\\ & \mu_{11} LnHorizon_{i,j,t}+\mu_{12} Instituteholding_{j,t}+Year+\\ & Indutry+\varphi_{i,j,t}\end{aligned} \tag{6.4}$$

三、样本结构与数据来源

表6.2 中 Panel A 与 Panel B 分别列示了关联上市公司社会资本（以分析师在调研网络中的位置表征）经济后果与同业校友社会资本（以分析师在同业校友网络中的位置表征）经济后果所涉及变量的年份分布和行业分布，同时，Panel C 与 Panel D 则为二者涉及变量的行业分布。

由于调研数据的限制，Panel A 中关联上市公司社会资本涉及变量的样本起始年份为 2007 年。表中数据显示，2007~2014 年样本量呈逐年上升趋势，主要是由于分析师荐股评级的发布量自 2008~2014 年快速增长。自 2015 年开始，分析师荐股评级的数量出现了回落的趋势，分析师研报产出不再唯数量论。Panel B 中同业校友社会资本涉及变量的样本变化趋势与 Panel A 中类似，样本时间跨度为 2005~2017 年。变量分布的起始年份为 2005 年的原因是由于机构投资者持股比例在数据库中统计的起始日期为 2004 年 12 月 31 日。本书中的控制变量机构投资者持股比例的定义为 t-1 年各类机构投资者持股比例之和，故 t 的起始年份为 2005 年。

对于 Panel C 中关联上市公司社会资本涉及变量的样本行业分布，与第五章中类似，仍然代码开头为 C 的工业企业占据了较大比例的样本（60.06%）。此外，信息技术、金融及房地产业亦是分析师追踪的热点。Panel D 中同业校友社会资本涉及变量的样本行业分布状况则与 Panel C 类似。

本章分析师社会资本与荐股评级数据来自中国研究数据服务平台 CNRDS 数据库，部分控制变量下载自国泰安 CSMAR 数据库。

表 6.2 样本结构

Panel A：关联上市公司社会资本经济后果涉及变量样本分布（按年份）

年份	—	—	2007	2008	2009	2010	2011
样本量	—	—	3222	6891	11832	12840	10605
占比（%）	—	—	0.66	1.41	2.43	2.63	2.18
年份	2012	2013	2014	2015	2016	2017	合计
样本量	57032	80077	87793	67060	83852	66153	487357
占比（%）	11.70	16.43	18.01	13.76	17.21	13.57	100.00

Panel B：同业校友社会资本经济后果涉及变量样本分布（按年份）

年份	2005	2006	2007	2008	2009	2010	2011
样本量	1599	3431	4149	12025	17953	21467	27637
占比（%）	0.35	0.75	0.91	2.63	3.93	4.70	6.05
年份	2012	2013	2014	2015	2016	2017	合计
样本量	55528	68805	76497	64373	61442	42175	457081
占比（%）	12.15	15.05	16.74	14.08	13.44	9.23	100

Panel C：关联上市公司社会资本经济后果涉及变量样本分布（按行业）

行业代码	行业名称	样本量	占比（%）
A	农、林、牧、渔业	7959	1.63
B	采矿业	13966	2.87
C1	食品、烟酒茶、纺织、皮革	41778	8.57
C2	木材、家具、造纸、印刷、化工、医药	107387	22.03
C3	金属、非金属、机械、运输及电子设备	158910	32.61
C4	仪表仪器、废弃利用、设备修理、其他	7341	1.51
D	电力、热力、燃气及水生产和供应业	11638	2.39
E	建筑业	11091	2.28
F	批发和零售业	30082	6.17
G	交通运输、仓储和邮政业	11671	2.39
H	住宿和餐饮业	1497	0.31
I	信息传输、软件和信息技术服务业	29126	5.98

续表

Panel C：关联上市公司社会资本经济后果涉及变量样本分布（按行业）			
行业代码	行业名称	样本量	占比（%）
J	金融业	6372	1.31
K	房地产业	17365	3.56
L	租赁和商务服务业	6509	1.34
M	科学研究和技术服务业	2784	0.57
N	水利、环境和公共设施管理业	9954	2.04
P	教育	124	0.03
Q	卫生和社会工作	4356	0.89
R	文化、体育和娱乐业	6582	1.35
S	综合	865	0.18
合计		487357	100

Panel D：同业校友社会资本经济后果涉及变量样本分布（按行业）			
行业代码	行业名称	样本量	占比（%）
A	农、林、牧、渔业	6169	1.35
B	采矿业	18374	4.02
C1	食品、烟酒茶、纺织、皮革	37565	8.22
C2	木材、家具、造纸、印刷、化工、医药	87587	19.16
C3	金属、非金属、机械、运输及电子设备	143968	31.50
C4	仪表仪器、废弃利用、设备修理、其他	5548	1.21
D	电力、热力、燃气及水生产和供应业	8974	1.96
E	建筑业	8174	1.79
F	批发和零售业	27152	5.94
G	交通运输、仓储和邮政业	16942	3.71
H	住宿和餐饮业	1880	0.41
I	信息传输、软件和信息技术服务业	24726	5.41
J	金融业	22286	4.88
K	房地产业	19381	4.24
L	租赁和商务服务业	6895	1.51
M	科学研究和技术服务业	2200	0.48
N	水利、环境和公共设施管理业	8292	1.81
P	教育	75	0.02

续表

Panel D：同业校友社会资本经济后果涉及变量样本分布（按行业）			
行业代码	行业名称	样本量	占比（%）
Q	卫生和社会工作	3665	0.80
R	文化、体育和娱乐业	6233	1.36
S	综合	995	0.22
合计		457081	100

第四节　实证结果

一、描述性统计

表6.3是分析师调研网络（人情主导）和同业校友网络（声誉主导）涉及变量的相关描述统计。其中，人情机制涉及的分析师调研网络与声誉机制涉及的分析师同业校友网络之间的样本量有一定差异。由于被解释变量与控制变量属两机制通用变量，故在描述统计中，被解释变量与控制变量的样本数量按其中较多者列示，当涉及具体模型时，则分别对应各自的解释变量的样本数量。

如表6.3所示，分析师荐股评级的均值 $Recommend_{i,j,t}$ 为4.331，说明偏乐观推荐较为普遍；平均每位分析师拥有56位同业校友，约有5.6%的公司存在亏损，每个公司平均被29.31（$=e^{3.378}$）位分析师跟踪过。约有1.7%的分析师所任职的券商近三年（t年、t-1年、t-2年）内担任过样本公司IPO、增发或配股的主承销商，此外，样本公司中机构投资者持股比例平均为35.5%。

表6.3　描述性统计

Variable	N	Mean	Median	Std.	max	min	Q1	Q3
（1）$Recommend_{i,j,t}$	487357	4.331	4.000	0.630	5.000	1.000	4.000	5.000
（2）$Saa\_c\_degree_{i,t}$	457081	56.947	45.000	46.089	196.000	0.000	17.000	90.000
（3）$Saa\_c\_between_{i,t}$	457081	0.379	0.394	0.073	0.476	0.000	0.344	0.428

续表

Variable	N	Mean	Median	Std.	max	min	Q1	Q3
(4) $Saa\_c\_close_{i,t}$	457081	0.002	0.000	0.003	0.015	0.000	0.000	0.002
(5) $Was\_c\_degree_{i,t}$	487357	3.382	3.555	0.977	5.056	0.693	2.773	4.094
(6) $Was\_c\_close_{i,t}$	487357	0.001	0.000	0.002	0.015	0.000	0.000	0.001
(7) $Was\_c\_between_{i,t}$	487357	0.328	0.356	0.099	0.451	0.003	0.310	0.387
(8) $Size_{j,t}$	487357	16.295	16.181	1.002	19.776	13.942	15.599	16.883
(9) $Leverage_{j,t}$	487357	0.429	0.426	0.202	0.943	0.050	0.267	0.585
(10) $Mtb_{j,t}$	487357	2.427	1.905	1.959	9.988	0.067	1.017	3.227
(11) $EarnVol_{j,t}$	487357	0.055	0.035	0.072	0.566	0.004	0.021	0.061
(12) $Loss_{j,t}$	487357	0.056	0.000	0.229	1.000	0.000	0.000	0.000
(13) $Lnanalystfollow_{j,t}$	487357	3.378	3.497	0.657	4.407	1.099	3.045	3.850
(14) $Underwriter_{j,t}$	487357	0.017	0.000	0.131	1.000	0.000	0.000	0.000
(15) $Lnhorizon_{j,t}$	487357	5.345	5.472	0.619	6.151	2.944	5.056	5.823
(16) $Instituteholding_{j,t}$	487357	0.355	0.326	0.247	0.861	0.004	0.126	0.568

二、相关性分析

表6.4（a）和表6.4（b）分别列示了社会资本人情主导机制和声誉主导机制的相关系数表。对于社会资本人情导向机制所涉及的变量，从相关系数表6.4a中可得，分析师荐股评级 $Recommend_{i,j,t}$ 与分析师调研网络度数中心度 $Was\_c\_degree_{i,t}$、接近中心度 $Was\_c\_close_{i,t}$ 和中介中心度 $Was\_c\_between_{i,t}$ 均显著正相关，即分析师在调研网络中占据越重要的地位，其推荐评级越乐观，假设1初步得证。

对于社会资本声誉导向机制所涉及的变量，由表6.4（b）可知，分析师荐股评级 $Recommend_{i,j,t}$ 与分析师同业校友网络度数中心度 $Saa\_c\_degree_{i,t}$、接近中心度 $Saa\_c\_close_{i,t}$ 和中介中心度 $Saa\_c\_between_{i,t}$ 在1%水平下显著负相关，说明分析师在同业校友网络中的位置越重要，其荐股评级越谨慎，初步证实了假设3。在控制变量方面，公司规模、杠杆率、市账比及分析师跟踪人数均与荐股评级正相关，盈余波动性、公司亏损及预测时间窗长度则与荐股评级显著负相关。此外，分析师对机构持股比例高的公司容易表现出乐观性倾向，上述控制变量与被解释变量回归系数的方向与已有研究基本保持了一致。具体的相关系数如表6.4（a）、表6.4（b）所示。

表 6.4（a） 相关系数表——人情主导

变量名	(1)	(2)	(3)	(4)	(5)	(6)	(7)	(8)	(9)	(10)	(11)	(12)	(13)
(1) $Recommend_{i,j,t}$	1.000												
(2) $Was\_c\_degree_{i,t}$	**0.110**	1.000											
(3) $Was\_c\_between_{i,t}$	**0.158**	**0.757**	1.000										
(4) $Was\_c\_close_{i,t}$	**0.009**	**0.360**	**0.122**	1.000									
(5) $Size_{j,t}$	**0.148**	**−0.027**	**0.017**	**−0.044**	1.000								
(6) $Leverage_{j,t}$	**0.011**	**−0.151**	**−0.126**	**−0.010**	**0.232**	1.000							
(7) $Mtb_{j,t}$	**0.048**	**0.140**	**0.104**	**0.017**	**−0.022**	**−0.577**	1.000						
(8) $EarnVol_{j,t}$	**−0.019**	**−0.057**	**−0.053**	**0.006**	**0.022**	**0.163**	0.000	1.000					
(9) $Loss_{j,t}$	**−0.096**	**−0.039**	0.000	**−0.005**	**−0.076**	**0.164**	**−0.101**	**0.205**	1.000				
(10) $Lnanalystfollowing_{j,t}$	**0.145**	**0.046**	**0.041**	**−0.029**	**0.445**	**−0.022**	**0.124**	**−0.096**	**−0.224**	1.000			
(11) $Underwriter_{j,t}$	**0.017**	0.002	**−0.007**	**0.004**	**−0.032**	**−0.023**	**0.027**	**−0.006**	**−0.015**	−0.002	1.000		
(12) $Lnhorizon_{i,j,t}$	**−0.064**	**−0.014**	**−0.009**	**−0.016**	**0.026**	**−0.002**	**−0.007**	−0.001	**0.015**	**0.014**	−0.001	1.000	
(13) $Instituteholding_{j,t}$	**0.030**	**−0.026**	**0.032**	**−0.039**	**0.322**	**0.212**	**−0.165**	−0.002	0.001	**0.200**	**−0.058**	**0.032**	1.000

注：加粗表示在 10%及以下（5%、1%）置信水平下显著。

表 6.4（b）　相关系数表——声誉主导

变量名	(1)	(2)	(3)	(4)	(5)	(6)	(7)	(8)	(9)	(10)	(11)	(12)	(13)
(1) $Recommend_{i,j,t}$	1.000												
(2) $Saa\_c\_degree_{i,t}$	**-0.024**	1.000											
(3) $Saa\_c\_between_{i,t}$	**-0.027**	**0.898**	1.000										
(4) $Saa\_c\_close_{i,t}$	**-0.004**	**0.374**	**0.352**	1.000									
(5) $Size_{j,t}$	**0.148**	0.002	**-0.010**	**0.030**	1.000								
(6) $Leverage_{j,t}$	**0.011**	**0.003**	**-0.010**	**0.030**	**0.232**	1.000							
(7) $Mtb_{j,t}$	**0.048**	**0.026**	**0.024**	**-0.032**	**-0.022**	**-0.577**	1.000						
(8) $EarnVol_{j,t}$	**-0.019**	**-0.009**	**-0.014**	**0.023**	**0.022**	**0.163**	0.000	1.000					
(9) $Loss_{j,t}$	**-0.096**	**0.008**	**0.013**	**0.021**	**-0.076**	**0.164**	**-0.101**	**0.205**	1.000				
(10) $Lnanalystfollowing_{j,t}$	**0.145**	**0.023**	**0.031**	**-0.019**	**0.445**	**-0.022**	**0.124**	**-0.096**	**-0.224**	1.000			
(11) $Underwriter_{j,t}$	**0.017**	**0.014**	**0.011**	0.000	**-0.032**	**-0.023**	**0.027**	**-0.006**	**-0.015**	-0.002	1.000		
(12) $Lnhorizon_{i,j,t}$	**-0.064**	**0.017**	**0.019**	**-0.005**	**0.026**	**-0.002**	**-0.007**	-0.001	**0.015**	**0.014**	-0.001	1.000	
(13) $Instituteholding_{j,t}$	**0.030**	**0.045**	**0.046**	0.000	**0.322**	**0.212**	**-0.165**	-0.002	0.001	**0.200**	**-0.058**	**0.032**	1.000

注：加粗表示在 10%及以下（5%、1%）置信水平下显著。

三、回归结果

1. 关联上市公司社会资本与投资评级的正向关系（假设1）

由于被解释变量投资评级 $Recommend_{i,j,t}$ 为1~5的顺序变量（1为最悲观评级，5为最乐观评级），故采用顺序逻辑回归（Order Probit）检验社会资本对分析师偏乐观推荐的影响。

表6.5中的列（1）至列（3）展示了解释变量分别为分析师调研网络度数中心度 $Was\_c\_degree_{i,t}$、接近中心度 $Was\_c\_close_{i,t}$ 与中介中心度 $Was\_c\_between_{i,t}$ 时，分析师的关联上市公司社会资本与其发布的投资评级之间的关系。由表中可知，三项解释变量的系数分别为0.047、1.226和10.728，且均在1%水平下显著。说明分析师的关联上市公司社会资本越高（表现为三种形式：在调研网络中有直接关联的上市公司多、或在调研网络与上市公司之间的接近程度高、或于调研网络中占据结构洞位置的程度高），其维护关系的需求越强，人情主导趋势越明显，越倾向于发布乐观性程度高的投资评级，假设1得证。

表6.5　假设1结果

	(1)	(2)	(2)
	$Recommend_{i,j,t}$	$Recommend_{i,j,t}$	$Recommend_{i,j,t}$
$Was\_c\_degree_{i,t}$	**0.047*** (0.002)**		
$Was\_c\_close_{i,t}$		**1.226*** (0.039)**	
$Was\_c\_between_{i,t}$			**10.728*** (0.784)**
$Size_{j,t}$	0.044*** (0.002)	0.045*** (0.002)	0.043*** (0.002)
$Leverage_{j,t}$	0.237*** (0.012)	0.234*** (0.012)	0.233*** (0.012)
$MTB_{j,t}$	0.004*** (0.001)	0.004*** (0.001)	0.005*** (0.001)
$Earningvol_{j,t}$	0.095*** (0.025)	0.097*** (0.025)	0.082*** (0.025)

续表

	(1)	(2)	(2)
	$Recommend_{i,j,t}$	$Recommend_{i,j,t}$	$Recommend_{i,j,t}$
$Loss_{j,t}$	-0.390*** (0.008)	-0.388*** (0.008)	-0.393*** (0.008)
$Analystfollowingnum_{j,t}$	0.246*** (0.003)	0.247*** (0.003)	0.248*** (0.003)
$Underwriter_{j,t}$	0.202*** (0.013)	0.201*** (0.013)	0.203*** (0.013)
$LnHorizon_{i,j,t}$	-0.134*** (0.003)	-0.133*** (0.003)	-0.135*** (0.003)
$Instituteholding_{j,t}$	-0.017** (0.008)	-0.014* (0.008)	-0.019** (0.008)
Industry F. E.	Yes	Yes	Yes
Year F. E.	Yes	Yes	Yes
# obs.	487357	487357	487357
Pseudo R^2	0.063	0.064	0.063

注：括号中为标准误，***、**和*分别表示在1%、5%和10%的置信水平下显著。

2. 盈余操纵水平对关联上市公司社会资本与投资评级之间关系的调节（假设2）

表6.6中列示了企业盈余操纵水平对分析师关联上市公司社会资本与其所发布的投资评级之间关系的调节作用。

对于列（1），在原解释变量分析师调研网络度数中心度 $Was\_c\_degree_{i,t}$ 的基础上加入可操纵性应计 $DA_{j,t}$ 及其与分析师调研网络度数中心度的交乘项 $DA \times Was\_c\_degree_{i,j,t}$。由表中数据可知，交乘项的系数为-0.042，且在1%的水平下显著为负，说明企业盈余操纵水平的提升会削弱分析师调研网络度数中心度与投资评级的正向关系。

对于列（2），在解释变量分析师调研网络接近中心度 $Was\_c\_close_{i,t}$ 的基础上加入可操纵性应计 $DA_{j,t}$ 及其与分析师调研网络接近中心度的交乘项 $DA \times Was\_c\_close_{i,j,t}$，交乘项的系数为-0.251，同样在1%的水平下显著为负。即企业盈余操纵水平的提升亦会削弱分析师调研网络接近中心度与投资评级的正向关系。

对于列（3），加入可操纵性应计 $DA_{j,t}$ 及其与分析师调研网络中介中心度的交乘项 $DA\times Was\_c\_between_{i,j,t}$，交乘项的系数为-0.869，但未显著。说明企业盈余操纵水平的提升对分析师调研网络中介中心度与投资评级之间正向关系的削弱性较弱，可理解为当分析师在调研网络中占据较多结构洞位置时，其人情维护动机较稳固。

综上，盈余操纵水平在一定程度上削弱了关联上市公司社会资本与投资评级之间的正向关系，假设 2 部分得证。

表 6.6 假设 2 结果

	(1)	(2)	(3)
	$Recommend_{i,j,t}$	$Recommend_{i,j,t}$	$Recommend_{i,j,t}$
$Was\_c\_degree_{i,t}$	0.057*** (0.002)		
$DA\times Was\_c\_degree_{i,j,t}$	**-0.042***** **(0.007)**		
$Was\_c\_close_{i,t}$		1.332*** (0.042)	
$DA\times Was\_c\_close_{i,j,t}$		**-0.251***** **(0.065)**	
$Was\_c\_between_{i}$			12.576*** (0.824)
$DA\times Was\_c\_between_{i,j,t}$			**-0.869** **(8.300)**
$DA_{i,t}$	0.248*** (0.025)	0.187*** (0.022)	0.108*** (0.007)
$Size_{j,t}$	0.046*** (0.002)	0.047*** (0.002)	0.044*** (0.002)
$Leverage_{j,t}$	0.254*** (0.013)	0.250*** (0.013)	0.249*** (0.013)
$MTB_{j,t}$	0.006*** (0.001)	0.006*** (0.001)	0.008*** (0.001)
$Earningvol_{j,t}$	0.121*** (0.027)	0.122*** (0.027)	0.100*** (0.027)

续表

	(1)	(2)	(3)
	$Recommend_{i,j,t}$	$Recommend_{i,j,t}$	$Recommend_{i,j,t}$
$Loss_{j,t}$	-0.395*** (0.008)	-0.394*** (0.008)	-0.400*** (0.008)
$Analystfollowingnum_{j,t}$	0.249*** (0.004)	0.251*** (0.004)	0.252*** (0.004)
$Underwriter_{j,t}$	0.235*** (0.014)	0.234*** (0.014)	0.236*** (0.014)
$LnHorizon_{i,j,t}$	-0.122*** (0.003)	-0.120*** (0.003)	-0.122*** (0.003)
$Instituteholding_{j,t}$	-0.024*** (0.008)	-0.022*** (0.008)	-0.026*** (0.008)
IndustryF. E.	Yes	Yes	Yes
YearF. E.	Yes	Yes	Yes
# obs.	418773	418773	418773

注：括号中为标准误，***、**和*分别表示在1%、5%和10%的置信水平下显著。

3. 同业校友社会资本与投资评级的负向关系（假设3）

采用顺序逻辑回归（Order Probit）检验分析师的同业校友社会资本对其投资评级的影响。

对于解释变量分析师同业校友社会资本，依旧采用三种类型的网络中心度参数来衡量分析师在同业校友网络中位置的重要性程度，以此来反映分析师同业校友社会资本的高低。三类网络中心度参数分别为分析师同业校友网络程度数中心度 $Saa\_c\_degree_{i,t}$、接近中心度 $Saa\_c\_close_{i,t}$ 和中介中心度 $Saa\_c\_between_{i,t}$。回归结果如表6.7所示。

对于分析师同业校友网络度数中心度 $Saa\_c\_degree_{i,t}$，其与投资评级 $Recommend_{i,j,t}$ 的回归系数为-0.023，且在1%水平下显著，说明分析师在同业校友网络中有直接校友关系的人越多，其声誉维护导向越强，投资评级越偏向于保守。

类似地，分析师同业校友网络接近中心度 $Saa\_c\_close_{i,t}$ 与被解释变量 $Recommend_{i,j,t}$ 亦保持了显著负相关的关系，回归系数为-0.353，即分析师在其同业校友网络中通过校友关系接近其他分析师的路径越短，其声誉主导机制作用越强，越可能出具乐观性较弱的评级。

此外，分析师同业校友网络中介中心度 $Saa\_c\_between_{i,t}$ 与被解释变量 $Recommend_{i,j,t}$ 同样在 1%的水平下显著负相关，回归系数为-7.954，说明分析师在其同业校友网络中占据中介或桥梁的位置较多时，其声誉维护导向越强，夸大性推荐概率越低。综上所述，假设 3 得证。

表 6.7 假设 3 结果

	(1)	(2)	(3)
	$Recommend_{i,j,t}$	$Recommend_{i,j,t}$	$Recommend_{i,j,t}$
$Saa\_c\_degree_{i,t}$	**-0.023*** (0.002)**		
$Saa\_c\_close_{i,t}$		**-0.353*** (0.025)**	
$Saa\_c\_between_{i,t}$			**-7.954*** (0.619)**
$Size_{j,t}$	0.033*** (0.002)	0.033*** (0.002)	0.033*** (0.002)
$Leverage_{j,t}$	0.313*** (0.012)	0.312*** (0.012)	0.311*** (0.012)
$MTB_{j,t}$	0.017*** (0.001)	0.017*** (0.001)	0.017*** (0.001)
$Earningvol_{j,t}$	-0.113*** (0.025)	-0.114*** (0.025)	-0.109*** (0.025)
$Loss_{j,t}$	-0.353*** (0.008)	-0.353*** (0.008)	-0.354*** (0.008)
$Analystfollowingnum_{j,t}$	0.238*** (0.003)	0.238*** (0.003)	0.238*** (0.003)
$Underwriter_{j,t}$	0.102*** (0.012)	0.101*** (0.012)	0.098*** (0.012)
$LnHorizon_{i,j,t}$	-0.095*** (0.003)	-0.095*** (0.003)	-0.096*** (0.003)
$Instituteholding_{j,t}$	-0.056*** (0.008)	-0.056*** (0.008)	-0.056*** (0.008)

续表

	(1)	(2)	(3)
	$Recommend_{i,j,t}$	$Recommend_{i,j,t}$	$Recommend_{i,j,t}$
Industry F. E.	Yes	Yes	Yes
Year F. E.	Yes	Yes	Yes
# obs.	457081	457081	457081
Pseudo R^2	0.066	0.066	0.066

注：括号中为标准误，***、**和*分别表示在1%、5%和10%的置信水平下显著。

4. 明星分析师身份对同业校友社会资本与投资评级之间关系的调节（假设4）

表6.8的列（1）中列示了明星分析师身份对分析师在同业校友网络中的度数中心度与其投资评级的关系的调节作用。交乘项的系数在1%水平上显著为负（系数为-0.105）。说明明星分析师身份的存在会加剧分析师同业校友网络度数中心度与其投资评级的负向关系，即分析师同业校友社会资本的声誉导向机制与自身声誉维护动机起到了同向的协同作用。

列（2）反映了明星分析师身份对分析师同业校友网络接近中心度与投资评级的调节作用。接近中心度与明星分析师身份的交乘项 $Star_t \times Saa\_c\_close_{i,t}$ 的系数为-1.883，且在1%水平上显著为负，说明明星分析师身份的存在亦会加剧分析师同业校友网络接近中心度与其投资评级的负向关系，个人声誉同样起到了强化社会声誉的作用。

列（3）为明星分析师身份对分析师同业校友网络中介中心度与投资评级之间关系的调节作用。交乘项的系数同样在1%水平上显著为负（系数为-24.692），说明明星分析师身份的存在同样会加剧分析师同业校友网络中介中心度与投资评级的负向关系。综上所述，假设4得证。

表6.8 假设4结果

	(1)	(2)	(3)
	$Recommend_{i,j,t}$	$Recommend_{i,j,t}$	$Recommend_{i,j,t}$
$Saa\_c\_degree_{i,t}$	-0.008*** (0.002)		
$Star \times Saa\_c\_degree_{i,t}$	**-0.105***** **(0.003)**		

续表

	(1)	(2)	(3)
	$Recommend_{i,j,t}$	$Recommend_{i,j,t}$	$Recommend_{i,j,t}$
$Saa\_c\_close_{i,t}$		-0.089*** (0.029)	
$Star \times Saa\_c\_close_{i,t}$		**-1.883***** **(0.056)**	
$Saa\_c\_between_{i,t}$			-0.906 (0.773)
$Star \times Saa\_c\_between_{i,t}$			**-24.692***** **(1.278)**
$Star_{i,t}$	0.399*** (0.013)	0.736*** (0.022)	0.048*** (0.004)
$Size_{j,t}$	0.034*** (0.002)	0.034*** (0.002)	0.032*** (0.002)
$Leverage_{j,t}$	0.315*** (0.012)	0.313*** (0.012)	0.312*** (0.012)
$MTB_{j,t}$	0.018*** (0.001)	0.018*** (0.001)	0.017*** (0.001)
$Earningvol_{j,t}$	-0.116*** (0.025)	-0.119*** (0.025)	-0.107*** (0.025)
$Loss_{j,t}$	-0.353*** (0.008)	-0.351*** (0.008)	-0.352*** (0.008)
$Analystfollowingnum_{j,t}$	0.238*** (0.003)	0.238*** (0.003)	0.237*** (0.003)
$Underwriter_{j,t}$	0.101*** (0.012)	0.099*** (0.012)	0.097*** (0.012)
$LnHorizon_{i,j,t}$	-0.094*** (0.003)	-0.094*** (0.003)	-0.096*** (0.003)
$Instituteholding_{j,t}$	-0.052*** (0.008)	-0.052*** (0.008)	-0.054*** (0.008)

续表

	(1)	(2)	(3)
	$Recommend_{i,j,t}$	$Recommend_{i,j,t}$	$Recommend_{i,j,t}$
Industry F. E.	Yes	Yes	Yes
Year F. E.	Yes	Yes	Yes
# obs.	457081	457081	457081

注：括号中为标准误，***、** 和 * 分别表示在 1%、5% 和 10% 的置信水平下显著。

第五节　稳健性检验

一、以分析师累积社会资本作为解释变量

与第五章中类似，以自 2001 年至 t 年的累积关联上市公司社会资本和累积同业校友社会资本作为解释变量，重新度量两类社会资本对分析师投资评级的影响，以下分别展示关联上市公司社会资本和同业校友社会资本的回归结果。

1. 累积关联上市公司社会资本与投资评级的正向关系

表 6.9 中，列（1）为分析师累积调研网络度数中心度对分析师乐观性推荐的 Order Probit 回归结果。与假设 3 中结果类似，分析师累积调研网络度数中心度 $Was\_a\_degree_{i,t}$ 与分析师推荐评级 $Recommend_{i,j,t}$ 的回归系数在 1% 的水平下显著为正，即分析师累积调研网度数中心度越高，投资评级乐观性倾向越强。

列（2）反映了解释变量替换为分析师累积调研网络接近中心度 $Was\_a\_close_{i,t}$ 后，解释变量的回归系数为 1.646，仍保持在 1% 水平下显著，即分析师累积调研网络接近中心度对其投资评级偏乐观倾向同样呈现出促进作用。

列（3）中，解释变量再度替换为分析师累积调研网络中介中心度 $Was\_a\_between_{i,t}$ 后，解释变量的回归系数为 10.514，在 1% 水平下显著，说明分析师累积调研网络中介中心度提升了其评级的乐观性。综上所述，假设 1 稳健。

表 6.9　累积关联上市公司社会资本与投资评级的正向关系

	(1)	(2)	(3)
	$Recommend_{i,j,t}$	$Recommend_{i,j,t}$	$Recommend_{i,j,t}$
$Was\_a\_degree_{i,t}$	**0.089***** **(0.002)**		
$Was\_a\_close_{i,t}$		**1.646***** **(0.040)**	
$Was\_a\_between_{i,t}$			**10.514***** **(0.803)**
$Size_{j,t}$	0.040*** (0.002)	0.040*** (0.002)	0.036*** (0.002)
$Leverage_{j,t}$	0.231*** (0.011)	0.224*** (0.011)	0.228*** (0.011)
$MTB_{j,t}$	0.012*** (0.001)	0.013*** (0.001)	0.013*** (0.001)
$Earningvol_{j,t}$	0.039* (0.022)	0.041* (0.022)	0.031 (0.022)
$Loss_{j,t}$	-0.397*** (0.007)	-0.395*** (0.007)	-0.400*** (0.007)
$Analystfollowingnum_{j,t}$	0.245*** (0.003)	0.248*** (0.003)	0.247*** (0.003)
$Underwriter_{j,t}$	0.169*** (0.012)	0.168*** (0.012)	0.170*** (0.012)
$LnHorizon_{i,j,t}$	-0.130*** (0.003)	-0.130*** (0.003)	-0.131*** (0.003)
$Instituteholding_{j,t}$	0.014* (0.007)	0.012* (0.007)	0.005 (0.007)
Industry F. E.	Yes	Yes	Yes
Year F. E.	Yes	Yes	Yes
# obs.	487357	487357	487357
Pseudo R^2	0.061	0.061	0.059

注：括号中为标准误，***、**和*分别表示在1%、5%和10%的置信水平下显著。

除了主检验之外，亦用分析师累积调研社会网络中心度参数对上市公司盈余操纵水平的调节作用进行了稳健性检验。表 6.10 中，列（1）中加入了可操纵性应计 $DA_{j,t}$ 及其与分析师累积调研网络度数中心度的交乘项 $DA\times Was\_a\_degree_{i,j,t}$。由表中数据可知，解释变量 $Was\_a\_degree_{i,t}$ 在 1%的水平下显著为正，而交乘项变量 $Was\_a\_degree_{i,t}\times DA_{i,j,t}$ 回归系数则显著为负（-0.045），即公司的盈余操纵倾向在一定程度上抑制了分析师为维护与上市公司的直接关系而产生的偏乐观评级行为。

列（2）中加入了可操纵性应计 $DA_{j,t}$ 及其与分析师累积调研网络接近中心度的交乘项 $DA\times Was\_a\_close_{i,j,t}$。解释变量 $Was\_a\_close_{i,t}$ 的系数为 1.517 且在 1%的水平下显著为正，而交乘项变量 $DA\times Was\_a\_close_{i,j,t}$ 回归系数为-0.579，且显著为负。反映了公司的盈余操纵水平能够抑制分析师在调研网络中的接近中心度与投资评级的正向关系。

列（3）中加入了可操纵性应计 $DA_{j,t}$ 及其与分析师累积调研网络中介中心度的交乘项 $DA\times Was\_a\_between_{i,j,t}$。由表中结果可知，解释变量 $Was\_a\_between_{i,t}$ 在 1%的水平下显著为正（10.252），交乘项变量 $DA\times Was\_a\_between_{i,j,t}$ 回归系数则在 5%的水平下显著为负（-15.067）。盈余操纵水平同样对解释变量与被解释变量之间的正向关系发挥了抑制作用。综上所述，假设 2 稳健。

表 6.10 对公司盈余操纵水平调节作用的稳健性检验（运用累积关联上市公司社会资本）

	(1)	(2)	(3)
	$Recommend_{i,j,t}$	$Recommend_{i,j,t}$	$Recommend_{i,j,t}$
$Was\_a\_degree_{i,t}$	0.086*** (0.002)		
$DA\times Was\_a\_degree_{i,j,t}$	**-0.045*** (0.005)**		
$Was\_a\_close_{i,t}$		1.517*** (0.043)	
$DA\times Was\_a\_close_{i,j,t}$		**-0.579*** (0.072)**	
$Was\_a\_between_{i,t}$			10.252*** (0.825)

续表

	(1)	(2)	(3)
	$Recommend_{i,j,t}$	$Recommend_{i,j,t}$	$Recommend_{i,j,t}$
DA×Was_ a_ between$_{i,j,t}$			**−15.067** **(7.566)**
$DA_{i,t}$	0.312*** (0.025)	0.346*** (0.030)	0.112*** (0.006)
$Size_{j,t}$	0.042*** (0.002)	0.042*** (0.002)	0.038*** (0.002)
$Leverage_{j,t}$	0.236*** (0.012)	0.230*** (0.012)	0.238*** (0.012)
$MTB_{j,t}$	0.014*** (0.001)	0.015*** (0.001)	0.016*** (0.001)
$Earningvol_{j,t}$	0.058*** (0.024)	0.058*** (0.024)	0.039 (0.024)
$Loss_{j,t}$	−0.401*** (0.007)	−0.400*** (0.007)	−0.405*** (0.007)
$Analystfollowingnum_{j,t}$	0.251*** (0.003)	0.253*** (0.003)	0.253*** (0.003)
$Underwriter_{j,t}$	0.208*** (0.013)	0.207*** (0.013)	0.208*** (0.013)
$LnHorizon_{i,j,t}$	−0.122*** (0.003)	−0.121*** (0.003)	−0.123*** (0.003)
$Instituteholding_{j,t}$	0.008 (0.007)	0.007 (0.007)	0.001 (0.007)
Industry F. E.	Yes	Yes	Yes
Year F. E.	Yes	Yes	Yes
# obs.	418773	418773	418773

注：括号中为标准误，***、**和*分别表示在1%、5%和10%的置信水平下显著。

2. 累积同业校友社会资本与投资评级的负向关系

表6.11中，列（1）为分析师累积同业校友网络度数中心度 $Saa\_a\_degree_{i,t}$ 对分析师投资评级 $Recommend_{i,j,t}$ 的 Order Probit 回归结果。与假设1的结果类

似，分析师累积同业校友网络度数中心度 $Saa\_a\_degree_{i,t}$ 与分析师推荐评级 $Recommend_{i,j,t}$ 的回归系数在 1%的水平下显著为负（-0.020），即分析师在累积同业校友网络中有直接关联的节点越多，其投资评级的保守性倾向越强。

列（2）为分析师累积同业校友网络接近中心度 $Saa\_a\_close_{i,t}$ 与分析师投资评级的回归结果。表中显示，分析师累积同业校友网络接近中心度 $Saa\_a\_close_{i,t}$ 的回归系数为-0.488，在 1%的水平下显著。说明分析师在历年累积而来的同业校友网络中所处位置与其他节点的接近度越高，其投资评级亦不容易表现出乐观性倾向。

列（3）为分析师累积同业校友网络中介中心度 $Saa\_a\_between_{i,t}$ 与分析师投资评级回归结果。与前两类社会网络参数保持一致，分析师累积同业校友网络中介中心度 $Saa\_a\_between_{i,t}$ 的回归系数依旧在 1%的水平下显著为负。在累积同业校友网络中处于中介位置程度越高的分析师，亦倾向于发布更审慎的投资评级。综上所述，假设 3 得证。

表 6.11 累积同业校友社会资本与投资评级的负向关系

	(1)	(2)	(3)
	$Recommend_{i,j,t}$	$Recommend_{i,j,t}$	$Recommend_{i,j,t}$
$Saa\_a\_degree_{i,t}$	**-0.020***** **(0.002)**		
$Saa\_a\_close_{i,t}$		**-0.488***** **(0.030)**	
$Saa\_a\_between_{i,t}$			**-17.313***** **(1.036)**
$Size_{j,t}$	0.033*** (0.002)	0.033*** (0.002)	0.032*** (0.002)
$Leverage_{j,t}$	0.313*** (0.012)	0.313*** (0.012)	0.311*** (0.012)
$MTB_{j,t}$	0.017*** (0.001)	0.017*** (0.001)	0.017*** (0.001)
$Earningvol_{j,t}$	-0.113*** (0.025)	-0.114*** (0.025)	-0.107*** (0.025)

续表

	(1)	(2)	(3)
	$Recommend_{i,j,t}$	$Recommend_{i,j,t}$	$Recommend_{i,j,t}$
$Loss_{j,t}$	-0.354***	-0.353***	-0.354***
	(0.008)	(0.008)	(0.008)
$Analystfollowingnum_{j,t}$	0.238***	0.238***	0.238***
	(0.003)	(0.003)	(0.003)
$Underwriter_{j,t}$	0.101***	0.102***	0.098***
	(0.012)	(0.012)	(0.012)
$LnHorizon_{i,j,t}$	-0.095***	-0.095***	-0.096***
	(0.003)	(0.003)	(0.003)
$Instituteholding_{j,t}$	-0.056***	-0.055***	-0.056***
	(0.008)	(0.008)	(0.008)
Industry F. E.	Yes	Yes	Yes
Year F. E.	Yes	Yes	Yes
# obs.	457081	457081	457081
Pseudo R^2	0.066	0.066	0.066

注：括号中为标准误，***、**和*分别表示在1%、5%和10%的置信水平下显著。

除了主检验之外，亦用分析师累积同业校友网络中心度参数对明星分析师的调节作用进行了稳健性检验。

表6.12列（1）为加入了明星分析师哑变量 $Star_{i,t}$ 及其与分析师累积同业校友网络度数中心度的交乘项。由表中数据可知，解释变量 $Saa\_a\_degree_{i,t}$ 与交乘项变量 $Star_{i,t} \times Saa\_a\_degree_{i,t}$ 均在1%的水平下显著为负（系数分别为-0.008与-0.096），即明星分析师的身份促进了分析师同业校友网络中心度与投资评级的负相关关系。

列（2）为加入了明星分析师哑变量及其与分析师累积同业校友网络接近中心度的交乘项。回归结果显示，交乘项变量 $Star_{i,t} \times Saa\_a\_close_{i,t}$ 在1%的水平下显著为负（系数为-2.240）。即明星分析师的身份加剧了解释变量 $Saa\_a\_close_{i,t}$ 与被解释变量 $Recommend_{i,j,t}$ 的负向关系。

列（3）为加入明星分析师哑变量及其与分析师累积同业校友网络中介中心度的交乘项的模型回归结果。交乘项变量 $Star_{i,t} \times Saa\_a\_between_{i,t}$ 系数为

-45.877，同样在1%的水平下显著为负，即明星分析师的身份提升分析师同业校友中介中心度 $Saa\_a\_between_{i,t}$ 与投资评级 $Recommend_{i,j,t}$ 之间的负向关系。综合列（1）至列（3）的结果可知，假设4保持了稳健。

表6.12　对明星分析师调节作用的稳健性检验（运用累积同业校友社会资本）

	(1)	(2)	(3)
	$Recommend_{i,j,t}$	$Recommend_{i,j,t}$	$Recommend_{i,j,t}$
$Saa\_a\_degree_{i,t}$	-0.008*** (0.002)		
$Star_{i,t}$×$Saa\_a\_degree_{i,t}$	**-0.096***** **(0.003)**		
$Saa\_a\_close_{i,t}$		-0.031 (0.034)	
$Star_{i,t}$×$Saa\_a\_close_{i,t}$		**-2.240***** **(0.065)**	
$Saa\_a\_between_{i,t}$			-1.854 (1.268)
$Star_{i,t}$×$Saa\_a\_between_{i,t}$			**-45.877***** **(2.146)**
$Star_{i,t}$	0.411*** (0.014)	0.920*** (0.027)	0.055*** (0.004)
$Size_{j,t}$	0.033*** (0.002)	0.034*** (0.002)	0.033*** (0.002)
$Leverage_{j,t}$	0.315*** (0.012)	0.315*** (0.012)	0.311*** (0.012)
$MTB_{j,t}$	0.017*** (0.001)	0.018*** (0.001)	0.017*** (0.001)
$Earningvol_{j,t}$	-0.112*** (0.025)	-0.110*** (0.025)	-0.108*** (0.025)
$Loss_{j,t}$	-0.354*** (0.008)	-0.352*** (0.008)	-0.354*** (0.008)
$Analystfollowingnum_{j,t}$	0.238*** (0.003)	0.237*** (0.003)	0.238*** (0.003)

续表

	(1)	(2)	(3)
	$Recommend_{i,j,t}$	$Recommend_{i,j,t}$	$Recommend_{i,j,t}$
$Underwriter_{j,t}$	0.099***	0.097***	0.099***
	(0.012)	(0.012)	(0.012)
$LnHorizon_{i,j,t}$	-0.094***	-0.094***	-0.096***
	(0.003)	(0.003)	(0.003)
$Instituteholding_{j,t}$	-0.053***	-0.052***	-0.053***
	(0.008)	(0.008)	(0.008)
Industry F. E.	Yes	Yes	Yes
Year F. E.	Yes	Yes	Yes
# obs.	457081	457081	457081

注：括号中为标准误，***、**和*分别表示在1%、5%和10%的置信水平下显著。

二、以分析师盈余预测乐观性程度作为被解释变量

除了主检验中使用的投资评级外，盈余预测亦是分析师工作的主要产出之一，其数值大小亦能反映出分析师的偏乐观性倾向，借鉴吴超鹏等（2013），以分析师预测盈余与年报公布盈余的差值（除以年初股价）作为衡量分析师盈余预测乐观性偏差（Bias）的程度，分析师盈余预测越正向偏离年报公布值，偏差的值越大；反之，分析师盈余预测的悲观性越强，偏差的值越小。

1. 关联上市公司社会资本与分析师盈余预测乐观性程度的正向关系

对于主检验中的人情主导下社会资本体现出的乐观激进倾向（关联上市公司社会资本与投资评级正相关），在稳健性检验中将被解释变量投资评级 $Recommend_{i,t}$ 替换为分析师盈余预测乐观性偏差 $Bias_{i,j,t}$，重新对假设1的模型进行回归，结果如表6.13所示。

表6.13的列（1）中，分析师调研网络度数中心度 $Was\_c\_degree_{i,t}$ 与其盈余预测乐观性偏差 $Bias_{i,j,t}$ 在1%的水平下显著正相关。解释变量的回归系数为0.002。表明分析师在调研网络中的度数中心度越高，其为保持关系、维护人情而对上市公司做出偏离实际的乐观预测的可能性越高，此时分析师盈余预测的乐观性偏差越大。

对于列（2），分析师调研网络接近中心度 $Was\_c\_close_{i,t}$ 对其盈余预测乐观

性偏差 $Bias_{i,j,t}$ 的回归系数为 0.038，且同样在 1%水平下显著正相关。即分析师在调研网络中的接近中心度越高，其人情维护动机亦越强，分析师盈余预测表现出越大的乐观性偏差。

列（3）中，分析师调研网络中介中心度 $Was\_c\_between_{i,t}$ 与其盈余预测乐观性偏差 $Bias_{i,j,t}$ 在 5%的水平下显著正相关，反映出即使分析师在调研网络中的中介地位变高，亦会在盈余预测时进行人情输出，从而做出带有乐观性偏差的预测。

由上可知，将分析师投资评级更换为分析师盈余预测之后，假设 1 的推理仍然保持稳健。分析师在调研网络中所处的位置越重要，其维护与上市公司管理层关系的动机越强，通过乐观性预测向对方进行人情输送的可能性越大。

表 6.13　调研网络度数中心度对分析师盈余预测乐观性程度的正向影响

	(1)	(2)	(3)
	$Bias_{i,j,t}$	$Bias_{i,j,t}$	$Bias_{i,j,t}$
$Was\_c\_degree_{i,t}$	**0.002*** (0.000)**		
$Was\_c\_close_{i,t}$		**0.038*** (0.006)**	
$Was\_c\_between_{i,t}$			**0.339** (0.132)**
$Size_{j,t}$	-0.027*** (0.000)	-0.027*** (0.000)	-0.028*** (0.000)
$Leverage_{j,t}$	-0.027*** (0.002)	-0.027*** (0.002)	-0.027*** (0.002)
$MTB_{j,t}$	-0.001*** (0.000)	-0.001*** (0.000)	-0.001*** (0.000)
$Earningvol_{j,t}$	0.044*** (0.004)	0.044*** (0.004)	0.044*** (0.004)
$Loss_{j,t}$	0.223*** (0.001)	0.223*** (0.001)	0.222*** (0.001)
$Analystfollowingnum_{j,t}$	-0.004*** (0.001)	-0.004*** (0.001)	-0.004*** (0.001)

续表

	(1)	(2)	(3)
	$Bias_{i,j,t}$	$Bias_{i,j,t}$	$Bias_{i,j,t}$
$Underwriter_{j,t}$	-0.007*** (0.002)	-0.007*** (0.002)	-0.007*** (0.002)
$LnHorizon_{i,j,t}$	0.039*** (0.000)	0.039*** (0.000)	0.039*** (0.000)
$Instituteholding_{j,t}$	-0.041*** (0.001)	-0.041*** (0.001)	-0.041*** (0.001)
Industry F. E.	Yes	Yes	Yes
Year F. E.	Yes	Yes	Yes
# obs.	535585	535585	535585
Adjusted R^2	0.126	0.126	0.126

注：括号中为标准误，***、**和*分别表示在1%、5%和10%的置信水平下显著。

2. 同业校友社会资本与分析师盈余预测乐观性程度的负向关系

对于主检验中的声誉导向下社会资本体现出的保守倾向（同业校友社会资本与投资评级负相关），在此将被解释变量替换为分析师盈余预测乐观性偏差 $Bias_{i,j,t}$，重新对假设3的模型进行回归，结果如表6.14所示。

列（1）中，分析师同业校友网络度数中心度 $Saa\_c\_degree_{i,t}$ 与其盈余预测乐观性偏差 $Bias_{i,j,t}$ 在1%的水平下显著负相关（系数为-0.003），说明了分析师在同业校友网络中的度数中心度越高，其声誉维护动机越强，分析师盈余预测乐观性偏差越小。

列（2）中，分析师同业校友网络接近中心度 $Saa\_c\_close_{i,t}$ 与其盈余预测乐观性偏差 $Bias_{i,j,t}$ 在1%的水平下同样显著负相关（系数为-0.026）。即分析师在同业校友网络中的接近中心度越高，同样受声誉导向的影响，分析师盈余预测乐观性偏差减小。

列（3）中，分析师同业校友网络中介中心度 $Saa\_c\_between_{i,t}$ 与其盈余预测乐观性偏差 $Bias_{i,j,t}$ 在1%的水平下显著负相关（系数为-0.461）。即分析师在同业校友网络中的中介地位越高，其越有维护声誉的需求，此时分析师盈余预测乐观性偏差得到了削弱，与假设3的结论保持了一致。

由上可知，将分析师投资评级更换为分析师盈余预测之后，假设3的推理仍然稳健。分析师在同业校友网络中所处的位置越重要，其维护自身在圈子中声誉的动机越强，评级或预测行为会越保守审慎。

表 6.14 同业校友网络度数中心度对分析师盈余预测乐观性程度的负向影响

	(1)	(2)	(3)
	$Bias_{i,j,t}$	$Bias_{i,j,t}$	$Bias_{i,j,t}$
$Saa\_c\_degree_{i,t}$	**−0.003*** (0.000)**		
$Saa\_c\_close_{i,t}$		**−0.026*** (0.004)**	
$Saa\_c\_between_{i,t}$			**−0.461*** (0.107)**
$Size_{j,t}$	−0.028*** (0.000)	−0.028*** (0.000)	−0.028*** (0.000)
$Leverage_{j,t}$	−0.010*** (0.002)	−0.010*** (0.002)	−0.010*** (0.002)
$MTB_{j,t}$	−0.001*** (0.000)	−0.001*** (0.000)	−0.001*** (0.000)
$Earningvol_{j,t}$	0.065*** (0.004)	0.065*** (0.004)	0.065*** (0.004)
$Loss_{j,t}$	0.233*** (0.001)	0.233*** (0.001)	0.233*** (0.001)
$Analystfollowingnum_{j,t}$	−0.002*** (0.001)	−0.002*** (0.001)	−0.002*** (0.001)
$Underwriter_{j,t}$	−0.011*** (0.002)	−0.011*** (0.002)	−0.011*** (0.002)
$LnHorizon_{i,j,t}$	0.044*** (0.000)	0.044*** (0.000)	0.044*** (0.000)
$Instituteholding_{j,t}$	−0.033*** (0.001)	−0.033*** (0.001)	−0.033*** (0.001)
Industry F. E.	Yes	Yes	Yes
Year F. E.	Yes	Yes	Yes
# obs.	499734	499734	499734
Adjusted R^2	0.131	0.130	0.130

注：括号中为标准误，***、**和*分别表示在1%、5%和10%的置信水平下显著。

第六节 进一步讨论

上文分别探讨了分析师社会资本的声誉主导机制和人情主导机制对分析师偏乐观性倾向的影响，并得出了二者呈现反向作用的实证结果。然而，由于分析师执业活动牵涉甚广，存在复杂的利益冲突，同一位分析师可能在同一时间内既处于声誉导向的约束之下，亦处于人情维护关心的需求之中，在这一场景下分析师应如何选择，亦是学术界和资本市场非常关心的问题。因此，在上述研究的基础上，进一步探究分析师社会资本的声誉导向和人情导向的交互作用。具体地，在回归模型中同时加入分析师同业校友网络中心度参数和分析师调研网络中心度参数、二者的交乘项以及其他控制变量，观察交乘项与对应解释变量系数之和的正负性。

表 6.15 展示了分析师同业校友网络度数中心度与分析师调研网络度数中心度的交互作用的实证结果。分析师同业校友网络度数中心度与调研网络度数中心度的交乘项系数显著为负，再一次验证了二者的反向作用。在二者的互相作用下，同业校友网络度数中心度对分析师乐观性推荐的回归系数为 0.049（0.079-0.030），同时调研网络度数中心度对分析师乐观性推荐的回归系数为 0.129（0.159-0.030），二者均为正，说明当分析师同时面临声誉维护与人情维系的选择时，人情导向机制会发挥更强的作用，促使分析师发布较高的投资评级。

表 6.15 声誉机制与人情机制的交互作用（度数中心度）

	(1)	(2)	(3)
	$Recommend_{i,j,t}$	$Recommend_{i,j,t}$	$Recommend_{i,j,t}$
$Saa\_c\_degree_{i,t}$	**-0.021*****	**0.081*****	**0.079*****
	(0.002)	**(0.007)**	**(0.007)**
$Was\_c\_degree_{i,t}$	**0.049*****	**0.158*****	**0.159*****
	(0.003)	**(0.008)**	**(0.008)**
$Saa\_c\_degree_{i,t} \times Was\_c\_degree_{i,t}$		**-0.030*****	**-0.030*****
		(0.002)	**(0.002)**

续表

	(1)	(2)	(3)
	$Recommend_{i,j,t}$	$Recommend_{i,j,t}$	$Recommend_{i,j,t}$
$Size_{j,t}$			0.046*** (0.003)
$Leverage_{j,t}$			0.303*** (0.016)
$MTB_{j,t}$			-0.004*** (0.002)
$Earningvol_{j,t}$			0.070*** (0.032)
$Loss_{j,t}$			-0.347*** (0.010)
$Analystfollowingnum_{j,t}$			0.246*** (0.004)
$Underwriter_{j,t}$			0.239*** (0.016)
$LnHorizon_{i,j,t}$			-0.112*** (0.003)
$Instituteholding_{j,t}$			-0.067*** (0.010)
Industry F. E.	Yes	Yes	Yes
Year F. E.	Yes	Yes	Yes
# obs.	305367	305367	305367

注：括号中为标准误，***、**和*分别表示在1%、5%和10%的置信水平下显著。

表6.16展示了分析师同业校友网络接近中心度与分析师调研网络接近中心度的交互作用的实证结果。分析师同业校友网络接近中心度与调研网络接近中心度的交乘项系数显著为负，反映出二者的反向作用。同时，在二者的互相作用下，同业校友网络接近中心度对分析师乐观性推荐的回归系数为-0.895（-0.200-0.695），但分析师同业校友网络接近中心度 $Saa\_c\_close_{i,t}$ 的回归系数不显著；调研网络接近中心度对分析师乐观性推荐的回归系数为0.925（1.584-0.659），说明二者交互作用中仍然是人情机制占据主导地位。

表 6.16 声誉机制与人情机制的交互作用（接近中心度）

	(1)	(2)	(3)
	$Recommend_{i,j,t}$	$Recommend_{i,j,t}$	$Recommend_{i,j,t}$
$Saa\_c\_close_{i,t}$	**-0.397***** **(0.032)**	**-0.127** **(0.120)**	**-0.200** **(0.126)**
$Was\_c\_close_{i,t}$	**1.208***** **(0.046)**	**1.523***** **(0.143)**	**1.584***** **(0.149)**
$Saa\_c\_close_{i,t} \times Was\_c\_close_{i,t}$		**-0.807**** **(0.347)**	**-0.695*** **(0.362)**
$Size_{j,t}$			0.048*** (0.003)
$Leverage_{j,t}$			0.300*** (0.016)
$MTB_{j,t}$			-0.004*** (0.002)
$Earningvol_{j,t}$			0.074*** (0.032)
$Loss_{j,t}$			-0.342*** (0.010)
$Analystfollowingnum_{j,t}$			0.248*** (0.004)
$Underwriter_{j,t}$			0.239*** (0.016)
$LnHorizon_{i,j,t}$			-0.111*** (0.003)
$Instituteholding_{j,t}$			-0.065*** (0.010)
Industry F. E.	Yes	Yes	Yes
Year F. E.	Yes	Yes	Yes
# obs.	305367	305367	305367

注：括号中为标准误，***、**和*分别表示在1%、5%和10%的置信水平下显著。

表6.17记录了分析师同业校友网络中介中心度与分析师调研网络中介中心度的交互作用的实证结果。与上述两表不同的是，当分析师在网络中占据结构洞

位置较多时，其同业校友网络中介中心度与调研网络中介中心度的交乘项系数显著为正，即二者在交互作用中发挥了同方向的影响。具体地，交互作用中分析师同业校友网络中介中心度的系数为572.112（-8.466+580.578），分析师调研网络中介中心度的系数则为587.494（6.916+580.578），二者均为正，说明此时人情维护导向发挥了决定性作用。

表6.17　声誉机制与人情机制的交互作用（中介中心度）

	(1)	(2)	(3)
	$Recommend_{i,j,t}$	$Recommend_{i,j,t}$	$Recommend_{i,j,t}$
$Saa\_c\_between_{i,t}$	**-7.970*****	**-8.523*****	**-8.466*****
	(0.857)	**(0.881)**	**(0.915)**
$Was\_c\_between_{i,t}$	**4.940*****	**4.077*****	**6.916*****
	(0.925)	**(0.979)**	**(1.024)**
$Saa\_c\_between_{i,t} \times Was\_c\_between_{i,t}$		**411.173*****	**580.578*****
		(152.469)	**(166.412)**
$Size_{j,t}$			0.044***
			(0.003)
$Leverage_{j,t}$			0.299***
			(0.016)
$MTB_{j,t}$			-0.003**
			(0.002)
$Earningvol_{j,t}$			0.067***
			(0.032)
$Loss_{j,t}$			-0.351***
			(0.010)
$Analystfollowingnum_{j,t}$			0.248***
			(0.004)
$Underwriter_{j,t}$			0.237***
			(0.016)
$LnHorizon_{i,j,t}$			-0.114***
			(0.003)
$Instituteholding_{j,t}$			-0.072***
			(0.010)

续表

	(1)	(2)	(3)
	$Recommend_{i,j,t}$	$Recommend_{i,j,t}$	$Recommend_{i,j,t}$
Industry F. E.	Yes	Yes	Yes
Year F. E.	Yes	Yes	Yes
# obs.	305367	305367	305367

注：括号中为标准误，***、**和*分别表示在1%、5%和10%的置信水平下显著。

第七节 小 结

本章从分析师运用夸大性语言引导投资者的案例出发，对分析师投资评级的偏乐观倾向展开研究。根据已有文献梳理了分析师偏乐观倾向的主要原因、影响因素和抑制途径。进而探讨两类社会资本对分析师偏乐观倾向的两方面作用机理：关联上市公司社会资本下的人情主导机制和同业校友社会资本下的声誉主导机制。前者对分析师乐观性倾向发挥促进作用，后者则发挥抑制作用。

一方面，社会资本的人情主导机制体现了社会资本获取和维护过程中所付出的资源或代价。为维系与客户或上市公司之间的关系，分析师的乐观性倾向表现出加强的趋势，上市公司盈余操纵所带来的风险则能在一定程度上削弱分析师为实现人情维护而表现出的格外乐观的倾向。另一方面，社会资本的声誉主导机制反映了社会资本作为一种社会或群体规范的属性，以失去在网络中的地位为约束，对网络内成员的行为起到治理作用。以分析师同业校友网络为研究对象，检验社会资本声誉主导机制，发现社会资本的声誉机制确实能在一定程度上抑制分析师的偏乐观性推荐倾向。此外，当个人的行业声誉较高时（明星分析师），社会资本声誉机制的抑制作用更为明显。

被解释变量由分析师推荐评级换成分析师盈余预测偏乐观性程度之后，原有结论依然稳健。此外，在同时面临人情维系和声誉维护的抉择时，人情导向占据了优势地位。说明我国分析师行业声誉机制的制约作用仍较为有限，监管部门和行业自律协会应加强声誉受损分析师的处罚力度。

第七章　金融分析师社会资本对市场评价的影响：执业结果视角

第五章与第六章分别对社会资本对分析师执业活动的起点——私有信息获取的促进作用以及社会资本对分析师研究过程的普遍性现象——乐观性倾向的双面作用进行了论证。在实证部分的最后一章中，聚焦分析师职业链条中的最后一环——市场对其工作的评价以及社会资本在其中所起的作用。本章以分析师是否上榜“新财富最佳分析师”作为市场评价的依据（见图 7.1）。

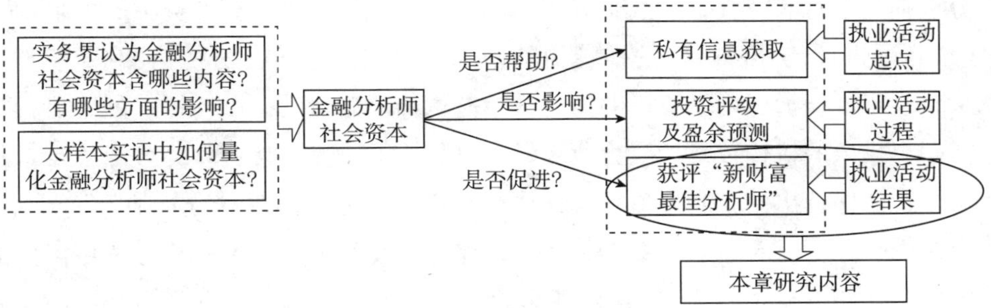

图 7.1　第七章在研究问题中所处位置

第一节　研究背景

2018 年 9 月的方正证券饭局门事件[①]将卖方分析师群体推上了风口浪尖，新

① 2018 年 9 月 17 日，一段“方正证券另类饭局”的视频在网络中迅速传播。视频涉及方正证券通讯与互联网分析师马军及其团队成员，由于该饭局有业内机构投资者参与，当时正值 2019 年“新财富最佳分析师”评选活动期间，该饭局被质疑存在拉票行为。2018 年 9 月 18 日，《新财富杂志》官方取消方正证券马军等参评“第 16 届新财富最佳分析师”评选资格，取消相关投票人的投票资格。9 月 21 日下午，证券业协会发布《关于退出新财富分析师评选声明》，30 家券商署名退出。声明称，“鉴于目前新财富分析师评选活动中出现的负面舆情和不正当竞争行为，严重影响评选活动的严肃性、公平性和专业性，我公司决定退出参加新财富分析师评选，以维护证券分析师职业声誉和行业公信力。”

财富最佳分析师（又称“明星分析师”）评选的拉票行为再度引起公众的高度关注。请客吃饭、送礼、撰写推送微博微信软文、做直播当网红秀才艺……种种社交手段不一而足。本该是严谨持重的金融研究行业却成了高度活跃的社交舞台。

卖方分析师普遍供职于券商成立的研究所中，研究所成立的初衷是对内提供研究报告与决策支持，但由于最初定位不清晰、部门分工不明确，券商研究所的研究成果并未受到其他部门的重视。1998 年以来，证券行业开启了以研究（行业研究、公司研究）换取佣金的商业模式。即分析师对机构投资者（如基金经理）和中小投资者提供研究报告，投资者们基于卖方分析师的荐股意见买卖股票，券商在其中赚取交易佣金，并以此作为卖方分析师的薪酬来源。自此券商研究所的研究员（卖方分析师）进入对外服务的时代。而 2003 年开始的《新财富》“最佳分析师评选”所带来的分析师的“明星效应”及背后的巨大收益使无数分析师为之宵衣旰食，形成了分析师独特的借由社会资本获取资源的机制。

“新财富最佳分析师”的评选活动由《新财富》杂志主办。自 2003 年举办以来，逐步成长为国内最有影响力的明星分析师评选活动，参与评选的分析师数量和参与投票的机构数量均属行业之最。以分析师研究的行业作为分组依据，每年每个行业评选出前 5 名分析师（或团队）获得“新财富最佳分析师”称号。

分析师之所以对新财富最佳分析师的评选如此看重，源于该称号背后巨大的薪资跃升。新浪财经的调查显示，分析师行业内公认的最佳分析师薪资水平为：不计年终奖和其他提成收入，新财富最佳分析师第一名的基本薪资是每年 500 万元，第二名 300 万~400 万元，第三名 100 万~200 万元，第五名也在 100 万元左右。因此，获得新财富最佳分析师是卖方分析师职业成功的重要标志之一。

然而，这一重要的评选活动，其评选规则却略显模糊。通观各届“新财富最佳分析师”的评选规则，对卖方分析师研究报告的预测质量、推荐股票的投资收益等基础且容易量化的指标均未做任何硬性规定，仅要求参与评选人员具备证券投资咨询执业资格，且未受到证监会及证券业协会的处罚。

除评选规则柔性极高外，决定分析师上榜与否的投票人群体也具有极大的伸缩性。具有新财富投票资格的机构包括社保、公募、私募基金、保险资管、银行、券商等诸多内地机构以及合格境外机构投资者（Qualified Foreign Institutional Investors）等海外投资机构。每年由新财富杂志征集、投票人自行申请的方式确定投票群体。近年来参与投票的机构投资者达上千家，如 2016 年举办的第 14 届评选活动的投票人公示中的数据表明，该届活动的候选人征集阶段共收到近2200家机构1万多位机构投资者的申请信息，基本全面覆盖A股市场中上规模的主流投资机构。经主办方《新财富》杂志审核，来自1000余家机构的4000多位机构投资者获得投票权，人数较上一届增长了14%。

由于最佳分析师的名次完全由候选人的票数高低决定，投票规则无硬性指标可依，且投票人群体牵涉范围极广，这就在所难免地催生了每年评选季（一般为9~11月）的大规模拉票行为[①]，各类人情因素融合其中，投票人很难做到客观公正。可以说，分析师角逐新财富最佳分析师的过程，在很大程度上是一场个人以及团队社会资本的比拼。我国证券市场正处于“新兴加转轨”阶段，上市公司存在参差不齐，投资者平均素质不高等问题，再加上整个社会的法治环境和契约精神均不及西方发达国家。这些因素都使分析师的信息中介作用更加重要，但同时也使分析师评选活动的激励机制更容易发生扭曲，丧失公平性。

第二节 理论分析与假设提出

一、获评明星分析师的影响因素与经济后果研究

国内的分析师研究中明星分析师多是以控制变量或调节变量出现，单独关注明星分析师的文献尚不多见，且结论也并不一致。现有为数不多的以明星分析师作为研究主体的文献中，研究内容主要可分为获评明星分析师的影响因素和取得最佳分析师称号后分析师的行为表现及市场反应两类，且后者居多。

对于取得最佳称号后分析师的行为表现及市场反应，学者主要关注了明星分析师发布的盈余预测和荐股评级的信息质量及投资回报问题。部分学者的研究表明，明星分析师表现出更优的研究水平和工作能力，其所发布盈余预测的准确度、频繁度以及市场影响力均高于非明星分析师（Fang and Yasuda，2014），投

① 2011年9月，光大证券举办泳装模特秀，并邀请各大公募基金经理参加；类似地，2011年中秋节前夕，中金公司在上海举办豪华游艇酒会，受邀对象同样主要为基金经理。考虑到基金经理可能的投票人身份与此类活动举办的时间，很大程度上均与《新财富》评选活动相关（参见 http：//finance. ifeng. com/stock/qsxw/20110919/4616747. shtml）。

资者对其上调修正表现出强烈的跟随反应（Stickel，1992）。对于无“明星”头衔但预测准确度高的分析师所做出的预测，股票市场的反应有所不足。因此，投资者对明星分析师预测结论的迅速反应可能更多地来源于其光环效应，带有一定的盲目性和“羊群行为”（Cooper et al.，2001；尹玉刚，2014）。进一步研究表明，明星分析师的荐股评级是否具有投资价值需要区分评级的类型（如买入/增持、中性、减持/卖出）、时间窗的长短以及市场的类型（牛市或熊市），分别探讨其是否具有超额收益率，不能一言以蔽之（王宇熹等，2012）。亦有学者细化探讨了明星分析师向市场提供的信息增量。区分信息的类型（公司特质信息/行业层面信息）后，发现明星分析师对公司特征信息的提供具有增量效应，而对行业层面信息则无突出贡献（伊志宏等，2013），这在一定程度上说明了其更容易与上市公司保持良好关系从而获取内部信息。

此外，较新的研究成果关注了明星分析师所发布的研报观点的情感语态，相较于非明星分析师，明星分析师的研报观点倾向于保守审慎，而非刻意追求标新立异（张宗新和姚佩怡，2018）。

上述文献所讨论的问题基本可以归纳为，明星分析师在上榜之后的盈余预测是否更准确，股票评级的市场效应及投资价值是否更大，以及上榜后的分析师为维持声誉所表现出的审慎态度和投资者对明星分析师的额外关注。

对于获评明星分析师的影响因素，市场一直有不同的看法，大致分为两类：一类认为明星分析师的评选反映了分析师的能力和机构投资者的认可程度；另一类认为评选就是一场盛大的公关，更多地取决于分析师的人脉、社交能力、所在券商的规模和资源投入。

相应地，在学术界的讨论中，对于分析师能否获评明星称号，其研究主要围绕在分析师获评是否取决于分析师盈余预测的质量优劣。一种观点认为，分析师获评与其所提供的信息质量有关，盈余预测质优的分析师获得明星分析师的概率更高，分析师的盈余预测质量有助于其获取及维持声誉（Stickel，1992；Jackson，2005）。此外，研究报告发布频率高的分析师更容易给投资者留下印象而获选，券商规模以及分析师从业经验亦对其获评明星分析师有一定的帮助（杨飞，2016）。

另一种观点则对分析师的预测能力及信息质量和其上榜与否的关联性持否定

态度。运用美国最有影响力的两大明星分析师评选活动[①]的数据，Emery 和 Li（2009）的研究发现，分析师预测质量仅在个别情形下促进了获评概率的提升。整体来看，分析师获评明星称号与其盈余预测质量无关，这一研究结论也得到了中国数据的证实。相比于信息质量，投资评级的乐观性程度、发布报告数量、跟踪公司数量及频率、从业年限、所在券商规模以及历史获奖次数对获评明星分析师的帮助更大（张沁，2012；吴偎立等，2016）。

对于上述不一致的研究结论，其原因可能有以下两点：一方面，由于分析师预测准确度的计算方法繁多，各研究所采用的计算公式和纳入样本的预测值（可能是分析师 12 月 31 日前最后一次预测、或年报公布前最后一次预测、或分析师全年/最后一个季度多次预测值的均值/中位数等）均有差异。此外，解释变量“分析师预测准确度”与被解释变量“是否为明星分析师”也存在对应模糊的问题。由于发布预测的分析师团队构成可能与获评明星分析师的团队人员构成不一致，如某份预测报告的署名分析师为甲与乙，而之后获评明星分析师团队的为甲、丙、丁，这种情况下该份预测报告的准确度是否完全能归属于明星分析师甲尚存疑问。在实际样本中，这种预测团队成员与上榜团队成员无法对应的情况不在少数，现有研究也未能充分区分。因此，变量计算的不一致性和模糊性可能是导致研究结果差异化的原因之一。

另一方面，可能存在的遗漏变量问题。由于明星分析师的评选规则确实未曾要求投票人以分析师预测信息的质量作为投票依据，以信息质量作为分析师能力评判标准来研究其是否影响分析师上榜可能确实存在一定的局限性。分析师获取社会资本的能力或许是比预测能力更强有力的解释变量；而作为对分析师获取社会资本能力的回应，高社会资本者上榜新财富最佳分析师，也正佐证了社会资本的资源属性。

二、社会资本的“网络—资源—能力观”

第四章阐明了社会资本的网络结构论，如 Bourdieu（1977）及 Burt（1992）对社会资本网络结构的论述。特别地，将社会资本首次引入社会学领域的法国学者 Bourdieu 提出，于人际交往关系中产生的社会资本是实际的或潜在的资源集合

① 美国两大影响力明星分析师评选活动分别为“全美最佳研究团队评选”（由《机构投资者》杂志举办）与“最佳分析师评选”（由《华尔街日报》举办）。

体，资源的获取与行为人的关系网络有密切关系（Bourdieu，1977）。社会资本网络结构论的奠基者Burt亦指出，社会资本是一种可以带来资源并控制资源的网络结构（Burt，1992）。在解读上述定义的时候，可了解到社会资本在具备网络结构的同时，也拥有更深层次的资源特征。在后续的研究中，学者进一步剖析了社会资本的资源属性。如社会资本研究的集大成者Coleman（1994）认为社会资本可以促进合作并帮助行动者获取资源。此外，对社会资本理论有巨大影响的Nahapiet与Ghoshal在其成果中将社会资本界定为个人或组织在其所处网络中所蕴含的各类潜在资源之和（Nahapiet and Ghoshal，1998）。华裔社会学家林南提出社会资源理论，并构建了个体社会资本的社会资源观，明确提出社会资本即是一种资源，在以个体为中心的社会连带网络结构中，社会资本为镶嵌在网络中可获取或达到的资源，可为行为人带来诸如有价值的工作机会（Lin，1981、2001）。

除社会资本的资源属性外，部分学者将其理解为一种能力。美国社会学家Portes（1998）将社会资本解读为行动者在网络结构中依托自身的成员资格支配稀缺资源的能力。社会资本的资源观与能力观并不矛盾，更多地可被视作社会资本的一体两面性，资源获取可被细分为资源获取结果和资源获取能力，前者是行动方获得资源及其可用性的结果表现，后者则是获取资源过程及路径的抽象概括（罗志恒等，2009）。

综上，社会资本具备网络结构的同时，拥有资源与能力的内核。在本章中，通过第四章计算出的分析师在社会网络中的位置重要性程度，探究社会资本对其获取行业稀缺资源——“新财富最佳分析师”的影响。

三、假设提出

通过上述对社会资本的“网络—资源—能力观”的梳理可以总结出，社会资本可以被视为一种镶嵌于网络中的用于获取资源的能力。“明星分析师”的称号作为分析师行业的一种非常有价值的稀缺资源，特别是当该称号的评选机制并不与可量化的业绩挂钩时，有理由推测，分析师会充分动用社会资本来获取该项资源。

此外，根据第七章第一节中明星分析师的相关研究可以了解到，相对而言较多的研究结果支持中国目前的明星分析师评选无法反映明星分析师在本职工作（盈余预测、荐股评级）方面的能力。从媒体对实务界的相关报道来看，人情、关系等社会资本的确充斥着新财富分析师评选的整个过程。因此，从社会网络的角度出发，推理分析师在社会网络中获取资源的能力对获评明星分析师的影响。

1. 身份认同型社会资本与分析师职业成功

在第四章的论述中提及，如校友、同事在内的身份认同型社会资本，由于其存在特殊的认同与信任感，因此非常容易缔结出稳固的社会网络结构（Deaux，1993；Chreim et al.，2007）。因此可以推测，这一稳固的社会网络易成为分析师动用社会资本获取资源的重要途径。

对于校友社会资本，新财富分析师的投票人涉及上千家机构，与之建立关系需要大规模的现有关系作为支撑。校友作为规模性较高的社会网络，可在分析师建立关系的过程中发挥规模经济的作用。此外，校友之间拥有一段或多段重叠的教育和专业背景，毕业后从事相同类型工作的概率较高。分析师作为金融行业从业者，其校友在资本市场中从事金融工作的可能性也较高，甚至可能本身就职于投票机构，加之国内投行券商行业普遍存在的校友圈子，圈子内部存在频繁的信息和资源交换（蔡庆丰等，2016），因此可以推测校友关系有助于分析师接触投票人进行拉票活动。

分析师在校友网络中的位置无疑决定了其可调动的校友资源的能力大小，进而影响其通过校友资源构建与投票人之间的关系。具体地，由于分析师同业校友关系和高管校友关系可能拥有异质性的人脉来源，因此与第五章和第六章中一致，分别考察分析师在同业校友和高管校友网络中位置的重要性程度对其获评新财富最佳分析师的影响，假设如下：

H1：分析师校友社会资本与获评明星分析师正相关。

H1a：分析师同业校友社会资本与获评明星分析师正相关。

H1b：分析师高管校友社会资本与获评明星分析师正相关。

对于同事社会资本，同样考察了普通同事关系和团队关系这两类同事关系。就普通同事关系而言，同事网络能够体现分析师同事或前同事关系的规模，这一规模越大，分析师从同事或前同事处获取人脉资源从而与投票人建立良好私下往来的可能性也就越大（Cai et al.，2016）。就团队关系来说，如第七章第一节中的研究背景所述，新财富最佳分析师的投票方涉及上千家大大小小的金融机构，分析师会在投票季进行频繁的公开路演与私下接触等多种形式的拉票行为。对于如此大体量的投票群体，单独的分析师无论是时间、精力还是人脉都是有限的，有团队成员的襄助会在关系的建立和维护上达到事半功倍的效果（近年来新财富最佳分析师均是以团队形式上榜）。基于上述推理，得出以下假设：

H2：分析师同事/团队社会资本与获评明星分析师正相关。

H2a：分析师同事社会资本与获评明星分析师正相关。

H2b：分析师团队社会资本与获评明星分析师正相关。

2. 相对资源权力认同型社会资本与分析师职业成功

除了尽力调动校友、同事等身份认同型的人脉关系之外，分析师与上市公司高管通过相对资源权力认同建立起的互动关系（见第五章、第六章中对分析师与高管之间信息传递、人情维护的讨论）亦有可能成为分析师上榜新财富最佳分析师的重要助力。分析师与上市公司管理层之间的互动对获评明星分析师的帮助主要体现为以下两点：其一，分析师通过与上市公司管理层建立的良好关系以获取更多的私有信息［Ke and Yu，2006；赵良玉等（2013）；Green et al.，2014］，进而运用私有信息帮助其客户获取更高的超额回报（Cohen et al.，2010），提升了客户满意度。因此获得客户投票认可、上榜新财富最佳分析师的概率增加。其二，很多上市公司本身就是机构投资者重仓持股的对象，与上市公司管理层的良好关系可以在一定程度上溢出为分析师与这些重仓持股机构的关系，进而转化为新财富评选中的投票支持。此外，在与上市公司的互动网络中处于重要位置也反映出分析师的工作勤奋度与人际交往能力，在无量化指标的评选机制中，这些软实力往往成为投票人做出选择的关键依据。因此，做出如下假设：

H3：分析师关联上市公司社会资本与获评明星分析师正相关。

3. 市场景气状况的调节作用

由于我国证券市场尚未发展成熟，投资者理性程度较低。李丽青（2012）的研究表明，投资者难以理性地识别牛熊市下的各种盈利预测信息，因此无法证明分析师盈利预测是比随机游走模型预测更好的“市场预期盈利”的代理变量。低区分度的市场环境容易发生“劣币驱逐良币”的“柠檬市场”现象，加重了分析师发布和传播夸大或虚假信息的可能性。同时，低成熟度的投资者亦表现为其情绪容易受到市场景气状况的影响而变得极不稳定，当市场整体回报率处于低迷状态（如“熊市”）时，投资者倾向于将错误归咎于分析师的引导行为，引发对分析师的信任危机。蔡庆丰和杨侃（2013）的研究表明，2008 年国际金融危机使国内证券分析师行业遇冷，而 2011 年以来分析师的题材炒作、夸大性标题以及捕风捉影等行为愈演愈烈（如平安、湘财、信达、国泰君安等券商的分析师牵涉的“深圳宝安石墨烯矿”事件①、中信证券的“天价涪陵榨菜”事件②），更使分析师行业深陷信任危机，对其质疑之声不绝于耳。因此，在宏观经济低迷、市场景气状况较差的年份中，无论是分析师本身的失实言论，还是投资者悲观情绪的连带作用，都会造成普遍意义上的分析师信任危机。而在这一困境中，社会资本具备的信任内核，可作为一种补偿机制，在市场欠佳的年份帮助分析师提升信任度，获取稀缺资源，即最佳分析师投票人的认可。以综合年市场回报率作为衡量当年市场景气状况的依据，可以推测，在市场景气程度欠佳的情况下，在社会网络中占据重要地位的分析师更容易获评明星分析师。

具体地，当市场景气状况欠佳时，受股票走低和收益率下滑的影响，分析师面对低迷的市场状况，需要开拓更多的信息渠道、获取研究思路，以取得相对竞争优势，获取投资者的信任。校友之间天然的情感纽带和规模优势使校友关系成为拓宽人脉、促进沟通、促成合作的良好选择，良好的校友关系有助于实现资源的优化配置（Lerner and Malmendier，2013）。可以推测，在校友网络中占据重要地位的分析师，易于集成更多的信息与资源，更可能获得投票人的支持，获评明星分析师，基于此，提出以下假设：

H4：市场景气状况越欠佳，获评明星分析师越受到校友社会资本的影响。

H4a：市场景气状况越欠佳，获评明星分析师的可能性越受到同业校友网络地位的影响。

H4b：市场景气状况越欠佳，获评明星分析师的可能性越受到高管校友网络地位的影响。

Assenza 等（2008）与 Marcoux 和 Lusseau（2013）的研究表明，连接紧密的团队成员之间，信息流通更加顺畅，合作行为也更容易达成。对于分析师的同事（包含团队）关系，当股市收益率呈现持续走低的状态时，处于（或曾经处于）同业中的分析师们囿于当下的业绩困境，易萌生“同理心”，更有可能做出“抱团取暖”“同舟共济”的行为，并在关系紧密的同事成员之间沟通业务信息，寻找投资机会。在团队成员的帮助与支持下完成更优质的研究报告与路演活动，促

① 平安、湘财、信达、国泰君安等券商的分析师在其研报中提及中国宝安拥有石墨矿，而中国宝安却在事后公开否认此事。https：//baike. baidu. com/item/%E5%AE%9D%E5%AE%89%E7%9F%B3%E5%A2%A8%E7%9F%BF%E4%BA%8B%E4%BB%B6/2810969？fr=aladdin。

② 中信证券分析师在其对中小板公司“涪陵榨菜”的点评中专门向投资者宣传 600 克 2200 元的天价榨菜。https：//baike. baidu. com/item/%E5%A4%A9%E4%BB%B7%E6%A6%A8%E8%8F%9C/8225056？fr=aladdin。

进分析师与机构投资者的合作关系，获取投资者的更多认可。基于此，得出以下假设：

H5：市场景气状况越欠佳，获评明星分析师越受到同事/团队社会资本的影响。

H5a：市场景气状况越欠佳，获评明星分析师的可能性越受到同事网络地位的影响。

H5b：市场景气状况越欠佳，获评明星分析师的可能性越受到团队网络地位的影响。

对于分析师与上市公司的关系，在股市整体表现不佳的情况下，如若分析师与上市公司保持良好的关系，能够提前获取诸如关键性的企业战略调整或行业未来规划信息，则更有可能为投资者的买卖决策提供信息支持（Carlton，1982），在个股推荐上“跑赢”大盘或帮助投资者及时止损，从而获得相对较佳的研究业绩以及投资者信任，则其获评明星分析师的概率将有所提升。基于此，提出如下假设：

H6：市场景气状况越欠佳，获评明星分析师越受到关联上市公司社会资本的影响。

第三节　研究设计

一、变量定义

被解释变量为哑变量 $Star_{i,t}$，若分析师 i 在 t 年上榜“新财富”最佳分析师，则 $Star_{i,t}$ 为 1，否则为 0。

解释变量为分析师 i 在 t 年的同业校友网络（Saa_c）的度数中心度（$Saa\_c\_degree_{i,t}$）、接近中心度（$Saa\_c\_close_{i,t}$）、中介中心度（$Saa\_c\_between_{i,t}$）；

分析师 i 在 t 年的高管校友网络（Sam_c）的度数中心度（$Sam\_c\_degree_{i,t}$）、接近中心度（$Sam\_c\_close_{i,t}$）、中介中心度（$Sam\_c\_between_{i,t}$）；

分析师 i 在 t 年的同事网络（Fab_c）的度数中心度（$Fab\_c\_degree_{i,t}$）、接近中心度（$Fab\_c\_close_{i,t}$）、中介中心度（$Fab\_c\_between_{i,t}$）；

分析师 i 在 t 年的团队网络（Fat_c）的度数中心度（$Fat\_c\_degree_{i,t}$）、接近中心度（$Fat\_c\_close_{i,t}$）、中介中心度（$Fat\_c\_between_{i,t}$）；

分析师 i 在 t 年的上市公司调研网络（Was_c）的度数中心度（$Was\_c\_degree_{i,t}$）、接近中心度（$Was\_c\_close_{i,t}$）、中介中心度（$Was\_c\_between_{i,t}$）。

控制变量。首先，控制分析师的预测准确度 $Accuracy_{i,t}$。盈余预测作为分析师工作的重要内容之一，其质量优劣理应纳入投票人衡量分析师职业能力的标准。然而，由于新财富最佳分析师的评选规则中并未对分析师盈余预测的准确度做出要求，现有文献对盈余预测准确度是否影响分析师上榜新财富最佳分析师的研究结论尚不统一。如张沁（2012）的研究表明，盈余预测准确度与获评明星分析师无显著关联，而杨飞（2016）则检验得出盈余预测的准确度提升了分析师上榜“新财富最佳”的可能性。在此，纳入分析师的预测准确度 $Accuracy_{i,t}$，观察加入分析师社会资本的模型后，盈余预测准确度对分析师获评“新财富最佳”的影响程度。

分析师发布越多的研究报告，越有可能在投资者心中留下深刻印象，获评明星分析师的概率也会相应增大，因此控制分析师发布研究报告的数量 $lnreportnum_{i,t}$（张沁，2012），计算方法为分析师在 t 年发布的研究报告的数量的自然对数。随着从业年限的增长，分析师会累积一定的行业经验和客户资源作为获取明星分析师称号的助力，控制分析师从业年限 $Career\_year_{i,t}$，以分析师首次出现在 CNRDS 数据库中的年份距 t 年的年份间隔来衡量。

券商规模越大，行业地位的认可度就越高，掌控及获取资源的能力就越强，与机构投资者之间的经济关联可能越紧密，机构投资者在新财富评选中投票给利益关联券商的分析师的概率越高。此外，规模大的券商还可能发挥规模经济效应，帮助本公司分析师向机构投资者拉票。因此，控制分析师所在券商的规模（$Brokersize_{i,t}$），若 t 年分析师所在券商的净资产位于当年所有券商中的前 10 位，则为 1，否则为 0。

若分析师跟踪公司过多，可能使分析师精力过于分散，造成分析深度不足，质量不佳，降低投资者的满意度。因此，控制分析师追踪公司的数量 $lnfirmnum_{i,t}$，以分析师在 t 年发布的研究报告中所涉及上市公司的数量来衡量。

此外，加入分析师个人特征变量 $Education_{i,t}$ 和 $Gender_{i,t}$，控制学历和性别因素对获评明星分析师的影响。

各变量的具体定义如表 7.1 所示。

表 7.1 变量定义

变量名称	变量定义
	被解释变量
$Star_{i,t}$	哑变量，若分析师在 t 年上榜“新财富”最佳分析师，则 $Star_{i,t}$ 为 1，否则为 0
	解释变量
$Saa\_c\_degree_{i,t}$	分析师 i 在 t 年当年的同业校友网络度数中心度，计算方法见式（4.2）
$Saa\_c\_close_{i,t}$	分析师 i 在 t 年当年的同业校友网络接近中心度，计算方法见式（4.5）
$Saa\_c\_between_{i,t}$	分析师 i 在 t 年当年的同业校友网络中介中心度，计算方法见式（4.8）
$Sam\_c\_degree_{i,t}$	分析师 i 在 t 年当年的高管校友网络度数中心度，计算方法见式（4.2）
$Sam\_c\_close_{i,t}$	分析师 i 在 t 年当年的高管校友网络接近中心度，计算方法见式（4.5）
$Sam\_c\_between_{i,t}$	分析师 i 在 t 年当年的高管校友网络中介中心度，计算方法见式（4.8）
$Fab\_c\_degree_{i,t}$	分析师 i 在 t 年当年的同事网络度数中心度，计算方法见式（4.2）
$Fab\_c\_close_{i,t}$	分析师 i 在 t 年当年的同事网络接近中心度，计算方法见式（4.5）
$Fab\_c\_between_{i,t}$	分析师 i 在 t 年当年的同事网络中介中心度，计算方法见式（4.8）
$Fat\_c\_degree_{i,t}$	分析师 i 在 t 年当年的团队网络度数中心度，计算方法见式（4.2）
$Fat\_c\_close_{i,t}$	分析师 i 在 t 年当年的团队网络接近中心度，计算方法见式（4.5）
$Fat\_c\_between_{i,t}$	分析师 i 在 t 年当年的团队网络中介中心度，计算方法见式（4.8）
$Was\_c\_degree_{i,t}$	分析师 i 在 t 年当年的调研网络度数中心度，计算方法见式（4.2）
$Was\_c\_close_{i,t}$	分析师 i 在 t 年当年的调研网络接近中心度，计算方法见式（4.5）
$Was\_c\_between_{i,t}$	分析师 i 在 t 年当年的调研网络中介中心度，计算方法见式（4.8）
	调节变量
$Negative\_market_{it}$	市场景气状况指标，若 t 年考虑现金红利再投资的综合年市场回报率为负，则取 1，否则取 0
	控制变量
$Accuracy_{i,t}$	分析师 i 在 t 期发布的所有盈余预测准确度的中位数，$Accuracy_{it} = median\left(-\frac{\lvert FEPS_{ijt}-REPS_{ijt}\rvert}{Price_{jt-1}}\right)$，其中 $FEPS_{ijt}$ 与 $REPS_{ijt}$ 为分析师 i 在 t 期发布的 j 公司盈余预测值与 j 公司年报公布盈余，分母为 j 公司 t 年年初股价
$Inreportnum_{i,t}$	分析师发布研究报告的数量，以分析师在 t 年发布的研究报告的数量的自然对数衡量
$Career\_year_{i,t}$	分析师从业年限，以分析师首次出现在 CNRDS 数据库中的年份距 t 年的年份间隔来衡量
$Brokersize_{i,t}$	分析师所在券商规模，若 t 年分析师所在券商的净资产位于当年所有券商中的前 10 位，则为 1，否则为 0

续表

变量名称	变量定义
$Infirmnum_{i,t}$	分析师 t 年追踪公司数量，以分析师在 t 年发布的研究报告中所涉及上市公司的数量来衡量
$Education_{i,t}$	分析师学历，1 为大专，2 为本科，3 为硕士，4 为博士
$Gender_{i,t}$	分析师性别，1 为男，0 为女
Year	年份哑变量
Industry	行业哑变量，依据证监会 2012 年行业分类

二、模型构建

对于假设 1，构建式（7.1），被解释变量为 $Star_{it}$，衡量分析师 i 在 t 年是否为明星分析师，解释变量为校友相关的社会资本变量 $Schoolmate\_social\_captial_{it}$。具体地，涉及分析师同业校友网络的三项中心度参数（分析师同业校友网络度数中心度 $Saa\_c\_degree_{i,t}$，分析师同业校友网络接近中心度 $Saa\_c\_close_{i,t}$，分析师同业校友网络中介中心度 $Saa\_c\_between_{i,t}$）与分析师高管校友网络的三项中心度参数（分析师高管校友网络度数中心度 $Sam\_c\_degree_{i,t}$，分析师高管校友网络接近中心度 $Sam\_c\_close_{i,t}$，分析师高管校友网络中介中心度 $Sam\_c\_between_{i,t}$）。

$$\begin{aligned}Star_{it} = {} & \alpha_0+\alpha_1 Schoolmate\_social\_captial_{it}+\alpha_2 Accuracy_{it}+\\ & \alpha_3 Inreportnum_{it}+\alpha_4 Career\_year_{it}+\alpha_5 Brokersize_{it}+\\ & \alpha_6 Infirmnum_{it}+\alpha_7 Education_{it}+\alpha_8 Gender_{it}+Year+\\ & Indutry+\varepsilon_{it}\end{aligned} \tag{7.1}$$

对于假设 2，构建式（7.2）。解释变量变更为同事相关的社会资本变量 $Fellow\_social\_captial_{it}$。具体地，涉及分析师同事网络的三项中心度参数（分析师同事网络度数中心度 $Fab\_c\_degree_{i,t}$，分析师同事网络接近中心度 $Fab\_c\_close_{i,t}$，分析师同事网络中介中心度 $Fab\_c\_between_{i,t}$）与分析师团队网络的三项中心度参数（分析师团队网络度数中心度 $Fat\_c\_degree_{i,t}$，分析师团队网络接近中心度 $Fat\_c\_close_{i,t}$，分析师团队网络中介中心度 $Fat\_c\_between_{i,t}$）。

$$\begin{aligned}Star_{it} = {} & \beta_0+\beta_1 Fellow\_social\_captial_{it}+\beta_2 Accuracy_{it}+\\ & \beta_3 Inreportnum_{it}+\beta_4 Career\_year_{it}+\beta_5 Brokersize_{it}+\\ & \beta_6 Infirmnum_{it}+\beta\alpha_7 Education_{it}+\beta_8 Gender_{it}+Year+\end{aligned}$$

$$\text{Indutry}+\varepsilon_{it} \tag{7.2}$$

对于假设3，构建式（7.3）。解释变量变更为分析师对上市公司实地调研相关的社会资本变量 $Listedcompany\_social\_captial_{it}$。包含分析师调研网络的三项中心度参数（分析师调研网络度数中心度 $Was\_c\_degree_{i,t}$，分析师调研网络接近中心度 $Was\_c\_close_{i,t}$，分析师调研网络中介中心度 $Was\_c\_between_{i,t}$）。

$$\begin{aligned} Star_{it} = {} & \gamma_0+\gamma_1 Listedcompany\_social\_captial_{it}+\gamma_2 Accuracy_{it}+ \\ & \gamma_3 Inreportnum_{it}+\gamma_4 Career\_year_{it}+\gamma_5 Brokersize_{it}+ \\ & \gamma_6 Infirmnum_{it}+\gamma_7 Education_{it}+\gamma_8 Gender_{it}+ \\ & Year+Indutry+\sigma_{it} \end{aligned} \tag{7.3}$$

对于假设4，构建式（7.4）。在假设1模型的基础上加入分析师校友社会资本 $Schoolmate\_social\_captial_{it}$ 与市场景气状况指标 $Negative\_market_{it}$ 的交乘项 $Negative\_market \times Schoolmate\_social\_captial_{it}$，以衡量市场景气状况对分析师校友社会资本与明星分析师获评之间关系的调节作用。

$$\begin{aligned} Star_{it} = {} & \mu_0+\mu_1 Schoolmate\_social\_captial_{it}+ \\ & \mu_2 Negative\_market \times Schoolmate\_social\_captial_{it}+ \\ & \mu_3 Accuracy_{it}+\mu_4 Inreportnum_{it}+\mu_5 Career\_year_{it}+ \\ & \mu_6 Brokersize_{it}+\mu_7 Infirmnum_{it}+\mu_8 Education_{it}+ \\ & \mu_9 Gender_{it}+Year+Indutry+\varphi_{it} \end{aligned} \tag{7.4}$$

对于假设5，构建式（7.5）。在假设2模型的基础上加入分析师同事社会资本 $Fellow\_social\_captial_{it}$ 与市场景气状况指标 $Negative\_market_{it}$ 的交乘项 $Negative\_market \times Fellow\_social\_captial_{it}$，以衡量市场景气状况对分析师同事社会资本与明星分析师获评之间关系的调节作用。

$$\begin{aligned} Star_{it} = {} & \rho_0+\rho_1 Fellow\_social\_captial_{it}+ \\ & \rho_2 Negative\_market \times Fellow\_social\_captial_{it}+ \\ & \rho_3 Accuracy_{it}+\rho_4 Inreportnum_{it}+ \\ & \rho_5 Career\_year_{it}+\rho_6 Brokersize_{it}+ \\ & \rho_7 Infirmnum_{it}+\rho_8 Education_{it}+\rho_9 Gender_{it}+ \\ & Year+Indutry+\delta_{it} \end{aligned} \tag{7.5}$$

对于假设6，构建式（7.6）。在假设3模型的基础上加入分析师的关联上市公司社会资本 $Listedcompany\_social\_captial_{it}$ 与市场景气状况指标 $Negative\_market_{it}$ 的交乘项 $Negative\_market \times Listedcompany\_social\_captial_{it}$，以衡量市场景气状

况对分析师关联上市公司社会资本与明星分析师获评之间关系的调节作用。

$$\begin{aligned}Star_{it} = &\omega_0+\omega_1 Listedcompany\_social\_captial_{it}+\omega_2 Negative\_market\times \\ &Listedcompany\_social\_captial_{it}+\omega_3 Accuracy_{it}+ \\ &\omega_4 Inreportnum_{it}+\omega_5 Career\_year_{it}+ \\ &\omega_6 Brokersize_{it}+\omega_7 Infirmnum_{it}+ \\ &\omega_8 Education_{it}+\omega_9 Gender_{it}+Year+Indutry+\tau_{it}\end{aligned} \tag{7.6}$$

三、样本结构与数据来源

研究的样本结构如表 7.2 所示。对于样本分布年份，由于模型中的券商规模控制变量 Brokersize 自 2006 年开始才有数据，故样本的起始年份为 2006 年，样本时间范围为 2006~2017 年。由表 7.2 中可以看出，2006~2014 年，分析师行业的整体人数呈上升趋势，2014 年之后，分析师行业从业人数的规模开始回落。反映出分析师行业在经历了市场动荡和行业内部过度竞争之后，开始逐步出现增速放缓、理性发展的趋势。对于分析师追踪企业的行业分布，同样制造业企业（代码开头为 C）占了最大比例（59.01%），软件和信息技术服务业（4.21%）、房地产业（5.35%）、金融业（6.75%）亦是分析师追踪的重点行业。

本书数据来源于中国研究数据服务平台数据库 CNRDS。从 CNRDS 的分析师预测数据库中获取 2006~2017 年发布预测报告的分析师样本，删除同一分析师一年中多次发布预测的记录，确保“分析师—年份”的唯一性，得到样本 22116 个。剔除相关控制变量的空值后，最终得到 10212 个分析师—年份样本。

表 7.2　样本分布

Panel A：样本分布（按年份）							
年份	2006	2007	2008	2009	2010	2011	2012
样本量	235	394	629	727	932	862	1165
占比（%）	2.30	3.86	6.16	7.12	9.13	8.44	11.41
年份	2013	2014	2015	2016	2017	合计	
样本量	1246	1309	1186	841	686	10212	
占比（%）	12.20	12.82	11.61	8.24	6.72	100	

续表

Panel B：样本分布（按行业）			
行业代码	行业名称	样本量	占比（%）
A	农、林、牧、渔业	99	0.97
B	采矿业	258	2.53
C1	食品、烟酒茶、纺织、皮革	872	8.54
C2	木材、家具、造纸、印刷、化工、医药	1436	14.06
C3	金属、非金属、机械、运输及电子设备	3656	35.80
C4	仪表仪器、废弃利用、设备修理、其他	62	0.61
D	电力、热力、燃气及水生产和供应业	291	2.85
E	建筑业	181	1.77
F	批发和零售业	589	5.77
G	交通运输、仓储和邮政业	411	4.02
H	住宿和餐饮业	53	0.52
I	信息传输、软件和信息技术服务业	430	4.21
J	金融业	689	6.75
K	房地产业	546	5.35
L	租赁和商务服务业	182	1.78
M	科学研究和技术服务业	19	0.19
N	水利、环境和公共设施管理业	227	2.22
P	教育	3	0.03
Q	卫生和社会工作	34	0.33
R	文化、体育和娱乐业	135	1.32
S	综合	39	0.38
合计		10212	100

第四节　实证结果

一、描述性统计

由表7.3中可知，明星分析师哑变量的均值为0.226，即样本中有22.6%的明星分析样本。对于分析师社会网络参数，在分析师的校友网络中，平均每位分析师拥有约47位同业校友，586位高管校友。在分析师的同事网络中，平均每位分析师拥有约50（50.472）位同事与2（2.096）位团队成员。在分析师调研网络中，平均每位分析师每年会调研37.988个上市公司。此外，分析师每年平均会发布预测报告21.115份（$=e^{3.05}$），有33.2%的分析师来自净资产排名前10的大券商。另外，有68.5%的分析师为男性。

表7.3　描述性统计

Variable	N	Mean	Median	Std.	max	min	Q1	Q3
(1) $Star_{it}$	10212	0.226	0.000	0.418	1.000	0.000	0.000	0.000
(2) $Saa\_c\_degree_{i,t}$	10212	46.747	33.000	41.366	166.000	0.000	12.000	76.000
(3) $Saa\_c\_close_{i,t}$	10212	0.358	0.372	0.090	0.471	0.000	0.325	0.420
(4) $Saa\_c\_between_{i,t}$	10212	0.002	0.000	0.003	0.019	0.000	0.000	0.002
(5) $Sam\_c\_degree_{i,t}$	10212	586.349	585.000	321.193	1166.000	0.000	326.000	859.000
(6) $Sam\_c\_close_{i,t}$	10212	0.702	0.731	0.161	0.910	0.000	0.622	0.811
(7) $Sam\_c\_between_{i,t}$	10212	0.000	0.000	0.001	0.003	0.000	0.000	0.001
(8) $Fab\_c\_degree_{i,t}$	10212	50.472	46.000	32.360	156.000	3.000	25.000	67.000
(9) $Fab\_c\_close_{i,t}$	10212	0.204	0.227	0.105	0.391	0.002	0.158	0.280
(10) $Fab\_c\_between_{i,t}$	10212	0.001	0.000	0.004	0.024	0.000	0.000	0.000
(11) $Fat\_c\_degree_{i,t}$	10212	2.096	1.000	2.289	11.000	0.000	0.000	3.000
(12) $Fat\_c\_close_{i,t}$	10212	0.007	0.001	0.014	0.065	0.000	0.000	0.004
(13) $Fat\_c\_between_{i,t}$	10212	0.000	0.000	0.001	0.008	0.000	0.000	0.000
(14) $Was\_c\_degree_{i,t}$	5152	37.988	28.000	33.547	158.000	0.000	12.000	54.000
(15) $Was\_c\_close_{i,t}$	5152	0.310	0.348	0.116	0.451	0.000	0.290	0.384
(16) $Was\_c\_between_{i,t}$	5152	0.001	0.000	0.003	0.019	0.000	0.000	0.001
(17) $Accuracy_{i,t}$	10212	−0.009	−0.006	0.008	0.000	−0.053	−0.011	−0.004
(18) $lnreportnum_{i,t}$	10212	3.050	3.219	1.452	5.908	0.000	2.079	4.111
(19) $Career\_year_{i,t}$	10212	1.183	1.386	0.739	2.485	0.000	0.693	1.792
(20) $Brokersize_{i,t}$	10212	0.332	0.000	0.471	1.000	0.000	0.000	1.000
(21) $lnfirmnum_{i,t}$	10212	2.412	2.565	1.114	4.443	0.000	1.792	3.219
(22) $Education_{i,t}$	10212	3.009	3.000	0.446	4.000	1.000	3.000	3.000
(23) $Gender_{i,t}$	10212	0.685	1.000	0.464	1.000	0.000	0.000	1.000

二、相关性分析

由相关系数表 7.4 可知，对于校友社会资本与获评明星分析师的关系，是否获评明星分析师 $Star_{it}$ 与分析师校友网络度数中心度、分析师校友网络接近中心度、分析师校友网络中介中心度均显著正相关。对于同事社会资本与获评明星分析师的关系，是否获评明星分析师 $Star_{it}$ 与分析师同事网络度数中心度、分析师同事网络接近中心度、分析师同事网络中介中心度亦均显著正相关。此外，分析师调研网络的度数中心度、接近中心度与被解释变量显著正相关 $Star_{it}$，初步证实了分析师社会资本有助于获评明星分析师。对于被解释变量与控制变量之间的相关性，是否获评明星分析师与分析师预测准确度 $Accuracy_{i,t}$、分析师发布研究报告的数量 $Inreportnum_{i,t}$、分析师的从业年限 $Career\_year_{i,t}$、分析师所在券商规模 $Brokersize_{i,t}$、分析师追踪上市公司的数量 $Infirmnum_{i,t}$、分析师教育层次 $Education_{i,t}$、男性分析师 $Gender_{i,t}$ 均表现出正相关，与已有研究及行业实际情况基本吻合。

三、回归结果

1. 校友社会资本对获评明星分析师的影响（假设 1）

首先，考察校友社会资本对获评明星分析师的影响。对假设 1 的模型进行回归分析。由于被解释变量为 0~1 变量，模型采用 Probit 逻辑回归。表 7.5 列示了分析师同业校友网络位置的 3 项参数分别对获评明星分析师的影响。由表中数据可知，分析师同业校友网络度数中心度及接近中心度与是否获评明星分析师在 1%的水平下显著正相关（回归系数分别为 0.165 和 2.133），说明分析师同业校友网络中的度数中心度与接近中心度越高，分析师越可能获评明星分析师称号，而同业校友网络中的中介作用则对获评明星分析师无显著帮助，假设 1a 得证。此外，列（1）至列（3）的回归系数均显示分析师盈余预测准确性与获评新财富最佳分析师无显著关联。

表 7.6 为分析师高管校友网络位置的 3 项参数分别对获评明星分析师的影响。由表中数据可知，分析师高管校友网络度数中心度及中介中心度与是否获评明星分析师均在 1%的水平下显著正相关，分析师高管校友网络的接近中心度的作用稍弱，但也在 10%的显著性水平下正相关。说明分析师在高管校友网络中的位置越重要，分析师越可能获评明星分析师称号，假设 1b 得证。

综合假设 1a 与假设 1b，分析师校友网络的度数中心度表现出较为稳定的作用，说明与分析师直接关联的校友对获评明星分析师的帮助较大。

表 7.4　相关系数

变量名	(1)	(2)	(3)	(4)	(5)	(6)	(7)	(8)	(9)	(10)	(11)	(12)	(13)	(14)	(15)	(16)	(17)	(18)	(19)	(20)	(21)	(22)	(23)
$Star_{it}$	1.000																						
$Saa\_c\_degree_{i,t}$	**0.142**	1.000																					
$Saa\_c\_close_{i,t}$	**0.123**	**0.896**	1.000																				
$Saa\_c\_between_{i,t}$	**0.023**	**0.312**	**0.247**	1.000																			
$Sam\_c\_degree_{i,t}$	**0.056**	**0.596**	**0.593**	**0.121**	1.000																		
$Sam\_c\_close_{i,t}$	**0.089**	**0.693**	**0.613**	**0.274**	**0.901**	1.000																	
$Sam\_c\_between_{i,t}$	**0.032**	**0.289**	**0.176**	**0.538**	**0.158**	**0.391**	1.000																
$Fab\_c\_degree_{i,t}$	**0.380**	**0.277**	**0.252**	**0.022**	**0.170**	**0.203**	0.001	1.000															
$Fab\_c\_close_{i,t}$	**0.293**	**0.241**	**0.232**	**-0.019**	**0.178**	**0.193**	**-0.096**	**0.731**	1.000														
$Fab\_c\_between_{i,t}$	**0.077**	**0.035**	**0.030**	**0.021**	**0.026**	**0.031**	0.011	**0.268**	**0.170**	1.000													
$Fat\_c\_degree_{i,t}$	**0.381**	**0.182**	**0.180**	-0.006	**0.117**	**0.137**	**-0.054**	**0.554**	**0.433**	**0.117**	1.000												
$Fat\_c\_close_{i,t}$	**0.263**	**0.084**	**0.095**	**0.021**	**0.061**	**0.129**	**-0.040**	**0.391**	**0.410**	**0.052**	**0.512**	1.000											
$Fat\_c\_between_{i,t}$	**0.176**	**0.050**	**0.053**	0.000	**0.045**	**0.087**	-0.015	**0.222**	**0.229**	**0.105**	**0.368**	**0.607**	1.000										
$Was\_c\_degree_{i,t}$	**0.100**	**0.099**	**0.113**	**-0.067**	**0.090**	**0.076**	**-0.165**	**0.144**	**0.230**	**0.024**	**0.190**	**0.161**	**0.125**	1.000									
$Was\_c\_close_{i,t}$	**0.074**	**0.130**	**0.153**	**-0.107**	**0.147**	**0.122**	**-0.292**	**0.159**	**0.280**	-0.008	**0.224**	**0.230**	**0.152**	**0.762**	1.000								
$Was\_c\_between_{i,t}$	0.007	0.012	0.012	0.010	0.001	0.005	**0.045**	0.005	0.017	**0.046**	**0.027**	-0.014	**0.025**	**0.298**	**0.077**	1.000							
$Accuracy_{i,t}$	**0.036**	**0.036**	**0.040**	-0.001	**0.023**	**0.023**	**-0.038**	**0.056**	**0.100**	**0.026**	**0.096**	**0.077**	**0.063**	**0.171**	**0.117**	**0.031**	1.000						
$Inreportnum_{i,t}$	**0.316**	**0.193**	**0.198**	-0.009	**0.141**	**0.143**	**-0.081**	**0.455**	**0.407**	**0.102**	**0.576**	**0.305**	**0.223**	**0.179**	**0.188**	**0.031**	**0.122**	1.000					
$Career\_year_{i,t}$	**0.124**	**0.102**	**0.119**	**-0.015**	**0.135**	**0.135**	**-0.114**	**0.192**	**0.265**	**0.047**	**0.183**	**0.236**	**0.154**	**0.063**	**0.184**	**-0.044**	0.005	**0.375**	1.000				
$Brokersize_{i,t}$	**0.355**	**0.124**	**0.100**	**0.030**	**0.049**	**0.084**	**0.045**	**0.504**	**0.348**	**0.122**	**0.271**	**0.224**	**0.117**	**0.045**	**0.050**	-0.014	-0.001	**0.203**	**0.120**	1.000			
$Infirmnum_{i,t}$	**0.281**	**0.162**	**0.168**	-0.006	**0.115**	**0.119**	**-0.073**	**0.411**	**0.374**	**0.118**	**0.574**	**0.305**	**0.228**	**0.161**	**0.152**	**0.051**	**0.146**	**0.950**	**0.347**	**0.177**	1.000		
$Education_{i,t}$	**0.064**	**0.213**	**0.183**	**0.135**	**0.173**	**0.195**	**0.133**	**0.030**	**0.022**	0.006	**0.042**	**0.025**	**0.031**	-0.008	-0.017	0.013	**0.026**	**0.050**	**0.054**	**0.051**	**0.057**	1.000	
$Gender_{i,t}$	**0.038**	**0.073**	**0.056**	**0.020**	**0.055**	**0.057**	**0.036**	**0.048**	**0.054**	**0.035**	**0.070**	**0.041**	**0.048**	0.013	**0.008**	**0.052**	**-0.027**	0.039	**-0.009**	**0.019**	**0.046**	**0.048**	1.000

注：加粗表示在 10%及以下（5%、1%）置信水平下显著。

表 7.5 假设 1a 结果

	(1)	(2)	(3)
	$Star_{i,t}$	$Star_{i,t}$	$Star_{i,t}$
$Saa\_c\_degree_{i,t}$	**0.165*** ** **(0.026)**		
$Saa\_c\_close_{i,t}$		**2.133*** ** **(0.397)**	
$Saa\_c\_between_{i,t}$			**9.061** **(8.412)**
$Accuracy_{i,t}$	3.895 (4.251)	4.022 (4.244)	4.385 (4.244)
$Inreportnum_{i,t}$	0.736*** (0.058)	0.739*** (0.058)	0.757*** (0.058)
$Career\_year_{i,t}$	-0.072 (0.044)	-0.073* (0.044)	-0.075* (0.044)
$Brokersize_{i,t}$	1.538*** (0.054)	1.547*** (0.054)	1.563*** (0.054)
$Infirmnum_{i,t}$	-0.214*** (0.076)	-0.219*** (0.076)	-0.230*** (0.076)
$Education_{i,t}$	0.185*** (0.063)	0.209*** (0.063)	0.257*** (0.062)
$Gender_{i,t}$	0.131*** (0.059)	0.139*** (0.059)	0.150*** (0.059)
$Constant_{i,t}$	-4.472*** (0.281)	-4.701*** (0.288)	-4.424*** (0.280)
Industry F. E.	Yes	Yes	Yes
Year F. E.	Yes	Yes	Yes
# obs.	10212	10212	10212

注：括号中为标准误，***、**和*分别表示在1%、5%和10%的置信水平下显著。

表 7.6　假设 1b 结果

	(1)	(2)	(3)
	$Star_{i,t}$	$Star_{i,t}$	$Star_{i,t}$
$Sam\_c\_degree_{i,t}$	**0.037*** (0.012)**		
$Sam\_c\_close_{i,t}$		**0.341* (0.176)**	
$Sam\_c\_between_{i,t}$			**255.322*** (58.328)**
$Accuracy_{i,t}$	4.310 (4.245)	4.354 (4.244)	4.404 (4.250)
$lnreportnum_{i,t}$	0.749*** (0.058)	0.753*** (0.058)	0.751*** (0.058)
$Career\_year_{i,t}$	−0.075* (0.044)	−0.075* (0.044)	−0.073* (0.044)
$Brokersize_{i,t}$	1.554*** (0.054)	1.559*** (0.054)	1.557*** (0.054)
$lnfirmnum_{i,t}$	−0.224*** (0.076)	−0.227*** (0.076)	−0.224*** (0.076)
$Education_{i,t}$	0.229*** (0.063)	0.243*** (0.062)	0.227*** (0.062)
$Gender_{i,t}$	0.142*** (0.059)	0.146*** (0.059)	0.139*** (0.059)
$Constant_{i,t}$	−4.512*** (0.283)	−4.537*** (0.289)	−4.712*** (0.291)
Industry F. E.	Yes	Yes	Yes
Year F. E.	Yes	Yes	Yes
# obs.	10212	10212	10212

注：括号中为标准误，***、**和*分别表示在 1%、5%和 10%的置信水平下显著。

2. 同事社会资本对获评明星分析师的影响（假设 2）

其次，检验同事社会资本对获评明星分析师的影响。对假设 2 的模型进行回归分析。同样采用 Probit 逻辑回归计算各变量的回归系数。

表7.7列示了分析师同事网络位置的3项参数分别对获评明星分析师的影响。由表中数据可知，分析师同事网络度数中心度及接近中心度与是否获评明星分析师在1%的水平下显著正相关（回归系数分别为1.456和12.160），说明分析师同事网络中的度数中心度与接近中心度越高，分析师越可能获评明星分析师称号，而与校友网络类似，分析师同事网络中的中介作用则对获评明星分析师无显著帮助，假设2a得证。

表7.7　假设2a结果

	(1)	(2)	(3)
	$Star_{i,t}$	$Star_{i,t}$	$Star_{i,t}$
$Fab\_c\_degree_{i,t}$	**1.456***** **(0.068)**		
$Fab\_c\_close_{i,t}$		**12.160***** **(0.738)**	
$Fab\_c\_between_{i,t}$			**8.792** **(5.866)**
$Accuracy_{i,t}$	3.773 (4.347)	3.042 (4.359)	4.434 (4.243)
$lnreportnum_{i,t}$	0.610*** (0.060)	0.675*** (0.060)	0.760*** (0.058)
$Career\_year_{i,t}$	-0.034 (0.045)	-0.061 (0.045)	-0.079* (0.044)
$Brokersize_{i,t}$	0.851*** (0.061)	1.126*** (0.058)	1.559*** (0.054)
$lnfirmnum_{i,t}$	-0.214*** (0.078)	-0.230*** (0.078)	-0.237*** (0.076)
$Education_{i,t}$	0.273*** (0.063)	0.272*** (0.063)	0.256*** (0.061)
$Gender_{i,t}$	0.116* (0.060)	0.116* (0.060)	0.152*** (0.059)
$Constant_{i,t}$	-8.668*** (0.360)	-5.466*** (0.298)	-4.373*** (0.279)
Industry F. E.	Yes	Yes	Yes

续表

	(1)	(2)	(3)
	$Star_{i,t}$	$Star_{i,t}$	$Star_{i,t}$
Year F. E.	Yes	Yes	Yes
# obs.	10212	10212	10212

注：括号中为标准误，***、**和*分别表示在1%、5%和10%的置信水平下显著。

表7.8为分析师团队网络位置的3项参数分别对获评明星分析师的影响。由表中数据可知，分析师团队网络度数中心度、接近中心度及中介中心度均与是否获评明星分析师均在1%的水平下显著正相关，说明分析师在团队网络中的位置越重要，分析师越可能获评明星分析师称号，假设2b得证。

表7.8 假设2b结果

	(1)	(2)	(3)
	$Star_{i,t}$	$Star_{i,t}$	$Star_{i,t}$
$Fat\_c\_degree_{i,t}$	**1.141***** **(0.057)**		
$Fat\_c\_close_{i,t}$		**27.998***** **(2.389)**	
$Fat\_c\_between_{i,t}$			**152.514***** **(24.647)**
$Accuracy_{i,t}$	3.975 (4.270)	4.933 (4.264)	3.932 (4.226)
$Inreportnum_{i,t}$	0.715*** (0.060)	0.763*** (0.059)	0.759*** (0.058)
$Career\_year_{i,t}$	-0.008 (0.045)	-0.042 (0.044)	-0.072 (0.044)
$Brokersize_{i,t}$	1.413*** (0.055)	1.445*** (0.055)	1.548*** (0.054)
$Infirmnum_{i,t}$	-0.591*** (0.079)	-0.319*** (0.077)	-0.267*** (0.076)
$Education_{i,t}$	0.235*** (0.062)	0.243*** (0.062)	0.246*** (0.061)

续表

	(1)	(2)	(3)
	$Star_{i,t}$	$Star_{i,t}$	$Star_{i,t}$
$Gender_{i,t}$	0.091 (0.061)	0.140*** (0.059)	0.140*** (0.059)
$Constant_{i,t}$	-4.086*** (0.284)	-4.159*** (0.280)	-4.263*** (0.279)
Industry F. E.	Yes	Yes	Yes
Year F. E.	Yes	Yes	Yes
# obs.	10212	10212	10212

注：括号中为标准误，***、**和*分别表示在1%、5%和10%的置信水平下显著。

3. 关联上市公司社会资本对获评明星分析师的影响（假设3）

最后，以分析师在实地调研网络中的位置作为代理变量，探讨关联上市公司社会资本对获评明星分析师的影响。对假设3的模型进行回归分析。表7.9列示了分析师调研网络位置的3项参数分别对获评明星分析师的影响。由表中数据可知，分析师调研网络度数中心度与是否获评明星分析师在1%的水平下显著正相关（回归系数为0.165），分析师调研网络接近中心度与是否获评明星分析师亦在5%的显著性水平下正相关（系数为1.900），说明分析师在实地调研网络中所占据的位置越关键，越可能获得更多的客户认可与资源支持，越可能获评明星分析师称号，假设3得证。

表7.9　假设3结果

	(1)	(2)	(3)
	$Star_{i,t}$	$Star_{i,t}$	$Star_{i,t}$
$Was\_c\_degree_{i,t}$	**0.165***** **(0.042)**		
$Was\_c\_close_{i,t}$		**1.900***** **(0.740)**	
$Was\_c\_between_{i,t}$			**3.238** **(13.130)**
$Accuracy_{i,t}$	-0.250 (6.436)	1.400 (6.436)	4.091 (6.373)

续表

	(1)	(2)	(3)
	$Star_{i,t}$	$Star_{i,t}$	$Star_{i,t}$
$Inreportnum_{i,t}$	0.685***	0.691***	0.680***
	(0.080)	(0.080)	(0.079)
$Career\_year_{i,t}$	-0.089	-0.098	-0.110*
	(0.060)	(0.060)	(0.060)
$Brokersize_{i,t}$	1.541***	1.539***	1.540***
	(0.071)	(0.071)	(0.071)
$Infirmnum_{i,t}$	-0.071	-0.071	-0.050
	(0.105)	(0.105)	(0.105)
$Education_{i,t}$	0.167*	0.163*	0.163*
	(0.087)	(0.087)	(0.087)
$Gender_{i,t}$	0.236***	0.234***	0.240***
	(0.080)	(0.080)	(0.080)
$Constant_{i,t}$	-5.060***	-5.148***	-4.456***
	(0.370)	(0.431)	(0.333)
Industry F. E.	Yes	Yes	Yes
Year F. E.	Yes	Yes	Yes
# obs.	5152	5152	5152

注：括号中为标准误，***、**和*分别表示在1%、5%和10%的置信水平下显著。

4. 市场景气状况对校友社会资本与获评明星分析师关系的调节作用（假设4）

对于市场景气状况对同业校友社会资本与获评明星分析师之间关系的调节作用的检验，依次在假设1a模型的基础上加入市场景气状况欠佳年份与分析师同业校友网络度数中心度的交乘项 $Negative\_market \times Saa\_c\_degree_{i,t}$，市场景气状况欠佳年份与分析师同业校友网络接近中心度的交乘项 $Negative\_market \times Saa\_c\_close_{i,t}$，市场景气状况欠佳年份与分析师同业校友网络中介中心度的交乘项 $Negative\_market \times Saa\_c\_between_{i,t}$，由表7.10中数据可以看出，$Negative\_market \times Saa\_c\_degree_{i,t}$ 及 $Negative\_market \times Saa\_c\_close_{i,t}$ 的回归系数均显著为正（分别为0.070和0.670），说明市场景气程度欠佳会提升分析师同业直接关联校友及关系接近的校友关系与获评明星分析师的相关性程度，假设4a得证。

表 7.10　假设 4a 结果

	(1)	(2)	(3)
	$Star_{i,t}$	$Star_{i,t}$	$Star_{i,t}$
$Saa\_c\_degree_{i,t}$	0.124*** (0.024)		
$Negative\_market \times Saa\_c\_degree_{i,t}$	**0.070*** (0.017)**		
$Saa\_c\_close_{i,t}$		1.507*** (0.364)	
$Negative\_market \times Saa\_c\_close_{i,t}$		**0.670*** (0.161)**	
$Saa\_c\_between_{i,t}$			8.503 (10.043)
$Negative\_market \times Saa\_c\_between_{i,t}$			**13.461 (14.640)**
$Accuracy_{i,t}$	3.769 (4.133)	3.632 (4.130)	6.847* (4.131)
$Inreportnum_{i,t}$	0.712*** (0.057)	0.719*** (0.057)	0.730*** (0.056)
$Career\_year_{i,t}$	−0.084*** (0.042)	−0.089*** (0.042)	−0.053 (0.041)
$Brokersize_{i,t}$	1.547*** (0.054)	1.557*** (0.054)	1.558*** (0.053)
$Infirmnum_{i,t}$	−0.201*** (0.074)	−0.209*** (0.074)	−0.205*** (0.074)
$Education_{i,t}$	0.202*** (0.063)	0.227*** (0.062)	0.252*** (0.062)
$Gender_{i,t}$	0.128*** (0.059)	0.136*** (0.059)	0.150*** (0.059)
$Constant_{i,t}$	−4.851*** (0.220)	−5.061*** (0.237)	−4.611*** (0.214)
# obs.	10212	10212	10212

注：括号中为标准误，***、**和*分别表示在1%、5%和10%的置信水平下显著。

对于市场景气状况对高管校友社会资本与获评明星分析师之间关系的调节作用的检验，依次在假设 1b 模型的基础上加入市场景气状况欠佳年份与分析师高管校友网络度数中心度的交乘项 $Negative\_market \times Sam\_c\_degree_{i,t}$，市场景气状况欠佳年份与分析师高管校友网络接近中心度的交乘项 $Negative\_market \times Sam\_c\_close_{i,t}$，市场景气状况欠佳年份与分析师高管校友网络中介中心度的交乘项 $Negative\_market \times Sam\_c\_between_{i,t}$。由表 7.11 中数据可以看出，$Negative\_market \times Sam\_c\_degree_{i,t}$、$Negative\_market \times Sam\_c\_close_{i,t}$ 及 $Negative\_market \times Sam\_c\_between_{i,t}$ 的回归系数均显著为正，说明市场景气程度欠佳会提升分析师在高管校友网络中的重要性程度与获评明星分析师的相关性程度，假设 4b 得证。

表 7.11　假设 4b 结果

	(1)	(2)	(3)
	$Star_{i,t}$	$Star_{i,t}$	$Star_{i,t}$
$Sam\_c\_degree_{i,t}$	0.025*** (0.012)		
$Negative\_market \times Sam\_c\_degree_{i,t}$	**0.023***** **(0.007)**		
$Sam\_c\_close_{i,t}$		0.222 (0.175)	
$Negative\_market \times Sam\_c\_close_{i,t}$		**0.023***** **(0.007)**	
$Sam\_c\_between_{i,t}$			218.939*** (50.547)
$Negative\_market \times Sam\_c\_between_{i,t}$			**0.019***** **(0.007)**
$Accuracy_{i,t}$	4.538 (4.135)	4.635 (4.135)	6.039 (4.171)
$lnreportnum_{i,t}$	0.732*** (0.057)	0.738*** (0.057)	0.754*** (0.057)
$Career\_year_{i,t}$	-0.085*** (0.042)	-0.084*** (0.042)	-0.063 (0.042)
$Brokersize_{i,t}$	1.559*** (0.054)	1.562*** (0.054)	1.554*** (0.054)

续表

	(1)	(2)	(3)
	$Star_{i,t}$	$Star_{i,t}$	$Star_{i,t}$
$Infirmnum_{i,t}$	-0.215***	-0.219***	-0.223***
	(0.074)	(0.074)	(0.074)
$Education_{i,t}$	0.239***	0.249***	0.224***
	(0.062)	(0.062)	(0.062)
$Gender_{i,t}$	0.140***	0.144***	0.142***
	(0.059)	(0.059)	(0.059)
$Constant_{i,t}$	-4.783***	-4.764***	-4.677***
	(0.223)	(0.229)	(0.215)
# obs.	10212	10212	10212

注：括号中为标准误，***、** 和 * 分别表示在 1%、5%和 10%的置信水平下显著。

5. 市场景气状况对同事资本与获评明星分析师关系的调节作用（假设 5）

对于市场景气状况对同事社会资本与获评明星分析师之间关系的调节作用的检验，依次在假设 2a 模型的基础上加入市场景气状况欠佳年份与分析师同事网络度数中心度的交乘项 $Negative\_market \times Fab\_c\_degree_{i,t}$，市场景气状况欠佳年份与分析师同事网络接近中心度的交乘项 $Negative\_market \times Fab\_c\_close_{i,t}$，市场景气状况欠佳年份与分析师同事网络中介中心度的交乘项 $Negative\_market \times Fab\_c\_between_{i,t}$。由表 7.12 中数据可以看出，$Negative\_market \times Fab\_c\_degree_{i,t}$ 及 $Negative\_market \times Fab\_c\_close_{i,t}$ 的回归系数均显著为正（分别为 0.066 和 0.577），说明市场景气程度欠佳时，分析师直接关联同事及关系接近的同事关系与获评明星分析师的相关性程度增加，假设 5a 得证。

表 7.12 假设 5a 结果

	(1)	(2)	(3)
	$Star_{i,t}$	$Star_{i,t}$	$Star_{i,t}$
$Fab\_c\_degree_{i,t}$	1.241***		
	(0.063)		
$Negative\_market \times Fab\_c\_degree_{i,t}$	**0.066*** **		
	(0.015)		

续表

	(1)	(2)	(3)
	$Star_{i,t}$	$Star_{i,t}$	$Star_{i,t}$
$Fab\_c\_close_{i,t}$		4.603 *** (0.381)	
$Negative\_market \times Fab\_c\_close_{i,t}$		**0.577** *** (**0.230**)	
$Fab\_c\_between_{i,t}$			11.673 * (6.839)
$Negative\_market \times Fab\_c\_between_{i,t}$			**-8.785** (**12.423**)
$Accuracy_{i,t}$	0.983 (4.169)	-0.447 (4.117)	7.308 * (4.120)
$Inreportnum_{i,t}$	0.575 *** (0.058)	0.667 *** (0.057)	0.729 *** (0.056)
$Career\_year_{i,t}$	-0.125 *** (0.043)	-0.178 *** (0.043)	-0.050 (0.041)
$Brokersize_{i,t}$	0.941 *** (0.060)	1.362 *** (0.055)	1.551 *** (0.054)
$Infirmnum_{i,t}$	-0.198 *** (0.076)	-0.217 *** (0.075)	-0.208 *** (0.074)
$Education_{i,t}$	0.297 *** (0.063)	0.294 *** (0.062)	0.254 *** (0.061)
$Gender_{i,t}$	0.103 * (0.060)	0.114 * (0.059)	0.152 *** (0.059)
$Constant_{i,t}$	-8.859 *** (0.318)	-5.366 *** (0.229)	-4.590 *** (0.214)
# obs.	10212	10212	10212

注：括号中为标准误，***、** 和 * 分别表示在 1%、5%和 10%的置信水平下显著。

对于市场景气状况对团队社会资本与获评明星分析师之间关系的调节作用的检验，依次在假设 2b 模型的基础上加入市场景气状况欠佳年份与分析师团队网络度数中心度的交乘项 $Negative\_market \times Fat\_c\_degree_{i,t}$，市场景气状况欠佳年份与分析师团队网络接近中心度的交乘项 Negative_ market×Fat_ c_ close$_{i,t}$，市场景气状况欠佳年份与分析师团队网络中介中心度的交乘项 Negative_ market×Fat_ c_ between$_{i,t}$。由表 7. 13 中数据可以看出，仅 Negative_ market×Fat_ c_ degree$_{i,t}$ 的回归系数均显著为正，说明市场景气程度欠佳主要提升了分析师直接相关的团队关系与获评明星分析师的相关性程度，假设 5b 得证。

表 7. 13　假设 5b 结果

	(1)	(2)	(3)
	$Star_{i,t}$	$Star_{i,t}$	$Star_{i,t}$
Fat_ c_ degree$_{i,t}$	0. 996*** (0. 057)		
Negative_ market×Fat_ c_ degree$_{i,t}$	**0. 177***** **(0. 045)**		
Fat_ c_ close$_{i,t}$		22. 475*** (3. 695)	
Negative_ market×Fat_ c_ close$_{i,t}$		**−4. 208** **(3. 756)**	
Fat_ c_ between$_{i,t}$			128. 946*** (42. 493)
Negative_ market×Fat_ c_ between$_{i,t}$			**27. 609** **(48. 836)**
Accuracy$_{i,t}$	2. 221 (4. 105)	4. 457 (4. 088)	5. 547 (4. 087)
Inreportnum$_{i,t}$	0. 676*** (0. 058)	0. 731*** (0. 057)	0. 731*** (0. 056)
Career_ year$_{i,t}$	−0. 085*** (0. 042)	−0. 121*** (0. 042)	−0. 079* (0. 041)
Brokersize$_{i,t}$	1. 432*** (0. 055)	1. 476*** (0. 055)	1. 546*** (0. 054)
Infirmnum$_{i,t}$	−0. 542*** (0. 077)	−0. 285*** (0. 075)	−0. 245*** (0. 074)
Education$_{i,t}$	0. 258*** (0. 062)	0. 265*** (0. 062)	0. 251*** (0. 061)

续表

	(1)	(2)	(3)
	$Star_{i,t}$	$Star_{i,t}$	$Star_{i,t}$
$Gender_{i,t}$	0.082 (0.060)	0.133*** (0.059)	0.136*** (0.059)
$Constant_{i,t}$	-4.544*** (0.216)	-4.463*** (0.215)	-4.481*** (0.214)
# obs.	10212	10212	10212

注：括号中为标准误，***、**和*分别表示在1%、5%和10%的置信水平下显著。

6. 市场景气状况对调研社会资本与获评明星分析师关系的调节作用（假设6）

对于市场景气状况对关联上市公司社会资本与获评明星分析师之间关系的调节作用的检验，依次在假设3的基础上加入市场景气状况欠佳年份与分析师调研网络度数中心度的交乘项 $Negative\_market \times Was\_c\_degree_{i,t}$，市场景气状况欠佳年份与分析师调研网络接近中心度的交乘项 $Negative\_market \times Was\_c\_close_{i,t}$，市场景气状况欠佳年份与分析师调研网络中介中心度的交乘项 $Negative\_market \times Was\_c\_between_{i,t}$。由表7.14中数据可以看出，$Negative\_market \times Sam\_c\_degree_{i,t}$ 及 $Negative\_market \times Was\_c\_close_{i,t}$ 的回归系数均显著为正（分别为0.079和0.822），即市场的不景气状况促进了分析师直接关联上市公司及关系接近上市公司的关系与获评明星分析师的相关性程度，假设6得证。

表7.14　假设6结果

	(1)	(2)	(3)
	$Star_{i,t}$	$Star_{i,t}$	$Star_{i,t}$
$Was\_c\_degree_{i,t}$	0.075*** (0.036)		
$Negative\_market \times Was\_c\_degree_{i,t}$	**0.079***** **(0.024)**		
$Was\_c\_close_{i,t}$		-0.197 (0.328)	
$Negative\_market \times Was\_c\_close_{i,t}$		**0.822***** **(0.253)**	

续表

	(1)	(2)	(3)
	$Star_{i,t}$	$Star_{i,t}$	$Star_{i,t}$
$Was\_c\_between_{i,t}$			-7.609 (15.089)
$Negative\_market \times Was\_c\_between_{i,t}$			30.674 (26.257)
$Accuracy_{i,t}$	0.959 (6.273)	3.884 (6.256)	7.019 (6.169)
$lnreportnum_{i,t}$	0.641*** (0.077)	0.661*** (0.078)	0.639*** (0.077)
$Career\_year_{i,t}$	-0.119** (0.058)	-0.126** (0.059)	-0.075 (0.056)
$Brokersize_{i,t}$	1.530*** (0.071)	1.531*** (0.071)	1.526*** (0.070)
$lnfirmnum_{i,t}$	-0.019 (0.103)	-0.030 (0.103)	0.005 (0.102)
$Education_{i,t}$	0.174*** (0.087)	0.168* (0.087)	0.156* (0.086)
$Gender_{i,t}$	0.238*** (0.080)	0.241*** (0.080)	0.243*** (0.080)
$Constant_{i,t}$	-4.816*** (0.331)	-4.501*** (0.321)	-4.523*** (0.308)
# obs.	5152	5152	5152

注：括号中为标准误，***、**和*分别表示在1%、5%和10%的置信水平下显著。

第五节　稳健性检验

社会资本在时间上具有累积性。一些过去社交网络中的参与者亦可能由于工作的变动，未出现在当年的分析师校友、同事或调研网络中。然而不能排除这些参与者仍然以其他形式与分析师保持着关联（如过去的同事或团队成员跳槽做基金经理，或买方分析师），并在明星分析师的评选中发挥着重要作用（如直接拥有新财富最佳分析师评选的投票权或可作为中间人引荐分析师认识重要的投票方）。因此，在稳健性检验中，同样观察 2001 年～t 年分析师各项社会资本的累积情况对获评分析师的影响。

1. 累积校友社会资本对获评明星分析师的影响

考察累积校友社会资本对获评明星分析师的影响。将解释变量换成累积校友社会资本后，同样对假设 1 模型采用 Probit 逻辑回归。表 7.15 列示了分析师累积同业校友网络位置的 3 项参数分别对获评明星分析师的影响。由表中数据可知，分析师累积同业校友网络度数中心度及接近中心度与是否获评明星分析师在 1%的水平下显著正相关（回归系数分别为 0.158 和 2.475），而累积同业校友网络中介中心度仍未起到显著作用，与主假设中的结果保持了一致。假设 1a 稳健。

表 7.15　累积校友社会资本对获评明星分析师的影响

	(1)	(2)	(3)
	$Star_{i,t}$	$Star_{i,t}$	$Star_{i,t}$
$Saa\_a\_degree_{i,t}$	**0.158*** ** **(0.026)**		
$Saa\_a\_close_{i,t}$		**2.475***** **(0.458)**	
$Saa\_a\_between_{i,t}$			**14.580** **(12.047)**
$Accuracy_{i,t}$	3.934 (4.250)	4.031 (4.246)	4.419 (4.245)
$lnreportnum_{i,t}$	0.737*** (0.058)	0.740*** (0.058)	0.757*** (0.058)
$Career\_year_{i,t}$	-0.072 (0.044)	-0.076* (0.044)	-0.075* (0.044)
$Brokersize_{i,t}$	1.539*** (0.054)	1.547*** (0.054)	1.563*** (0.054)
$lnfirmnum_{i,t}$	-0.215*** (0.076)	-0.219*** (0.076)	-0.230*** (0.076)

续表

	(1)	(2)	(3)
	$Star_{i,t}$	$Star_{i,t}$	$Star_{i,t}$
$Education_{i,t}$	0.188*** (0.063)	0.207*** (0.063)	0.256*** (0.062)
$Gender_{i,t}$	0.133*** (0.059)	0.143*** (0.059)	0.150*** (0.059)
$Constant_{i,t}$	-4.492*** (0.282)	-4.837*** (0.294)	-4.432*** (0.281)
Industry F. E.	Yes	Yes	Yes
Year F. E.	Yes	Yes	Yes
# obs.	10212	10212	10212

注：括号中为标准误，***、** 和 * 分别表示在1%、5%和10%的置信水平下显著。

2. 累积同事社会资本对获评明星分析师的影响

检验累积同事社会资本对获评明星分析师的影响。将解释变量换成累积同事网络参数与累积团队网络参数，再次对假设2进行回归分析。

表7.16列示了分析师累积同事网络位置的3项参数分别对获评明星分析师的影响。由表中数据可知，分析师累积同事网络度数中心度 $Fab\_a\_degree_{i,t}$、接近中心度 $Fab\_a\_close_{i,t}$ 与是否获评明星分析师在1%的水平下显著正相关（回归系数分别为0.985和21.167）；分析师累积同事网络中介中心度则在10%水平下显著正向影响分析师获评明星分析师的概率，说明分析师在同事网络中的位置越重要，越有可能获评明星分析师，假设2a稳健。

表7.16 累积同事社会资本对获评明星分析师的影响

	(1)	(2)	(3)
	$Star_{i,t}$	$Star_{i,t}$	$Star_{i,t}$
$Fab\_a\_degree_{i,t}$	**0.985*** (0.056)**		
$Fab\_a\_close_{i,t}$		**21.167*** (1.046)**	
$Fab\_a\_between_{i,t}$			**32.119* (16.769)**

续表

	(1)	(2)	(3)
	$Star_{i,t}$	$Star_{i,t}$	$Star_{i,t}$
$Accuracy_{i,t}$	2.282	1.623	4.411
	(4.272)	(4.295)	(4.242)
$lnreportnum_{i,t}$	0.668***	0.662***	0.756***
	(0.060)	(0.060)	(0.058)
$Career\_year_{i,t}$	−0.338***	−0.380***	−0.102***
	(0.047)	(0.048)	(0.046)
$Brokersize_{i,t}$	1.134***	1.120***	1.564***
	(0.057)	(0.057)	(0.054)
$lnfirmnum_{i,t}$	−0.202***	−0.195**	−0.231***
	(0.078)	(0.079)	(0.076)
$Education_{i,t}$	0.298***	0.295***	0.258***
	(0.063)	(0.064)	(0.061)
$Gender_{i,t}$	0.071	0.042	0.151***
	(0.060)	(0.061)	(0.059)
$Constant_{i,t}$	−7.605***	−10.289***	−4.402***
	(0.346)	(0.426)	(0.280)
Industry F. E.	Yes	Yes	Yes
Year F. E.	Yes	Yes	Yes
# obs.	10212	10212	10212

注：括号中为标准误，***、**和*分别表示在1%、5%和10%的置信水平下显著。

表7.17中为分析师累积团队网络位置的3项参数分别对获评明星分析师的影响。由表中数据可知，分析师团队网络度数中心度 $Fat\_a\_degree_{i,t}$、接近中心度 $Fat\_a\_close_{i,t}$ 及中介中心度 $Fat\_a\_between_{i,t}$ 均与是否获评明星分析师均在1%的水平下显著正相关，分析师自从业以来所累积的团队关系有助于其获评明星分析师称号，假设2b稳健。

表7.17　累积团队社会资本对获评明星分析师的影响

	(1)	(2)	(3)
	$Star_{i,t}$	$Star_{i,t}$	$Star_{i,t}$
$Fat\_a\_degree_{i,t}$	**0.859*** **		
	(0.055)		

续表

	(1)	(2)	(3)
	$Star_{i,t}$	$Star_{i,t}$	$Star_{i,t}$
$Fat\_a\_close_{i,t}$		34.252***	
		(2.109)	
$Fat\_a\_between_{i,t}$			103.127***
			(13.251)
$Accuracy_{i,t}$	2.780	4.741	4.168
	(4.261)	(4.269)	(4.243)
$lnreportnum_{i,t}$	0.774***	0.736***	0.771***
	(0.059)	(0.060)	(0.059)
$Career\_year_{i,t}$	-0.457***	-0.276***	-0.209***
	(0.051)	(0.046)	(0.047)
$Brokersize_{i,t}$	1.445***	1.288***	1.546***
	(0.055)	(0.055)	(0.054)
$lnfirmnum_{i,t}$	-0.473***	-0.334***	-0.295***
	(0.078)	(0.078)	(0.076)
$Education_{i,t}$	0.232***	0.277***	0.261***
	(0.062)	(0.062)	(0.061)
$Gender_{i,t}$	0.083	0.098	0.130***
	(0.060)	(0.060)	(0.059)
$Constant_{i,t}$	-4.090***	-3.870***	-4.162***
	(0.282)	(0.280)	(0.280)
Industry F. E.	Yes	Yes	Yes
Year F. E.	Yes	Yes	Yes
# obs.	10212	10212	10212

注：括号中为标准误，***、**和*分别表示在1%、5%和10%的置信水平下显著。

3. 累积关联上市公司社会资本对获评明星分析师的影响

最后，以分析师在累积实地调研网络中的位置作为代理变量，探讨累积关联上市公司社会资本对获评明星分析师的影响。对假设3进行回归分析。表7.18列示了分析师累积调研网络位置的3项参数分别对获评明星分析师的影响。由表中数据可知，分析师累积调研网络度数中心度及接近中心度与是否获评明星分析师在1%的水平下显著正相关（回归系数分别为0.230和4.402），分析师累积调研网络中介中心度与是否获评明星分析师也在5%的显著性水平下正相关，累积团队社会资本对分析师获评明星分析师的影响与原假设保持了一致，即分析师在团队网络中位置的重要性程度影响其获评明星分析师的概率，假设3稳健。

表7.18 累积关联上市公司社会资本对获评明星分析师的影响

	(1)	(2)	(3)
	$Star_{i,t}$	$Star_{i,t}$	$Star_{i,t}$
$Was\_a\_degree_{i,t}$	**0.230***** **(0.043)**		
$Was\_a\_close_{i,t}$		**4.402***** **(0.827)**	
$Was\_a\_between_{i,t}$			**26.847**** **(13.159)**
$Accuracy_{i,t}$	-1.370 (5.449)	-0.791 (5.433)	2.843 (5.417)
$lnreportnum_{i,t}$	0.735*** (0.071)	0.748*** (0.071)	0.734*** (0.070)
$Career\_year_{i,t}$	-0.148*** (0.054)	-0.140*** (0.054)	-0.134*** (0.054)
$Brokersize_{i,t}$	1.535*** (0.063)	1.539*** (0.063)	1.544*** (0.063)
$lnfirmnum_{i,t}$	-0.123 (0.094)	-0.135 (0.094)	-0.103 (0.093)
$Education_{i,t}$	0.187** (0.077)	0.188** (0.077)	0.198*** (0.076)
$Gender_{i,t}$	0.133* (0.071)	0.125* (0.071)	0.161*** (0.071)
$Constant_{i,t}$	-5.752*** (0.370)	4.402*** (0.827)	-4.578*** (0.293)
Industry F. E.	Yes	Yes	Yes
Year F. E.	Yes	Yes	Yes
# obs.	5152	5152	5152

注：括号中为标准误，***、**和*分别表示在1%、5%和10%的置信水平下显著。

第六节 进一步讨论

除了横截面上分析师是否在某年上榜新财富最佳分析师之外，能否在时间序列上多次获得明星分析师、维系自身在行业中的优势地位和良好声誉，也是分析师关注和竞争的重点。社会网络，特别是身份认同型的社会网络，因其存在情感功能，故稳定性较高，会形成时间上的自然延续。分析师运用社会资本获取稀缺资源后，可能会形成一定的路径依赖，从而使社会资本在未来多期持续发挥作用。在此，关注社会资本在时间上对分析师职业成功的递延效应。具体地，将假设1至假设3中的解释变量换为分析师t年~2017年上榜新财富最佳分析师的次数，探究社会资本对分析师上榜新财富最佳分析师次数（$Star\_Number_{i,t}$）的影响。

1. 校友社会资本对获评明星分析师次数的影响

同业校友资本对获评明星分析师的递延效应的结果如表7.19所示。表中结果显示，分析师同业校友的度数中心度 $Saa\_c\_degree_{i,t}$ 和接近中心度 $Saa\_c\_close_{i,t}$ 对分析师获评次数具有显著正向影响。

表7.19 同业校友社会资本对获评明星分析师次数的影响

	(1)	(2)	(3)
	$Star\_Number_{i,t}$	$Star\_Number_{i,t}$	$Star\_Number_{i,t}$
$Saa\_c\_degree_{i,t}$	**0.059*** (0.011)**		
$Saa\_c\_close_{i,t}$		**0.617*** (0.160)**	
$Saa\_c\_between_{i,t}$			**6.128 (4.211)**
$Accuracy_{i,t}$	-2.044 (1.714)	-1.961 (1.715)	-1.969 (1.716)
$lnreportnum_{i,t}$	0.397*** (0.030)	0.401*** (0.030)	0.408*** (0.030)

续表

	(1)	(2)	(3)
	$Star\_Number_{i,t}$	$Star\_Number_{i,t}$	$Star\_Number_{i,t}$
$Career\_year_{i,t}$	0.284*** (0.021)	0.284*** (0.021)	0.283*** (0.021)
$Brokersize_{i,t}$	0.775*** (0.029)	0.781*** (0.029)	0.788*** (0.028)
$Infirmnum_{i,t}$	−0.250*** (0.038)	−0.254*** (0.038)	−0.259*** (0.038)
$Education_{i,t}$	0.130*** (0.030)	0.141*** (0.030)	0.157*** (0.030)
$Gender_{i,t}$	0.019 (0.028)	0.023 (0.028)	0.028 (0.028)
$Constant_{i,t}$	−1.168*** (0.129)	−1.226*** (0.130)	−1.180*** (0.130)
Industry F. E.	Yes	Yes	Yes
Year F. E.	Yes	Yes	Yes
# obs.	10212	10212	10212

注：括号中为标准误，***、**和*分别表示在1%、5%和10%的置信水平下显著。

对于分析师的高管校友社会资本，其度数中心度 $Sam\_c\_degree_{i,t}$ 和接近中心度 $Sam\_c\_close_{i,t}$ 对分析师后续上榜新财富最佳分析师的影响较小，而在高管校友网络中占据结构洞位置则能通过这一社会资本保持持续的声誉优势。

表 7.20 高管校友社会资本对获评明星分析师次数的影响

	(1)	(2)	(3)
	$Star\_Number_{i,t}$	$Star\_Number_{i,t}$	$Star\_Number_{i,t}$
$Sam\_c\_degree_{i,t}$	**0.010*** **(0.006)**		
$Sam\_c\_close_{i,t}$		**0.063** **(0.085)**	
$Sam\_c\_between_{i,t}$			**76.562*** **(27.764)**

续表

	(1)	(2)	(3)
	$Star\_Number_{i,t}$	$Star\_Number_{i,t}$	$Star\_Number_{i,t}$
$Accuracy_{i,t}$	-1.940	-0.424	-1.967
	(1.716)	(1.671)	(1.716)
$Inreportnum_{i,t}$	0.406***	0.379***	0.406***
	(0.030)	(0.029)	(0.030)
$Career\_year_{i,t}$	0.283***	0.307***	0.284***
	(0.021)	(0.019)	(0.021)
$Brokersize_{i,t}$	0.785***	0.785***	0.785***
	(0.029)	(0.028)	(0.028)
$Infirmnum_{i,t}$	-0.257***	-0.227***	-0.256***
	(0.038)	(0.038)	(0.038)
$Education_{i,t}$	0.152***	0.154***	0.151***
	(0.030)	(0.030)	(0.030)
$Gender_{i,t}$	0.025	0.028	0.025
	(0.028)	(0.028)	(0.028)
$Constant_{i,t}$	-1.195***	-1.192***	-1.252***
	(0.130)	(0.134)	(0.133)
Industry F. E.	Yes	Yes	Yes
Year F. E.	Yes	Yes	Yes
# obs.	10212	10212	10212

注：括号中为标准误，***、**和*分别表示在1%、5%和10%的置信水平下显著。

2. 同事社会资本对获评明星分析师次数的影响

由表7.21可知，分析师同事社会网络的度数中心度 $Fab\_c\_degree_{i,t}$、接近中心度 $Fab\_c\_close_{i,t}$ 及中介中心度 $Fab\_c\_between_{i,t}$ 与获评明星分析师次数的回归系数在不同显著性水平下均显著为正，即分析师在同事网络中位置的重要性程度对分析师后续上榜新财富最佳分析师表现出促进作用。

表 7.21　同事社会资本对获评明星分析师次数的影响

	(1)	(2)	(3)
	$Star\_Number_{i,t}$	$Star\_Number_{i,t}$	$Star\_Number_{i,t}$
$Fab\_c\_degree_{i,t}$	**0.216***** **(0.022)**		
$Fab\_c\_close_{i,t}$		**1.178***** **(0.168)**	
$Fab\_c\_between_{i,t}$			**0.362*** **(0.217)**
$Accuracy_{i,t}$	-1.992 (1.708)	-1.226 (1.672)	-1.888 (1.716)
$Inreportnum_{i,t}$	0.355*** (0.030)	0.353*** (0.029)	0.412*** (0.030)
$Career\_year_{i,t}$	0.292*** (0.021)	0.292*** (0.019)	0.289*** (0.021)
$Brokersize_{i,t}$	0.640*** (0.032)	0.732*** (0.030)	0.802*** (0.029)
$Infirmnum_{i,t}$	-0.238*** (0.038)	-0.218*** (0.038)	-0.259*** (0.038)
$Education_{i,t}$	0.160*** (0.029)	0.156*** (0.029)	0.158*** (0.029)
$Gender_{i,t}$	0.020 (0.028)	0.022 (0.028)	0.031 (0.028)
$Constant_{i,t}$	-1.709*** (0.141)	-1.204*** (0.129)	-1.215*** (0.134)
Industry F. E.	Yes	Yes	Yes
Year F. E.	Yes	Yes	Yes
# obs.	10212	10212	10212

注：括号中为标准误，***、**和*分别表示在1%、5%和10%的置信水平下显著。

由表7.22可知，分析师团队社会网络的度数中心度 $Fat\_c\_degree_{i,t}$、接近中心度 $Fat\_c\_close_{i,t}$ 及中介中心度 $Fat\_c\_between_{i,t}$ 与获评明星分析师次数的回归系数均在1%水平下均显著为正，即分析师在团队网络中位置的重要性程度对分析师后续上榜新财富最佳分析师有很大帮助。

表 7.22　团队社会资本对获评明星分析师次数的影响

	(1)	(2)	(3)
	$Star\_Number_{i,t}$	$Star\_Number_{i,t}$	$Star\_Number_{i,t}$
$Fat\_c\_degree_{i,t}$	**0.488***** **(0.024)**		
$Fat\_c\_close_{i,t}$		**19.907***** **(1.196)**	
$Fat\_c\_between_{i,t}$			**129.581***** **(13.809)**
$Accuracy_{i,t}$	-2.083 (1.684)	-1.653 (1.694)	-2.090 (1.709)
$lnreportnum_{i,t}$	0.357*** (0.030)	0.397*** (0.030)	0.406*** (0.030)
$Career\_year_{i,t}$	0.334*** (0.021)	0.312*** (0.021)	0.289*** (0.021)
$Brokersize_{i,t}$	0.670*** (0.029)	0.690*** (0.029)	0.770*** (0.028)
$lnfirmnum_{i,t}$	-0.354*** (0.038)	-0.293*** (0.038)	-0.275*** (0.038)
$Education_{i,t}$	0.151*** (0.029)	0.148*** (0.029)	0.152*** (0.029)
$Gender_{i,t}$	0.001 (0.028)	0.017 (0.028)	0.020 (0.028)
$Constant_{i,t}$	-1.039*** (0.127)	-1.035*** (0.128)	-1.093*** (0.129)
Industry F. E.	Yes	Yes	Yes
Year F. E.	Yes	Yes	Yes
# obs.	10212	10212	10212

注：括号中为标准误，***、**和*分别表示在1%、5%和10%的置信水平下显著。

3. 关联上市公司社会资本对获评明星分析师次数的影响

最后，对于分析师关联上市公司社会资本，在分析师的调研网络中，其度数中心度 $Was\_c\_degree_{i,t}$ 与接近中心度 $Was\_c\_close_{i,t}$ 的回归系数在 1%的水平上显著为正，系数分别为 0.094 和 1.534（见表 7.23），说明分析师调研活动中构建的社会网络亦可在分析师维系职业成功上发挥重要作用。

表 7.23 关联上市公司社会资本对获评明星分析师次数的影响

	(1)	(2)	(3)
	$Star\_Number_{i,t}$	$Star\_Number_{i,t}$	$Star\_Number_{i,t}$
$Was\_c\_degree_{i,t}$	**0.094***** **(0.024)**		
$Was\_c\_close_{i,t}$		**1.534***** **(0.439)**	
$Was\_c\_between_{i,t}$			**−0.916** **(8.055)**
$Accuracy_{i,t}$	−5.929*** (2.652)	−5.550*** (2.646)	−4.514* (2.633)
$Inreportnum_{i,t}$	0.448*** (0.042)	0.451*** (0.042)	0.446*** (0.042)
$Career\_year_{i,t}$	0.372*** (0.030)	0.377*** (0.030)	0.382*** (0.031)
$Brokersize_{i,t}$	0.865*** (0.039)	0.867*** (0.039)	0.870*** (0.039)
$Infirmnum_{i,t}$	−0.233*** (0.055)	−0.235*** (0.055)	−0.221*** (0.055)
$Education_{i,t}$	0.192*** (0.044)	0.193*** (0.044)	0.194*** (0.044)
$Gender_{i,t}$	0.025 (0.041)	0.023 (0.041)	0.038 (0.040)
$Constant_{i,t}$	−1.691*** (0.196)	−1.740*** (0.202)	−1.489*** (0.190)

续表

	(1)	(2)	(3)
	$Star\_Number_{i,t}$	$Star\_Number_{i,t}$	$Star\_Number_{i,t}$
Industry F. E.	Yes	Yes	Yes
Year F. E.	Yes	Yes	Yes
# obs.	10212	10212	10212

注：括号中为标准误，***、**和*分别表示在1%、5%和10%的置信水平下显著。

第七节　小　结

本章从近年来新财富最佳分析师评选活动中普遍存在的拉票行为及相关事件出发，梳理了新财富评选背景下分析师行业的晋升激励机制。发现该激励机制并没有对分析师业绩进行量化评价的规则，从而催生了分析师运用人脉关系获取选票资源的行为。已有的研究成果更多地聚焦于分析师获评明星称号之后的行为模式及市场反应，而对获评最佳分析师的影响因素探讨不足。现有的部分研究仍然主要围绕分析师盈余预测质量是不是获评明星分析师的主要原因，但并未得到一致的结论。由此可以推测，可能盈余预测质量并非影响分析师获评明星称号的主要因素。结合实务界的现象与社会资本的资源观，可以推测分析师会运用其在社会网络中的影响力获取稀缺资源——明星分析师的称号。因此，构建 Probit 回归模型，分别将分析师在校友、同事以及客户社会网络中的位置作为解释变量。回归结果表明，分析师在上述社会网络中的位置越重要，获评明星分析师的概率越高。并且，本书的研究结果中，盈余预测准确性的确对获评明星分析师无显著影响，与部分已有研究的结论相吻合。

本章的研究内容实证检验了校友、同事、客户等社会资本在明星分析师评选活动中发挥的作用，并揭示了目前新财富评选体系下激励失当的问题。

第八章　结论与启示

作为资本市场中最为活跃的中介力量之一，分析师的行为及决策常常嵌入复杂的社会关系网络中。基于社会资本理论、社会网络方法及实务界调研成果，本书探讨了分析师社会资本的构成要素、网络特征及其影响机理。区别于已有社会资本研究中仅使用调查问卷获取单一时点的横截面数据，本书涵盖了 2001～2017 年分析师行业成长历程中个体分析师的关系构建及演变过程。同时，已有关于分析师社会资本的研究大都仅关注了其单一方面的社会资本，本书则从分析师同业校友、高管校友、同事及团队成员、上市公司调研对象等多维度细分出金融分析师社会资本的存在形式；此外，关注了社会资本对分析师职业链条上三个最重要的议题——私有信息获取、投资评级发布和明星分析师评选的影响，由点及面地覆盖了分析师研究领域的重点内容。以下是研究的主要结论、启示以及未来研究展望：

一、主要研究结论

1. 社会资本内嵌于分析师执业活动所涉及的社会关系网络中，具备多重构面性，且在分析师执业活动的起点、过程、结果方面均发挥一定作用

分析师的执业活动涉及所就职券商及研究团队、上市公司、机构投资者及个人投资者等诸多利益团体，各项关联错综复杂，社会资本内嵌于其中。本书根据已有研究中认可度较高的社会资本“结构—关系—认知”三维度划分法，结合个体社会资本中有关亲缘、校友、团队、组织认同、组织间关联的相关成果，设计调查问卷，对金融分析师社会资本所蕴含的构面进行提取。根据问卷数据进行因子分析，提取出分析师前赋性社会资本、团队社会资本、组织认同社会资本、跨组织社会资本与客户社会资本五个构面。此外，调查显示，社会资本对分析师获取有价值信息、做出更审慎的预测或推荐以及获得客户满意度等方面均存在不同程度的影响，并且这一调研结果也被后续的实证研究所证明。

2. 金融分析师社会资本具有明显的网络特征，不同类型分析师社会网络的演化状态有所差异

依托社会认同理论和资源权力理论，分年度构建了基于身份认同的分析师同业校友社会网络、分析师高管校友社会网络、分析师同事关系社会网络、分析师团队关系社会网络以及基于相对资源权力认同的分析师调研社会网络。其中，分析师校友、同事、团队以及客户关系构成的网络规模均经历了从快速增长到趋于稳定的过程，这与行业发展的成熟度有较大关联。基于身份认同的社会网络能维持较高的聚集度，且保存增长的态势，而基于相对资源权力认同的社会网络则可能由于节点双方资源权力的变化等不稳定因素而出现关系的消弭或新生。此外，分析师行业内各类“圈子”现象较为普遍，部分分析师在网络中占据关键地位，且具有时间上的延续性。

3. 社会资本在分析师获取信息及获评明星分析师的过程中发挥重要作用

对于社会资本对分析师信息获取的影响，本书归结为社会资本的信息机制。具体地，运用会计师事务所向行业监管部门上报的所审客户利润的审计调整情况这一独特的数据，以审计调整与分析师盈余预测误差度的关系作为分析师私有信息获取的判别依据，实证检验出二者的显著负相关关系反映了分析师获取企业审计前盈余这一私有信息的程度。在此基础上，加入分析师同业校友、高管校友、同事、团队以及调研网络参数作为模型交乘项，结果显示纳入社会资本交乘项，加剧了审计调整与分析师盈余预测误差度的负向关系，即金融分析师社会资本越高，私有信息获取程度越高。分析师在同业校友、高管校友、同事、团队以及调研网络中所处位置的重要性程度均能影响分析师获取私有信息的程度。

对于社会资本对获评明星分析师的影响，结合社会资本内涵中的资源观，将其作用机理归结为社会资本的资源机制。与社会资本信息机制的检验类似，分别将分析师在校友、同事以及客户社会网络中的位置作为解释变量，以分析师是否上榜新财富最佳分析师为因变量，构建逻辑回归模型。回归结果表明，分析师在上述社会网络中的位置越重要，获评明星分析师的概率越高。并且，对于已有研究中颇具争议的盈余预测准确度对获评明星分析师的作用，本书的数据结果支持了盈余预测准确度无显著影响的论点，更进一步证实目前的明星分析师评选规则对分析师的业务能力的遴选机制失效，评选过程中发挥主要作用的是社会资本。

4. 分析师为维系自身社会资本，可能做出差异化的行为

从分析师普遍存在的投资评级的乐观性倾向出发，探究不同类型社会资本对其的促进或抑制作用，并将其分别归纳为社会资本的人情主导机制和声誉主导机制。一方面，关联上市公司社会资本所衍生出的人情维护导向主要体现了社会资本获取和维护过程中所付出的资源或代价，为维系与客户或上市公司之间的关系，分析师投资评级的乐观性倾向表现出加强的趋势，上市公司盈余操纵所带来的风险则能在一定程度上削弱分析师为实现人情维护而表现出的格外乐观的倾向。另一方面，社会资本的声誉维护导向反映了社会资本作为一种社会或群体规范的属性，以失去在网络中的地位为约束，对网络内成员的行为起到治理作用。以分析师同业校友网络为研究对象，展开社会资本声誉机制实证检验。结果证实了理论推导，社会资本的声誉机制确实能在一定程度上抑制分析师的乐观性推荐倾向。当个人的行业声誉较高时（明星分析师），社会资本声誉机制的抑制作用更为明显。此外，在同时面临声誉机制和人情机制的制约时，分析师倾向于选择人情维护而放弃声誉维护，说明我国分析师行业声誉机制的作用仍较为有限，监管部门和行业自律协会应加强声誉受损分析师的处罚力度。

二、启示与建议

2019 年 2 月，中国证券业协会接连发布两部分析师行业的执业规范修订稿，分别为《发布证券研究报告执业规范（修订稿）》与《证券分析师执业行为准则（修订稿）》，该修改稿为 2012 年两部执业规范发布以来的首次修订，修改内容涉及分析师研报质量规范、合规审查、研报发布渠道规范、规范分析师实地调研行为、廉洁从业建设、重塑考核体系等多方面内容。目前修订稿正处于行业内意见征询阶段，本书的结论在一定程度上能为此次分析师行业规范的更新提供理论依据与数据支持。

具体地，结论有助于了解分析师行业所涉及社会关系的演变状态及其影响途径，对帮助分析师理解自身行业发展历程和未来可能趋势、投资者感知分析师行为及决策背后所隐含的动因，及监管方进一步规范分析师行业准则均具有一定的启示意义，相关建议如下：

1. 分析师层面：运用社会资本获取信息及资源的同时，应提升自身研究能力及业务水平

从文中的理论推导、数据分析及实务案例总结可知，社会资本普遍存在于分

析师执业活动的各个环节，并在其中发挥了重要作用。特别地，在获取私有信息方面，内嵌于社会网络中的社会资本具备天然的信息传递优势，可成为分析师取得竞争优势的来源。此外，由于分析师职业对外服务的特性，与客户投资者、上市公司管理层建立良好的人际关系是分析师情商与能力的反映，也能带来信任与合作，促进交易。因此，对于社会资本的适度经营、维护与使用是分析师应该具备的职业素养。

然而，社会资本的使用也存在过犹不及的问题。其一，《上市公司公平信息披露指引》的颁布及完善增强了对私有信息传递的限制，如若分析师将其通过社会资本获取的私有信息进行不当传播，甚至操纵市场，则构成违规甚至违法行为。因此，分析师需加强职业自律性，避免因社会资本的使用而导致的违法违规行为。其二，分析师为维护客户社会资本而衍生的乐观性倾向可能造成未来的声誉损失，严重者甚至会受到监管部门的处罚，失去投资者的信任。因此，分析师在社会资本的经营过程中应权衡当下利益与未来代价，不宜过度短视。此外，随着互联网及微博等自媒体的飞速发展，信息传播速度及透明度均有了极大提升，投资者对企业负面情况的获悉能力及速度也随之提升，分析师单方面进行掩盖粉饰的难度也越来越大，努力做到客观公允才能保持市场的信任度与长久的职业发展。其三，随着行业及市场的成熟度不断提升，对分析师的评价体系会越来越客观，单凭社会资本与社会关系获取的资源与声誉越来越难以受到行业与市场的认可。

2. 投资者层面：理解分析师行为及产出背后的驱动因素及逻辑关系，提升对资本市场中纷繁复杂的信息的甄别能力，避免盲目受到不实言论的引导

对于投资者，特别是中小投资者而言，分析师的私有信息获取、盈余预测以及明星分析师的评选过程均存在于“黑箱”之中，本书有助于投资者理解分析师执业活动过程及产出背后所蕴含的驱动因素与利益关系。具体地，对投资者存在以下三点启示：其一，对于通过社会网络获取的企业私有信息，由于受到《上市公司公平信息指引》及已有处罚案例的约束，加之私有信息通常会成为关键竞争优势的来源，因此分析师不太可能将获取的私有信息大肆宣扬，投资者不应轻信网络中流传的各类股市的小道消息，以免上当受骗，受到财产损失。其二，对于分析师做出的推荐评级及盈余预测，通过实证检验，虽然声誉机制在抑制分析师乐观性倾向的问题上起到了一定的作用，但整体来说人情机制下分析师的乐观性推荐和预测仍然占主导地位。投资者对于分析师荐股质量的考察应从中长期的回报率及其对股票基本面研究的深度出发，不盲从分析师的推荐评级及盈余预测，应当在分析师营造出的夸大乐观氛围下保持理性，克制自身的跟风行为。其三，对于具有明星光环的分析师，投资者也应该保持理性认识，辩证性地看待其研究成果，避免受到明星效应的误导。

3. 监管者层面：进一步规范分析师行业准入、评价及惩处体系

分析师行业的直接监管部门证监会和行业自律协会（中国证券业协会）近年来在分析师个人及行业信息披露、违规违法惩处及公示等方面均取得了较大进展，但仍可从以下几个方面进一步提升行业监管力度，肃清行业乱象，营造一支专业化程度高、研究能力强的卖方分析师队伍。其一，进一步把控分析师行业的准入制度。在数据分析过程中，存在部分未取得证券分析师执业资格但仍在资本市场中发布盈余预测及荐股评级的个体，其研究成果难以保障质量，易对投资者造成信息干扰。监管部门应对分析师研究报告发布资格进行充分把控。其二，规范分析师行业评价体系。现行的“新财富最佳分析师”评选活动因缺乏客观性的评价指标体系，以致评选阶段不当运用社会关系拉票的行为时有发生。行业协会应联合其会员券商，对未来分析师业绩薪酬评价及晋升体系进行梳理和重构（新版的《证券分析师执业行为准则》亦提出了相应的指导思想：分析师考核指标需多样化，应综合考虑研究质量、合规情况、客户评价、工作量等因素，各类评价指标权重最高不超过30%）。其三，近些年分析师存在借助其市场影响力而操纵股市的现象，监管部门应加大对频繁发布失实言论分析师的处罚力度，建立失信分析师数据库及公示平台，限制其市场准入资格。

除上述对实务界的启示外，本书亦可从以下几点对后续研究提供方向：

（1）扩展分析师领域社会资本子网络的研究。由于数据所限，对于分析师前赋性社会资本，本书主要探讨了分析师与同业内其他分析师及上市公司高管之间的校友关系，而未涉及如同乡等地缘关系在内的社会资本（由于本书所讨论的分析师校友、同事等社会资本与同乡社会资本同属身份认同型的社会资本，其性质类似，故此处的缺失不会对结论造成影响）。在分析师客户社会资本中，即使从“朝阳永续”等专业机构投资者数据库汇总，亦未能获取分析师走访机构投资者的相关网络轨迹数据（但由于本书所讨论的分析师关联上市公司社会资本与关联投资者的社会资本同属相对资源权力型的社会资本，具有类似的性质，此处的缺失亦不会对结论造成重大影响）。在未来的研究中，如上述缺失数据得到了完善与补充，可进一步拓展并细化分析师社会资本相关子网络的探究。如构建分

析师赴机构投资者处推荐研究成果的路演网络，并对比相同性质网络（如同学与同乡关系同属身份认同型的前赋性社会资本）对分析师行为及决策的影响程度差异以及不同性质网络（如身份认同型与相对资源权力认同型社会资本）对分析师投入及产出的影响方向差异。

（2）融入上市公司或机构投资者社会资本与金融分析师社会资本的匹配研究。本书根据相对资源权力理论，探讨了分析师调研上市公司而形成的调研网络及其影响机理，但主要基于成型后的调研网络进行了状态描述及经济后果分析，尚未对分析师与上市公司互动关系形成过程中二者的资源权力做出量化分析。未来的研究可运用双边匹配理论与方法测量上市公司社会资本与分析师社会资本的匹配程度对二者关系构建与否及维系长度的影响，实证检验相对资源权力影响下社会网络的演化过程。

（3）丰富金融分析师社会资本的经济后果研究。本书集中探讨了金融分析师社会资本对分析师自身执业活动中的几个重要片段（私有信息获取、投资评级以及明星分析师评选）的影响。未来的研究可将金融分析师社会资本的经济后果的研究议题拓宽至与分析师活动息息相关的股票市场及上市公司。对于股票市场，可关注金融分析师社会资本的信号传递机制以及投资者对其的反应差异；对于上市公司，可尝试剖析社会资本对分析师发挥公司治理体系中外部监督机制的影响力度以及由此带来的上市公司的行为变化。

参考文献

[1] Adler P S, Kwon S W. Social Capital: Prospects for a New Concept [J]. Academy of Management Review, 2002, 27 (1): 17-40.

[2] Akram T, Lei S, Hussain S T, et al. Does Relational Leadership Generate Organizational Social Capital? A Case of Exploring the Effect of Relational Leadership on Organizational Social Capital in China [J]. Future Business Journal, 2016, 2 (2): 116-126.

[3] Amore M. Social Capital and Family Control [J]. Explorations in Economic History, 2017, 65: 106-144.

[4] Assenza S, Gómez-Gardeñes J, Latora V. Enhancement of Cooperation in Highly Clustered Scale-free Networks [J]. Physical Review E, 2008, 78 (1):1-5.

[5] Atiase R K, Bamber L S. Trading Volume Reactions to Annual Accounting Earnings Announcements: The Incremental Role of Predisclosure Information Asymmetry [J]. Journal of Accounting and Economics, 1994, 17 (3): 309-329.

[6] Baber W R, Krishnan J, Zhang Y. Investor Perceptions of the Earnings Quality Consequences of Hiring an Affiliated Auditor [J]. Review of Accounting Studies, 2014, 19 (1): 69-102.

[7] Bachrach D G, Mullins R R, Rapp A A. Intangible Sales Team Resources: Investing in Team Social Capital and Transactive Memory for Market-driven Behaviors, Norms and Performance [J]. Industrial Marketing Management, 2017, 62: 88-99.

[8] Barry C B, Brown S J. Differential Information and Security Market Equilibrium [J]. Journal of Financial and Quantitative Analysis, 1985, 20 (4): 407-422.

[9] Baschieri G, Carosi A, Mengoli S. Local IPOs, Local delistings, and the Firm Location Premium [J]. Journal of Banking & Finance, 2015, 53: 67-83.

[10] Behn B K, Choi J H, Kang T. Audit Quality and Properties of Analyst

Earnings Forecasts [J]. The Accounting Review, 2008, 83 (2): 327-349.

[11] Bian Y. Bringing Strong Ties Back in: Indirect Ties, Network Bridges, and Job Searches in China [J]. American Sociological Review, 1997: 366-385.

[12] Bosma N, Van Praag M, Thurik R, et al. The Value of Human and Social Capital Investments for the Business Performance of Startups [J]. Small Business Economics, 2004, 23 (3): 227-236.

[13] Bourdieu P. Outline of a Theory of Practice [M]. England: Cambridge University Press, 1977.

[14] Bowen R M, Davis A K, Matsumoto D A. Do Conference Calls Affect Analysts' Forecasts? [J]. The Accounting Review, 2002, 77 (2): 285-316.

[15] Bradshaw M T. Analysts' Forecasts: What Do We Know after Decades of Work? [J]. Available at SSRN 1880339, 2011.

[16] Brochet F, Miller G S, Srinivasan S. Do Analysts Follow Managers Who Switch Companies? An Analysis of Relationships in the Capital Markets [J]. The Accounting Review, 2014, 89 (2): 451-482.

[17] Brown L D, Call A C, Clement M B, et al. Inside the "black box" of Sell-side Financial Analysts [J]. Journal of Accounting Research, 2015, 53 (1): 1-47.

[18] Brown L D, Hagerman R L, Griffin P A, et al. Security Analyst Superiority Relative to Univariate Time-series Models in Forecasting Quarterly Earnings [J]. Journal of Accounting and Economics, 1987, 9 (1): 61-87.

[19] Burt R S. Structural Holes: The Social Structure of Competition [M]. Harvard University Press, 1992.

[20] Butler A W, Gurun U G. Educational Networks, Mutual fund Voting Patterns, and CEO Compensation [J]. The Review of Financial Studies, 2012, 25 (8): 2533-2562.

[21] Cahan S F, Chaney P K, Jeter D C, et al. Damaged Auditor Reputation and Analysts' Forecast Revision Frequency [J]. Auditing: A journal of Practice & Theory, 2012, 32 (1): 33-60.

[22] Cai J, Walkling R A, Yang K. The Price of Street Friends: Social Networks, Informed Trading, and Shareholder Costs [J]. Journal of Financial and Quan-

titative Analysis, 2016, 51 (3): 801-837.

[23] Carlton D W, Fischel D R. The Regulation of Insider Trading [J]. Stan. L. Rev., 1982, 35: 857.

[24] Casciaro T, Piskorski M J. Power Imbalance, Mutual Dependence, and Constraint Absorption: A Closer Look at Resource Dependence Theory [J]. Administrative Science Quarterly, 2005, 50 (2): 167-199.

[25] Chang Y P, Zhu D H. The Role of Perceived Social Capital and Flow Experience in Building Users' Continuance Intention to Social Networking Sites in China [J]. Computers in Human Behavior, 2012, 28 (3): 995-1001.

[26] Chen M H, Chang Y C, Hung S C. Socialcapital and Creativity in R&D Project Teams [J]. R&D Management, 2008, 38 (1): 21-34.

[27] Chen Q, Jiang W. Analysts' Weighting of Private and Public Information [J]. The Review of Financial Studies, 2005, 19 (1): 319-355.

[28] Chen X, Huang Q, Davison R M. The Role of Website Quality and Social Capital in Building Buyers' Loyalty [J]. International Journal of Information Management, 2017, 37 (1): 1563-1574.

[29] Cheng Q, Du F, Wang X, et al. Seeing Isbelieving: Analysts' Corporate site Visits [J]. Review of Accounting Studies, 2016, 21 (4): 1245-1286.

[30] Chreim S, Williams B E, Hinings C R. Interlevel Influences on the Reconstruction of Professional Role Identity [J]. Academy of Management Journal, 2007, 50 (6): 1515-1539.

[31] Cohen L, Frazzini A, Malloy C. Sell-side School Ties [J]. The Journal of Finance, 2010, 65 (4): 1409-1437.

[32] Cohen L, Frazzini A, Malloy C. The Small World of Investing: Board Connections and Mutual Fund Returns [J]. Journal of Political Economy, 2008, 116 (5): 951-979.

[33] Coleman J. Foundations of Social Theory [M]. Cambridge, MA: Belknap Press of Harvard University Press, 1990.

[34] Coleman J. Social Capital in the Creation of Human Capital [J]. American Journal of Sociology, 1988 (94): 95-120.

[35] Collins C J, Clark K D. Strategic Human Resource Practices, Top Manage-

ment Team Social Networks, and Firm Performance: The role of Human Resource Practices in Creating Organizational Competitive Advantage [J]. Academy of Management Journal, 2003, 46 (6): 740-751.

[36] Cooper R A, Day T E, Lewis C M. Following the Leader: A Study of Individual Analysts' Earnings Forecasts [J]. Journal of Financial Economics, 2001, 61 (3): 383-416.

[37] DeAngelo L E. Auditor Size and Audit Quality [J]. Journal of Accounting and Economics, 1981, 3 (3): 183-199.

[38] Deaux K. Reconstructing Social Identity [J]. Personality and Social Psychology Bulletin, 1993, 19 (1): 4-12.

[39] Dichev I D, Tang V W. Earnings Volatility and Earnings Predictability [J]. Journal of Accounting and Economics, 2009, 47 (1-2): 160-181.

[40] Dugar A, Nathan S. The Effect of Investment Banking Relationships on Financial analysts' Earnings Forecasts and Investment Recommendations [J]. Contemporary Accounting Research, 1995, 12 (1): 131-160.

[41] Eames M J, Glover S M. Earnings Predictability and the Direction of Analysts' Earnings forecast Errors [J]. The Accounting Review, 2003, 78 (3): 707-724.

[42] Easley D, Kiefer N M, O' hara M, et al. Liquidity, Information, and Infrequently Traded Stocks [J]. The Journal of Finance, 1996, 51 (4): 1405-1436.

[43] Emerson R M. Power-dependence Relations [J]. American sociological review, 1962 (1): 31-41.

[44] Emery D R, Li X. Are the Wall Street Analyst Rankings Popularity contests? [J]. Journal of Financial and Quantitative Analysis, 2009, 44 (2): 411-437.

[45] Engelberg J, Gao P, Parsons C A. Friends with Money [J]. Journal of Financial Economics, 2012, 103 (1): 169-188.

[46] Fang L H, Yasuda A. Are Stars' Opinions Worth More? The Relation between Analyst Reputation and Recommendation Values [J]. Journal of Financial Services Research, 2014, 46 (3): 235-269.

[47] Ferris S P, Javakhadze D, Rajkovic T. CEO Social Capital, Risk-taking and Corporate Policies [J]. Journal of Corporate Finance, 2017a, 47: 46-71.

[48] Ferris S P, Javakhadze D, Rajkovic T. The International Effect of Managerial Social Capital on the Cost of Equity [J]. Journal of Banking & Finance, 2017b, 74: 69-84.

[49] Firth M, Lin C, Liu P, et al. The Client Is King: Do Mutual Fund Relationships Bias Analyst Recommendations? [J]. Journal of Accounting Research, 2013, 51 (1): 165-200.

[50] Fracassi C. Corporate Finance Policies and Social Networks [J]. Management Science, 2016, 63 (8): 2420-2438.

[51] Francis J, Philbrick D. Analysts' Decisions as Products of a Multi-task Environment [J]. Journal of Accounting Research, 1993, 31 (2): 216-230.

[52] Freeman L C. Centrality in Social Networks Conceptual Clarification [J]. Social Networks, 1978, 1 (3): 215-239.

[53] Freeman L. The Development of Social Network Analysis. A Study in the Sociology of Science [M]. Empirical Press, 2004.

[54] Fu P W, Wu C C, Cho Y J. What Makes Users Share Content on Facebook? Compatibility among Psychological Incentive, Social Capital Focus, and Content Type [J]. Computers in Human Behavior, 2017, 67: 23-32.

[55] García-Villaverde P M, Rodrigo-Alarcón J, Parra-Requena G, et al. Technological Dynamism and Entrepreneurial Orientation: The Heterogeneous Effects of Social Capital [J]. Journal of Business Research, 2018, 83: 51-64.

[56] Golmoradi R, Ardabili F S. The Effects of Social Capital and Leadership Styles on Organizational Learning [J]. Procedia-Social and Behavioral Sciences, 2016, 230: 372-378.

[57] Granovetter M. Economic Action and Social Structure: The Problem of Embeddedness [J]. American Journal of Sociology, 1985, 91 (3): 481-510.

[58] Granovetter M. The Strength of Weak Ties [J]. American Journal of Sociology, 1973 (6): 1420-1443.

[59] Green T C, Jame R, Markov S, et al. Access to Management and the Informativeness of Analyst Research [J]. Journal of Financial Economics, 2014, 114 (2): 239-255.

[60] Guan Y, Su L N, Wu D, et al. Do School ties between Auditors and Client

Executives Influence Audit Outcomes? ［J］. Journal of Accounting and Economics, 2016, 61 (2-3): 506-525.

［61］ Habib A, Hasan M M. Social Capital and Corporate Cash Holdings ［J］. International Review of Economics & Finance, 2017, 52: 1-20.

［62］ Hanifan L J. The Rural School Community Center ［J］. The Annals of the American Academy of Political and Social Science, 1916, 67 (1): 130-138.

［63］ Hasan I, Hoi C K, Wu Q, et al. Social Capital and Debt Contracting: Evidence from Bank Loans and Public Bonds ［J］. Journal of Financial and Quantitative Analysis, 2017, 52 (3): 1017-1047.

［64］ Hau Y S, Kim B, Lee H, et al. The Effects of Individual Motivations and Social Capital on Employees' Tacit and Explicit Knowledge Sharing Intentions ［J］. International Journal of Information Management, 2013, 33 (2): 356-366.

［65］ He X, Pittman J A, Rui O M, et al. Do Social Ties between External Auditors and audit Committee Members Affect audit Quality? ［J］. The Accounting Review, 2017, 92 (5): 61-87.

［66］ Herzberg F. Motivation to work ［M］. Routledge, 1959.

［67］ Hong H, Kubik J D, Stein J C. Thy Neighbor's Portfolio: Word-of-mouth Effects in the Holdings and Trades of Money Managers ［J］. The Journal of Finance, 2005, 60 (6): 2801-2824.

［68］ Hope O K. Disclosure Practices, Enforcement of Accounting Standards, and Analysts' Forecast Accuracy: An International Study ［J］. Journal of Accounting Research, 2003, 41 (2): 235-272.

［69］ Hällsten M, Edling C, Rydgren J. Social Capital, Friendship Networks, and Youth Unemployment ［J］. Social Science Research, 2017, 61: 234-250.

［70］ Jackson A R. Trade Generation, Reputation, and Sell-side Analysts ［J］. The Journal of Finance, 2005, 60 (2): 673-717.

［71］ Jennings C, Sanchez-Pages S. Social Capital, Conflict and Welfare ［J］. Journal of Development Economics, 2017, 124: 157-167.

［72］ Jha A, Chen Y. Audit Fees and Social Capital ［J］. The Accounting Review, 2014, 90 (2): 611-639.

［73］ Jin J Y, Kanagaretnam K, Lobo G J, et al. Social Capital and Bank Stability [J] . Journal of Financial Stability, 2017, 32: 99-114.

[74] Ke B, Yu Y. The Effect of Issuing Biased Earnings Forecasts on Analysts' Access to Management and Survival [J] . Journal of Accounting Research, 2006, 44 (5): 965-999.

[75] Knoke D. Organizational Networks and Corporate Social Capital [M] // Corporate social capital and liability. Springer, Boston, MA, 1999: 17-42.

[76] Krackhardt D, Hanson J R. Informal Networks [J] . Harvard business review, 1993, 71 (4): 104-111.

[77] Krackhardt D. The Strength of Strong ties: The Importance of Philos in Organizations [C] //N. A. E. Nohria. Networks and Organization: Structure Form, and Action. Boston: Harvard Business School Press, 1992.

[78] Kross W, Ro B, Schroeder D. Earnings Expectations: The analysts' Information Advantage [J] . Accounting Review, 1990: 461-476.

[79] Kwon S Y, Yi H S. Do Social Ties between CEOs and Engagement Audit Partners Affect Audit Quality and AuditFees? [J] . Auditing: A Journal of Practice & Theory, 2018, 37 (2): 139-161.

[80] Lang M H, Lundholm R J. Corporate Disclosure Policy and Analyst Behavior [J] . Accounting Review, 1996: 467-492.

[81] Lees F A. Public Disclosure of Corporate Earnings Forecasts [C] . Conference Board, 1981.

[82] Lennox C, Wang Z T, Wu X. Earnings Management, Audit Adjustments, and the Financing of Corporate Acquisitions: Evidence from China [J] . Journal of Accounting and Economics, 2018, 65 (1): 21-40.

[83] Lennox C. Audit Quality and Executive Officers' Affiliations with CPA Firms [J] . Journal of Accounting and Economics, 2005, 39 (2): 201-231.

[84] Lerner J, Malmendier U. With a Little Help from My (Random) Friends: Success and Failure in Post-business School Entrepreneurship [J] . The Review of Financial Studies, 2013, 26 (10): 2411-2452.

[85] Lim T. Rationality and analysts'Forecast Bias [J] . The Journal of Finance, 2001, 56 (1): 369-385.

[86] Lin N, Ensel W M, Vaughn J C. Social Resources and Strength of Ties:

Structural Factors in Occupational Status Attainment [J]. American Sociological Review, 1981: 393-405.

[87] Lin N. Social Capital: A Theory of Social Structure and Action [M]. N. Y.: Cambridge University Press, 2001.

[88] Lin N. Social Resources and Social Action [M]. N. Y.: Cambridge University Press, 1998.

[89] Lin N. Social Resources and Social Mobility [C] //R. Breiger. Social Mobility and Social Structure. New York: Cambridge University Press, 1990.

[90] Lins K V, Servaes H, Tamayo A. Social Capital, Trust, and Firm Performance: The Value of Corporate Social Responsibility During the Financial Crisis [J]. The Journal of Finance, 2017, 72 (4): 1785-1824.

[91] MacGregor D. The Human Side of Enterprise [M]. McGraw - Hill: New York, 1960.

[92] Madhavaram S, Hunt S D. Customizing Business-to-business (B2B) Professional Services: The Role of Intellectual Capital and Internal Social Capital [J]. Journal of Business Research, 2017, 74: 38-46.

[93] Malloy C J. The Geography of Equity Analysis [J]. The Journal of Finance, 2005, 60 (2): 719-755.

[94] Marcoux M, Lusseau D. Network Modularity Promotes Cooperation [J]. Journal of Theoretical Biology, 2013, 324: 103-108.

[95] Maslow A H. A Theory of Human Motivation [J]. Psychological Review, 1943, 50 (4): 370.

[96] Matsumoto D A. Management's Incentives to Avoid Negative Earnings Surprises [J]. The Accounting Review, 2002, 77 (3): 483-514.

[97] McNichols M, O' Brien P C. Self-selection and Analyst Coverage [J]. Journal of Accounting Research, 1997, 35: 167-199.

[98] Menon K, Williams D D. Former audit Partners and Abnormal Accruals [J]. The Accounting Review, 2004, 79 (4): 1095-1118.

[99] Nahapiet J, Ghoshal S. Social Capital, Intellectual Capital, and the Organizational Advantage [J]. Academy of Management, 1998 (2): 242-266.

[100] Naiker V, Sharma D S, Sharma V D. Do Former audit Firm Partners on

Audit Committees Procure Greater Nonaudit Services from the Auditor? [J]. The Accounting Review, 2013, 88 (1): 297-326.

[101] Naiker V, Sharma D S. Former audit Partners on the audit Committee and internal Control Deficiencies [J]. The Accounting Review, 2009, 84 (2): 559-587.

[102] Norbutas L, Corten R. Network Structure and Economic Prosperity in Municipalities: A large-scale Test of Social Capital Theory Using Social Media Data [J]. Social Networks, 2018, 52: 120-134.

[103] O' brien P C. Analysts' Forecasts as Earnings Expectations [J]. Journal of Accounting and Economics, 1988, 10 (1): 53-83.

[104] O' Connor K M, Gladstone E. Beauty and Social Capital: Being Attractive shapes social networks [J]. Social Networks, 2018, 52: 42-47.

[105] Parsons C A, Sulaeman J, Titman S. The Geography of Financial Misconduct [J]. The Journal of Finance, 2018, 73 (5): 2087-2137.

[106] Pena-López J A, Sánchez-Santos J M. Individual Social Capital: Accessibility and Mobilization of Resources Embedded in Social Networks [J]. Social Networks, 2017, 49: 1-11.

[107] Perry R, Drachen A, Kearney A, et al. Online-only Friends, Real-life Friends or Strangers? Differential Associations with Passion and Social Capital in Video game Play [J]. Computers in Human Behavior, 2018, 79: 202-210.

[108] Pfeffer J, Salancik G R. The External Control of Organizations: A Resource Dependence Perspective [M]. N. Y.: Harper & Row, 1978.

[109] Portes A. Social Capital: Its Origins and Applications in Modern Sociology [J]. Annual Review of Sociology, 1998, 24 (1): 1-24.

[110] Putnam R D. Making Democracy Work: Civic Traditions in Modern Italy [M]. Princeton: Princeton University Press, 1993.

[111] Richardson S, Teoh S H, Wysocki P D. The walk-down to beatable analyst forecasts: The role of equity issuance and insider trading incentives [J]. Contemporary Accounting Research, 2004, 21 (4): 885-924.

[112] Rodrigo-Alarcón J, García-Villaverde P M, Ruiz-Ortega M J, et al. From social capital to entrepreneurial orientation: The mediating role of dynamic capabilities [J]. European Management Journal, 2018, 36 (2): 195-209.

［113］ Sabidussi G. The centrality index of a graph ［J］. Psychometrika, 1966, 31 (4): 581-603.

［114］ Schipper K. Analysts' forecasts ［J］. Accounting Horizons, 1991, 5 (4): 105- 121.

［115］ Shaw J D, Duffy M K, Johnson J L, et al. Turnover, social capital losses, and performance ［J］. Academy of management Journal, 2005, 48 (4): 594-606.

［116］ Shue K. Executive networks and firm policies: Evidence from the random assignment of MBA peers ［J］. The Review of Financial Studies, 2013, 26 (6): 1401-1442.

［117］ Simunic D A. The pricing of audit services: Theory and evidence ［J］. Journal of Accounting Research, 1980: 161-190.

［118］ Smith C, Smith J B, Shaw E. Embracing digital networks: Entrepreneurs' social capital online ［J］. Journal of Business Venturing, 2017, 32 (1): 18-34.

［119］ Staisiunas A. Propagation of investment signals via weak social ties ［M］. University of Chicago, The University of Chicago Booth School of Business, 2013.

［120］ Stickel S E. Reputation and performance among security analysts ［J］. The Journal of Finance, 1992, 47 (5): 1811-1836.

［121］ Su C C, Chan N K. Predicting social capital on Facebook: The implications of use intensity, perceived content desirability, and Facebook-enabled communication practices ［J］. Computers in Human Behavior, 2017, 72: 259-268.

［122］ Tajfel H. Human groups and social categories: Studies in social psychology ［M］. Cambridge, UK: Cambridge University Press, 1981.

［123］ Tian Y A, Nicholson J D, Eklinder-Frick J, et al. The interplay between social capital and international opportunities: A processual study of international "take-off" episodes in Chinese SMEs ［J］. Industrial Marketing Management, 2018, 70: 180-192.

［124］ Tsai W, Ghoshal S. Socialcapital and value creation: The role of intrafirm networks ［J］. Academy of Management Journal, 1998, 41 (4): 464-476.

［125］ Uphoff N T. Learning from Gal Oya: Possibilities for participatory development and post-newtonian social science ［M］. London: Intermediate Technology Publications, 1996.

[126] Wasserman S, Faust K. Social network analysis: Methods and applications [M]. Cambridge University Press, 1994.

[127] Wernerfelt B. A resource-based view of the firm [J]. Strategic Management Journal, 1984 (5): 171-180.

[128] Yli-Renko H, Autio E, Tontti V. Social capital, knowledge, and the international growth of technology-based new firms [J]. International Business Review, 2002, 11 (3): 279-304.

[129] Zhao Z, Zhang Y J, Feng X, et al. An analysis of herding behavior in security analysts' networks [J]. Physica A: Statistical Mechanics and its Applications, 2014, 413: 116-124.

[130] 2014 年新财富最佳分析师网上评选办法 Q&A [EB/OL]. 新财富. 2014-09-19. http: //www. xcf. cn/hdzb/zjfxs/2014/hdyw/201409/t20140919_639554. htm.

[131] 2016 年新财富最佳分析师网上评选办法 Q&A [EB/OL]. 新财富. 2016-09-27. http: //www. xcf. cn/hdzb/zjfxs/3/1/201609/t20160927_776898. htm.

[132] 边燕杰，丘海雄. 企业的社会资本及其功效 [J]. 中国社会科学，2000 (2): 87-99.

[133] 边燕杰. 社会网络与求职过程 [G] //涂肇庆、林益民，主编. 改革开放与中国社会：西方社会学文献述评. 牛津大学出版社，1999.

[134] 蔡春，谢柳芳，马可哪呐. 高管审计背景、盈余管理与异常审计收费 [J]. 会计研究，2015 (3): 72-78, 95.

[135] 蔡庆丰，郭春松，黄凯松. 社会关系与社会经历对资本市场影响研究进展 [J]. 经济学动态，2016 (2): 126-140.

[136] 蔡庆丰，杨侃. 是谁在"捕风捉影"：机构投资者 vs 证券分析师——基于 A 股信息交易者信息偏好的实证研究 [J]. 金融研究，2013 (6): 193-206.

[137] 曹胜，朱红军. 王婆贩瓜：券商自营业务与分析师乐观性 [J]. 管理世界，2011 (7): 20-30.

[138] 曹新伟，洪剑峭，贾琬娇. 分析师实地调研与资本市场信息效率——基于股价同步性的研究 [J]. 经济管理，2015 (8): 141-150.

[139] 陈劲，李飞宇. 社会资本：对技术创新的社会学诠释 [J]. 科学学

研究，2001，19（3）：102-107.

［140］仇子明．潜伏在资本市场［M］．中信出版社，2010.

［141］储一昀，仓勇涛．财务分析师预测的价格可信吗？——来自中国证券市场的经验证据［J］．管理世界，2008（3）：58-69.

［142］褚剑，秦璇，方军雄．中国式融资融券制度安排与分析师盈利预测乐观偏差［J］．管理世界，2019，35（1）：151-166+228.

［143］崔俊霞，成碧莹，朱颖原．信用伦理视域下的明清晋商［J］．经济问题，2017（3）：117-120.

［144］戴亦一，张俊生，曾亚敏，等．社会资本与企业债务融资［J］．中国工业经济，2009（8）：99-108.

［145］第十四届新财富最佳分析师评选参评候选人预公示［EB/OL］．新财富．2016-10-10. http：//www. xcf. cn/hdzb/zjfxs/3/1/201610/t20161010_777022. htm.

［146］费孝通．乡土中国：生育制度［M］．北京大学出版社，1998.

［147］福山．信任：社会美德与创造经济繁荣［M］．海南出版社，2001.

［148］耿新，张体勤．企业家社会资本对组织动态能力的影响——以组织宽裕为调节变量［J］．管理世界，2010（6）：109-121.

［149］官峰，靳庆鲁，张佩佩．机构投资者与分析师行为——基于定向增发解禁背景［J］．财经研究，2015（6）：132-144.

［150］管总平，黄文锋，钟子英．承销商关系与机构持股压力对分析师盈利预测的影响［J］．证券市场导报，2013（10）：38-46.

［151］何贤杰，孙淑伟，朱红军，等．证券背景独立董事，信息优势与券商持股［J］．管理世界，2014（3）：148-162.

［152］何玉润，徐云．企业战略差异度会影响分析师盈利预测的准确性吗？［J］．北京工商大学学报（社会科学版），2017（2）：58-66.

［153］胡娜，周铭山，郭寿良，等．股权投资背景下券商独立性研究——基于证券分析师研究报告的视角［J］．财经科学，2014（1）：28-37.

［154］胡奕明，金洪飞．证券分析师关注自己的声誉吗？［J］．世界经济，2006（2）：71-81.

［155］华鸣，孙谦．大股东股权质押与券商分析师——监督动力还是利益冲突？［J］．投资研究，2017，36（11）：94-115.

［156］华鸣，孙谦．卖空压力还是融资诱惑：融资融券制度对分析师预测乐观性偏差的影响［J］．上海金融，2018（4）：4-12.

［157］贾琬娇，杨楠．管理层过度自信与分析师预测偏差［J］．管理现代化，2017，37（4）：44-47.

［158］简佩茹．高新技术企业社会资本促进创新绩效提升的机理及途径研究［J］．科技进步与对策，2019，36（6）：101-110.

［159］姜波，周铭山．参股基金公司持股与分析师乐观性［J］．财经研究，2015，41（1）：118-131.

［160］姜卫韬．基于结构洞理论的企业家社会资本的影响机制研究［M］．浙江大学出版社，2012.

［161］蒋春燕，赵曙明．社会资本和公司企业家精神与绩效的关系：组织学习的中介作用——江苏与广东新兴企业的实证研究［J］．管理世界，2006（10）：90-99.

［162］蒋天颖，张一青，王俊江．企业社会资本与竞争优势的关系研究——基于知识的视角［J］．科学学研究，2010，28（8）：12-21.

［163］康健．声誉、利益冲突与投资评级的乐观偏误［J］．经济经纬，2013（6）：107-112.

［164］孔令飞，刘轶．个人、机构投资者情绪与证券分析师的乐观偏差——来自中国A股市场的证据［J］．南方经济，2016（6）：66-81.

［165］李丹，袁淳，廖冠民．卖空机制与分析师乐观性偏差——基于双重差分模型的检验［J］．会计研究，2016（9）：25-31.

［166］李京．企业社会资本对企业成长的影响及其优化——基于社会资本结构主义观思想［J］．经济管理，2013（7）：56-64.

［167］李丽青．分析师盈利预测能表征“市场预期盈利”吗？——来自中国A股市场的经验证据［J］．南开管理评论，2012，15（6）：44-50.

［168］李梦楠，贾振全．社会网络理论的发展及研究进展评述［J］．中国管理信息化，2014，17（3）：133-135.

［169］李沁洋，桂亚玲，杨敏，等．沪港通与分析师预测乐观偏差［J］．科学决策，2018（3）：16-42.

［170］李志刚，施先旺，刘拯．分析师能发现审计合谋吗？——基于我国上市公司的经验证据［J］．财经论丛，2015，196（7）：56-65.

［171］李钻，施先旺．机构投资者佣金分仓与分析师盈余预测［J］．宏观经济研究，2016（6）：135-146.

［172］廖明情，邓路，宋顺林．证券分析师角色：平抑情绪还是随波逐流？［J］．系统工程理论与实践，2016，36（6）：1399-1414.

［173］林乐，谢德仁．分析师荐股更新利用管理层语调吗？——基于业绩说明会的文本分析［J］．管理世界，2017（11）：125-145.

［174］刘会芹，施先旺．企业战略差异对分析师行为的影响［J］．山西财经大学学报，2018，40（1）：112-123.

［175］刘军．整体网分析讲义：UCINET 软件实用指南［M］．格致出版社，2014.

［176］刘洋，李星汉．承销商分析师利益冲突与定向增发［J］．商业研究，2015，57（1）：53-61.

［177］陆瑶，胡江燕．CEO 与董事间“老乡”关系对公司违规行为的影响研究［J］．南开管理评论，2016，19（2）：52-62.

［178］陆瑶，胡江燕．CEO 与董事间的“老乡”关系对我国上市公司风险水平的影响［J］．管理世界，2014（3）：131-138.

［179］罗家德，方震平．社区社会资本的衡量——一个引入社会网观点的衡量方法［J］．江苏社会科学，2014（1）：114-124.

［180］罗志恒，葛宝山，董保宝．网络、资源获取和中小企业绩效关系研究：基于中国实践［J］．软科学，2009，23（8）：130-134.

［181］帕特南．使民主运转起来：现代意大利的公民传统［M］．江西人民出版社，2001.

［182］潘越，戴亦一，刘思超．我国承销商利用分析师报告托市了吗？［J］．经济研究，2011，46（3）：131-144.

［183］邱世远．关于迎合行为与分析师偏差的声誉博弈分析［J］．中国经济问题，2008（3）：73-78.

［184］全怡，陈冬华，李真．独立董事身份提高了分析师的预测质量吗？［J］．财经研究，2014，40（11）：97-107.

［185］申宇，赵静梅，何欣．校友关系网络、基金投资业绩与“小圈子”效应［J］．经济学（季刊），2016，15（1）：403-428.

［186］申宇，赵玲，吴风云．创新的母校印记：基于校友圈与专利申请的证

据［J］．中国工业经济，2017（8）：157-174.

［187］沈艺峰，刘微芳，游家兴．嵌入性：企业社会资本和企业融资结构——来自我国房地产上市公司的经验证据［J］．经济管理，2009（5）：109-116.

［188］施先旺，李钻．声誉机制，机构投资者佣金分仓与分析师评级［J］．经济经纬，2017，34（2）：153-157.

［189］石军伟，胡立君，付海艳．企业社会责任、社会资本与组织竞争优势：一个战略互动视角——基于中国转型期经验的实证研究［J］．中国工业经济，2009（11）：87-98.

［190］石玉，张俊民，刘雨杰．会计师事务所声誉与证券分析师盈余预测［J］．财会月刊，2014（18）：14-18.

［191］孙俊华，陈传明．企业家社会资本与公司绩效关系研究——基于中国制造业上市公司的实证研究［J］．南开管理评论，2009，12（2）：28-36.

［192］谭松涛，崔小勇．上市公司调研能否提高分析师预测精度［J］．世界经济，2015，38（4）：126-145.

［193］谭松涛，甘顺利，阚铄．媒体报道能够降低分析师预测偏差吗?［J］．金融研究，2015（5）：192-206.

［194］唐松莲，陈伟．声誉提升抑或利益结盟：关联证券分析师实地调研动因研究［J］．管理世界，2017（9）：178-179.

［195］田静，周齐璇子，赵彤云．金融行业证券分析师收入趋势调查报告．［EB/OL］．劳动报．2014-02-27. http：//www. labour-daily. cn/ldb/node13/node18/u1ai181687. html.

［196］田凯．科尔曼的社会资本理论及其局限［J］．社会科学研究，2001（1）：90-96.

［197］万建香，钟以婷．社会资本对企业绩效的影响——基于中国经济转型阶段的研究［J］．管理评论，2018，30（1）：60-66.

［198］王晶晶，李若山，李冬昕．我国上市公司正向盈余意外实现原因研究［J］．当代财经，2012（3）：101-113.

［199］王明伟，张琳，孙文晶．投资者关注与分析师预测精度［J］．中国经济问题，2017（2）：82-94.

［200］王攀娜，罗宏．放松卖空管制对分析师预测行为的影响——来自中国

准自然实验的证据［J］．金融研究，2017（11）：191-206.

［201］王宇熹，洪剑峭，肖峻．顶级券商的明星分析师荐股评级更有价值吗？——基于券商声誉，分析师声誉的实证研究［J］．管理工程学报，2012（3）：197-206.

［202］王志明，顾海英．社会资本与家族企业关系治理［J］．科学管理研究，2004，22（4）：98-202.

［203］韦影．企业社会资本与技术创新：基于吸收能力的实证研究［J］．中国工业经济，2007（9）：119-127.

［204］吴超鹏，郑方镳，杨世杰．证券分析师的盈余预测和股票评级是否具有独立性？［J］．经济学（季刊），2013，12（3）：935-958.

［205］吴明隆，统计分析．SPSS 统计应用实务［M］．中国铁道出版社，2000.

［206］吴明隆．结构方程模型：AMOS 的操作与应用［M］．重庆大学出版社，2009.

［207］吴偎立，张峥，乔坤元．信息质量，市场评价与激励有效性——基于《新财富》最佳分析师评选的证据［J］．经济学（季刊），2016，15（1）：723-744.

［208］伍燕然，潘可，胡松明，等．行业分析师盈利预测偏差的新解释［J］．经济研究，2012（4）：149-160.

［209］肖斌卿，彭毅，方立兵，等．上市公司调研对投资决策有用吗——基于分析师调研报告的实证研究［J］．南开管理评论，2017，20（1）：119-131.

［210］徐明月．基金经理校友联结网络与基金业绩的联动效应［D］．西南交通大学，2014.

［211］许汝俊．分仓基金重仓股与分析师荐股评级乐观倾向研究——来自行为金融视角的新证据［J］．经济与管理，2018，32（6）：63-69.

［212］闫焕民，廖佳．CEO-CFO 校友关系与公司避税行为——基于税收征管强度视角的研究［J］．现代财经：天津财经大学学报，2018（9）：77-91.

［213］杨大楷，王佳妮，李凡一．证券分析师利益冲突行为的“前因”与“后果”——来自上证 A 股的经验证据［J］．上海经济研究，2011（11）：57-67.

［214］杨飞．如何成为明星分析师？分析师上榜新财富决定因素研究

［J］．中央财经大学学报，2016（11）：47-56.

［215］杨峰，潘拥军．论明清徽商诚信规则体系及现代借鉴［J］．法学，2017（1）：95-104.

［216］杨鹏鹏，万迪昉，王廷丽．企业家社会资本及其与企业绩效的关系——研究综述与理论分析框架［J］．当代经济科学，2005，27（4）：85-91.

［217］杨玉龙，孙淑伟，孔祥．媒体报道能否弥合资本市场上的信息鸿沟？——基于社会关系网络视角的实证考察［J］．管理世界，2017（7）：99-119.

［218］伊志宏，江轩宇．明星 VS 非明星：分析师评级调整与信息属性［J］．经济理论与经济管理，2013，33（10）：93-108.

［219］尹玉刚．分析师教育，经验和努力：投资者关注与认知偏差［J］．投资研究，2014，33（12）：126-141.

［220］游家兴，邱世远，刘淳．证券分析师预测“变脸”行为研究——基于分析师声誉的博弈模型与实证检验［J］．管理科学学报，2013，16（6）：67-84.

［221］张其仔．社会资本与国有企业绩效研究［J］．当代财经，2000（1）：53-58.

［222］张沁．明星分析师的影响因素和市场影响力研究［D］．复旦大学，2012.

［223］张玮倩，方军雄．证券分析师超乐观盈利预测的溢出效应研究［J］．证券市场导报，2017（9）：42-49+76.

［224］张文宏．社会资本：理论争辩与经验研究［J］．社会学研究，2003（4）：23-35.

［225］张文宏．中国的社会资本研究：概念、操作化测量和经验研究［J］．江苏社会科学，2007（3）：142-149.

［226］张文宏．中国社会网络与社会资本研究 30 年（上）［J］．江海学刊，2011（2）：104-112.

［227］张文宏．中国社会网络与社会资本研究 30 年（下）［J］．江海学刊，2011（3）：96-106.

［228］张兆国，曹丹婷，张弛．高管团队稳定性会影响企业技术创新绩效吗——基于薪酬激励和社会关系的调节作用研究［J］．会计研究，2018（12）：

48-55.

［229］张子健．会计稳健性对证券分析师盈利预测的影响分析［J］．中南财经政法大学学报，2013（3）：121-128.

［230］张宗新，姚佩怡．标新立异，“风险厌恶”还是“精益求精”？——基于明星分析师研报观点导向的实证研究［J］．证券市场导报，2018（1）：46-53.

［231］赵良玉，李增泉，刘军霞．管理层偏好，投资评级乐观性与私有信息获取［J］．管理世界，2013，4：33-47.

［232］赵延东，罗家德．如何测量社会资本：一个经验研究综述［J］．国外社会科学，2005（2）：18-24.

［233］赵延东．“社会资本”理论述评［J］．国外社会科学，1998（3）：19-22.

［234］赵延东．社会资本理论的新进展［J］．国外社会科学，2003（3）：54-59.

［235］郑琦．分析师对基金重仓股发布乐观预测的后果研究——来自佣金分仓的证据［J］．南京审计学院学报，2017（4）：76-85.

［236］中国投资界烙下校友印记：大学圈子自成体系［EB/OL］．经济观察报．2010-10-09. http：//www. chinanews. com/cj/2010/10-09/2573803. shtml.

［237］周佰成，李晓冬，宋琴．承销商分析师与非承销商分析师利益冲突比较研究［J］．税务与经济，2010（1）：27-31.

［238］周冬华，赵玉洁．证券分析师盈余预测乐观倾向：利益关联还是启发式认知偏差？［J］．管理评论，2016，28（1）：205-218.

［239］周开国，应千伟，陈晓娴．媒体关注度、分析师关注度与盈余预测准确度［J］．金融研究，2014（2）：139-152.

［240］周铭山，李四光，林靖．利益冲突，声誉激励与股价发现有效性［J］．管理科学学报，2015，18（12）：1-17.

［241］周小虎，陈传明．企业社会资本与持续竞争优势［J］．中国工业经济，2004（5）：90-96.

［242］朱朝晖，包燕娜，许文瀚．管理层语调离差策略及其对分析师预测乐观度影响——基于A股制造业上市公司MD&A文本分析公共选择理论下的税收成本与社会契约形式转变［J］．财经论丛，2018，230（2）：39-46.

［243］朱福林，何勤，王晓芳．社会资本、吸收能力与企业成长——基于286家北京中小微科技型企业的经验分析［J］．华东经济管理，2018（9）：132-143.

［244］朱福林，陶秋燕，何勤．社会资本与中小企业成长的关系研究——以深圳市中小企业板上市公司数据为例［J］．技术经济与管理研究，2014（12）：12-15.

［245］朱卫东，王丽娜，沈洁．机构投资者持股压力下证券分析师乐观倾向研究［J］．中国管理科学，2016，24（8）：45-52.

［246］朱小能，刘鹏林．雾里看花——空气质量影响了分析师的预期吗？［J］．经济管理，2018，40（10）：173-192.

附录1　金融分析师社会资本访谈提纲

1. 您对于社会资本的理解：有研究从结构（是否有关联）、关系（是否相互信任）、认知（是否有相同价值观）层面解释，您对社会资本的理解是什么？

2. 金融分析师社会资本的种类：

①金融分析师社会资本的种类有哪些？（个人能力素质、情商涵养、亲缘关系、同学/校友关系、其他熟人关系、和同事的关系、和领导的关系、和同行的关系、和客户的关系、和政府的关系）②哪一（几）种最有帮助？③它（们）的重要性是否会改变？

3. 工作年限、教育背景（学校、学历、所学专业）对工作业绩的影响程度。

4. 团队协作是否在工作中常见？团队成员之间的沟通交流、相互信任、共同价值观对工作的影响程度。

5. 对公司领导层的信任，对公司未来发展方向的认同是否影响工作业绩？

6. 工作变动是否以及在多大程度上得益于社会资本？

7. 与同行业其他公司的同行是否会保持联系？是否会交流行业信息？

8. 公司/团队领导与政府/行业监管部门之间是否熟识？公司发展是否得益于此？

9. 公司/团队领导与企业高管之间是否熟识？公司/团队发展是否得益于此？

10. 可否举一个社会资本影响工作业绩/公司发展的实际案例？

附录2　金融分析师社会资本及影响调查

尊敬的女士/先生：

您好！感谢您在百忙之中参与此次调查，本调查结果仅用于学术研究，我们会对您所填信息完全保密，请放心填写，谢谢您的支持！

【请阅读】社会资本是指在社会生活中人与人之间的关系纽带以及由此产生的信任、相同价值观和共同目标。

一、基本情况

1. 您的性别： A. 男　B. 女	2. 您的年龄范围： A. 25岁以下　B. 25~34岁 C. 35~44岁　D. 45~54岁　E. 55岁及以上
3. 您的学历： A. 大专及以下　B. 本科 C. 研究生及以上	4. 您所学专业： A. 商科　B. 文科　C. 理科及工科 D. 其他________
5. 您的工作年限： A. 2年及以下　B. 3~5年　C. 6~9年　D. 10~15年　E. 15年以上	
6. 您的职位层级： A. Analyst　B. Associate　C. VP　D. SVP E. Director　F. MD　G. ED　H. 其他________	
7. 您的籍贯（省份）：	8. 您是否有海外留学经历：A. 是　B. 否
9. 如您需要此次调查的分析结果，请留下您的邮箱：______________	

二、请根据您日常工作生活中的经验，回答以下问题，在最接近您想法的数字上打“√”

	非常不同意	不同意	有点不同意	一般	有点同意	同意	非常同意
10. 我拥有在工作上形成助力的亲缘关系	1	2	3	4	5	6	7
11. 我拥有在工作上形成助力的同学/校友关系	1	2	3	4	5	6	7
12. 我拥有在工作上形成助力的同乡关系	1	2	3	4	5	6	7
13. 我拥有在工作上形成助力的其他生活中的熟人关系（除亲缘/校友/同乡外）	1	2	3	4	5	6	7
14. 我所在团队成员数量高于行业平均值	1	2	3	4	5	6	7
15. 我所在的团队会经常通过召开各类业务会议进行沟通	1	2	3	4	5	6	7
16. 我所在的团队会经常通过聚餐、联谊会、团建等形式进行沟通	1	2	3	4	5	6	7
17. 遇到工作问题时，我会得到团队成员的帮助	1	2	3	4	5	6	7
18. 我所在的团队成员之间相互信任	1	2	3	4	5	6	7
19. 我所在的团队成员认可彼此的工作能力	1	2	3	4	5	6	7
20. 我所在的团队成员对团队管理理念有一致的认识	1	2	3	4	5	6	7
21. 我所在的团队成员对重要决策有一致的认识	1	2	3	4	5	6	7
22. 我所在的团队成员对未来发展目标和方向有相同的理解	1	2	3	4	5	6	7
23. 我与公司/单位其他部门同事存在熟识关系	1	2	3	4	5	6	7
24. 我有过更换工作（跳槽）的经历	1	2	3	4	5	6	7
25. 离职后我还会与以前公司/单位的领导或同事保持良好的联系	1	2	3	4	5	6	7
26. 我与其他公司的同行有良好的个人交往	1	2	3	4	5	6	7
27. 我信任公司/单位管理层的工作能力	1	2	3	4	5	6	7
28. 我信任公司/单位管理层所做的重要决策	1	2	3	4	5	6	7
29. 我认同所就职公司/单位的管理理念	1	2	3	4	5	6	7
30. 我认同所就职公司/单位的未来发展目标和方向	1	2	3	4	5	6	7

续表

	非常不同意	不同意	有点不同意	一般	有点同意	同意	非常同意
31. 一年中实地调研上市公司的次数高于行业平均值	1	2	3	4	5	6	7
32. 一年中亲自拜访或接触客户（投资者）的次数高于行业平均值	1	2	3	4	5	6	7

三、请根据您在工作过程中的实际感受，回答以下问题，在最接近您想法的数字上打“√”

	非常不同意	不同意	有点不同意	一般	有点同意	同意	非常同意
33. 亲缘/同学/同乡关系让我获得更多有价值的信息	1	2	3	4	5	6	7
34. 亲缘/同学/同乡关系让我做出更加审慎的预测/评级	1	2	3	4	5	6	7
35. 亲缘/同学/同乡关系让我获得更优的客户满意度	1	2	3	4	5	6	7
36. 良好的团队关系让我获得更多有价值的信息	1	2	3	4	5	6	7
37. 良好的团队关系让我做出更加审慎的预测/评级	1	2	3	4	5	6	7
38. 良好的团队关系让我获得更优的客户满意度	1	2	3	4	5	6	7
39. 良好的同事/领导关系让我获得更多有价值的信息	1	2	3	4	5	6	7
40. 良好的同事/领导关系让我做出更加审慎的预测/评级	1	2	3	4	5	6	7
41. 良好的同事/领导关系让我获得更优的客户满意度	1	2	3	4	5	6	7
42. 与其他公司同行的良好关系让我获得更多有价值的信息	1	2	3	4	5	6	7
43. 与其他公司同行的良好关系让我做出更加审慎的预测/评级	1	2	3	4	5	6	7

续表

	非常不同意	不同意	有点不同意	一般	有点同意	同意	非常同意
44. 与其他公司同行的良好关系让我获得更优的客户满意度	1	2	3	4	5	6	7
45. 与上市公司高管/投资者的良好关系让我获得更多有价值的信息	1	2	3	4	5	6	7
46. 与上市公司高管/投资者的良好关系让我做出更加审慎的预测/评级	1	2	3	4	5	6	7
47. 与上市公司高管/投资者的良好关系让我获得更优的客户满意度	1	2	3	4	5	6	7

问卷到此结束，感谢您的配合！

后　记

落笔至此，已至岁末。从 2009 年初入大学校园，到 2019 年告别学子身份成为一名高校教师，再到 2021 年将修订完善后的博士学位论文付梓，回首过往点滴，唯叹幸运，唯余感动，唯有感恩。

何其有幸，得获良师。学术道路上，最大的幸运莫过于成为陈宋生老师的学生。过往时光中师生互动的片段仍历历在目。记得 2014 年的十一假期期间首次邮件联系陈老师表达读博意愿时的忐忑；接受老师考验，首次阅读近 200 页的会计英文文献时的山重水复与柳暗花明；2015 年 9 月从技术经济与管理专业转入会计专业硕博连读、正式成为陈老师的学生的欢欣；2016 年寒假伴着年味的自然科学基金项目申请时数次改题的压力与成功申请后的激动；2016 年暑假赴美开会在转机途中不慎扭伤后老师一路帮忙拎行李时的感动；2017 年在老师悉心指导与反复修改下刊出第一篇综述论文时的雀跃；2018 年远赴美国联合培养仍时时收到老师在学业和生活上的关心与嘱托后的温暖；2019 年毕业论文撰写与求职过程中幸得老师的鼓励与帮助顺利渡过难关后的心安；2020 年申请自然科学基金时获得老师高屋建瓴与细致严谨修改建议时的钦敬；2021 年与老师合作成果获得高水平会议优秀论文时的欣喜……

还有贯穿学术生活的例会、汇报与讨论。一次次例会中思想火花的迸发与碰撞，一次次汇报中面对质疑的反思、收获与成长，一次次论文讨论时的细致透彻，从初稿时的文章思路、数据收集、计量方案、谋篇布局，到完稿前的标题行文、语法句法、文辞修饰、标点符号，无一不经过老师的切磋琢磨。

近八年的点点滴滴，于此不过挂一漏万。言语有限，感激无尽。感恩老师，以数载之心血，授之以渔，道业兼传，让我在学术的象牙塔中，守得住塔内寂寞，亦担得起塔外繁华。

此外，亦要感谢所有在我求学、科研道路上给予我指引与帮助的老师。如今同样作为一名教师，我愿将过往所得专业知识、科研素养与人文关怀继续薪火相传、授业树人。

何其有幸，得拥良亲。去家千里，居大不易，父母是我最坚强的后盾，永远尊重和支持我的每一次选择。从四季分明的秦岭南麓到冬夏漫长的北国风光，从静谧安然的山居小城到繁华熙攘的祖国之都，始终剪不断的是父母无尽的牵挂。凯风自南，吹彼棘心，无论是电话、短信，还是 QQ、微信，沟通的工具在变，父母的叮嘱却始终常伴，嘱我三餐按时，四时添衣。从日常点滴到人生选择，无不透着父母的关爱与思念、支持与鼓励，让我无后顾之忧，能一往直前。衷心感谢 20 余年来父母为我的付出，愿以寸草之心回报三春暖晖，愿我在未来的人生路上，能忙时问候，闲时承欢，身披铠甲，而有温度。

何其有幸，得伴良友。学术时光中，诸多同侪的陪伴是寂寂科研路上欢乐的源泉，师门伙伴的帮助更是漫漫求索途中的不竭动力。无论是日常生活里的欢声笑语，还是学术争鸣中的拨云见日，抑或是生活挫折中的不吝援手，伙伴们的善意与温暖永远氤氲心间，让我的学术生活苦亦甜之，忧亦乐之。岂曰无衣，与子同袍，愿我们在今后的时光中都能安然若素，岁月静好。

何其有幸，得觅良职。作为人生新的起点，北京工商大学承载了我初登讲台的紧张青涩，度过自己首个教师节的自豪与激励，成功申请国家课题的欢欣鼓舞，所在学科获批国家一流专业建设点和博士点的使命与责任，还有每一年开学季洋溢的期冀与畅想，每一年盛夏毕业季的不舍与祝福……入职近三年，你的悠久历史与你的蓬勃朝气始终浸润着我，你不断优化的制度与设施无一不包含着科学管理与人本关怀。感恩你对初任教职的我的包容与培养，贯穿京西与京南两校区的四时光阴与人文情怀是我求索道路上最美的风景，激励着我始终求真立德、勤奋创新、惟精唯一、正己化人。

何其有幸，得遇良人。2013 年辗转初识，四年间的磨合相知，2017 年正果初成，六年时光奔波相守，未来岁月携手与共。初见即欢，久处仍怦然，你的幽默、你的睿智、你的憨直，让我时时脸上有笑，心中有光。感谢我的爱人在学术路上的支持与鼓励，对刚刚领证我即远赴重洋交流一年的理解和包容，对我在科研道路中低落、焦虑情绪的体贴与抚慰，为我们能够结束同城异地生活的坚持与付出……过去的 2021 年尤为艰辛与不易，所幸逆风终有尽，过往皆序章，也让我相信，有你处，便霜雪无惧、初心不渝。愿往后余生，三餐四时，相伴相知；